झारखंड
आदिवासी विकास का सच

झारखंड
आदिवासी विकास का सच

प्रभाकर तिर्की

प्रभात प्रकाशन

प्रकाशक • **प्रभात प्रकाशन प्रा. लि.**
4/19 आसफ अली रोड,
नई दिल्ली–110002

संस्करण • 2022
मूल्य • पाँच सौ रुपए
मुद्रक • जय लक्ष्मी प्रिंटिंग प्रेस, दिल्ली

JHARKHAND : ADIVASI VIKAS KA SACH
by Shri Prabhakar Tirki ₹ 500.00
Published by Prabhat Prakashan Pvt. Ltd, 4/19 Asaf Ali Road, New Delhi-2
e-mail: prabhatbooks@gmail.com ISBN 978-93-5186-410-3

TELESPHORE P. CARDINAL TOPPO

Archbishop of Ranchi

Archbishop's House
Dr. Camil Bulcke Path
P. Box 5
Ranchi-834001
Jharkhand, India

आशीर्वचन

मुझे यह जानकर खुशी हुई कि श्री प्रभाकर तिर्की की किताब 'झारखंड : आदिवासी विकास का सच' अब प्रकाशन के लिए तैयार है। इस अवसर पर मैं बधाई के दो शब्द लिखकर ढेर सारी शुभकामनाएँ देना अपना फर्ज समझता हूँ।

यह सच है कि आजादी के 67 वर्षों बाद भी संवैधानिक प्रावधानों के बावजूद आदिवासी समाज का अपेक्षाकृत विकास नहीं हो पाया है। इस पिछड़ेपन का कारण जानना एवं उनका उन्मूलन करना वर्तमान समय की माँग है। सभी आदिवासियों का संविधान के प्रावधानों के प्रति जागरूक होना अति आवश्यक है। संविधान की पाँचवीं अनुसूची आदिवासियों की जीवन-पद्धति की गहराइयों एवं अंतरंग भावनाओं से जुड़ी हुई है। इन्हीं के साथ-साथ अन्य कई मुद्दों को उजागर करने का प्रयास इस पुस्तक में श्री प्रभाकरजी ने किया है। उनकी अभिलाषा एवं प्रयास है कि अब झारखंड की गिनती समस्याग्रस्त राज्यों के रूप में न हो। हम आदिवासी जन विकास की परिभाषा स्वयं लिखें, इनके विकास की नीति संबंधी सिद्धांतों को आगे बढ़ाएँ और राज्य का नवनिर्माण करें।

इस सारगर्भित पुस्तिका के लिए मैं श्री प्रभाकर तिर्की को बधाई देता हूँ। मुझे विश्वास है कि उनके अथक परिश्रम के इस फल से सभी पाठक गण लाभान्वित होंगे। इसी तरह की खोज एवं विश्लेषण के काम के लिए मैं उन्हें शुभकामनाएँ

Tel : 0091-651-2350728 (O) 2350684 (P) 9955303600, 9431107278 (Mobile)
Telefax : 0091-651-2350144
Email : cardinaltoppo@gmail.com, ranchiarchdiocese@gmail.com

देता हूँ। मुझे आशा है, झारखंड के सभी बुद्धिजीवी एवं युवा पीढ़ी ऐसे काम करने के लिए इस पुस्तिका से प्रेरणा पा सकेंगे।

बधाई एवं शुभकामनाओं के साथ,

आपका सभी का शुभचिंतक

+ Teles P. Card. Toppo

(+तेलेस्फोर पी. कार्डिनल टोप्पो)

राँची के आर्चबिशप

सुदेश कुमार महतो
पूर्व उपमुख्यमंत्री
विधायक
सिल्ली विधानसभा, झारखंड

सत्यमेव जयते

5, काँके रोड
राँची, झारखंड
फोन-0651-2284811
फैक्स-0651-2282200

पत्रांक : ....

दिनांक : 03-03-2015

संदेश

'झारखंड : आदिवासी विकास का सच' नाम से प्रकाशित होनेवाली पुस्तिका आदिवासी संदर्भों पर एक महत्त्वपूर्ण रचना है। विशेषकर आदिवासियों के लिए संविधान में किए गए पाँचवीं अनुसूची के प्रावधानों के तहत वर्तमान संदर्भ में आदिवासी समाज के विकास का विश्लेषण एक महत्त्वपूर्ण पहल है। यह पुस्तिका भारतीय संविधान में दिए गए प्रावधानों के प्रति आदिवासी समाज की चेतना को जाग्रत् करेगा, ऐसा मैं मानता हूँ।

श्री प्रभाकर तिर्की झारखंड आंदोलन के अग्रणी नेताओं में से एक हैं। उपरोक्त विषयक पुस्तिका के तथ्यों के संकलन एवं संग्रहण में तिर्की ने जो अथक परिश्रम किया है, वह अति सराहनीय है एवं उनकी यह पहल झारखंड के नवनिर्माण में महत्त्वपूर्ण भूमिका अदा करेगी।

मैं उनके इन प्रयासों के साथ पुस्तिका के उत्कृष्ट लेखन के लिए शुभकामनाएँ प्रदान करता हूँ।

(सुदेश कुमार महतो)

इस पुस्तक पर दो शब्द

यह मेरे लिए बहुत ही गौरव और हर्ष की बात है कि श्री प्रभाकर तिर्की ने अपनी किताब 'झारखंड : आदिवासी विकास का सच' के लिए मुझे दो शब्द लिखने को कहा है। भारतीय संविधान की पाँचवीं अनुसूची हमारे देश के आदिवासियों के लिए उतना ही महत्त्वपूर्ण है, जितना हिंदुओं के लिए गीता, मुसलमानों के लिए कुरान शरीफ एवं ईसाइयों के लिए पवित्र बाइबिल। ऐसे महत्त्वपूर्ण विषय पर गहन शोध कर पुस्तक लिखना बहुत ही सराहनीय कार्य है। यों तो एक साल पहले मैंने भी श्री ग्लैडसन डुंगडंग के साथ मिलकर इस विषय पर एक छोटी पुस्तिका लिखी थी, पर वह बहुत ही संक्षिप्त एवं छोटी है। उसमें पाँचवीं अनुसूची की केवल मुख्य बातों को ही रखा गया है। श्री प्रभाकर तिर्की ने अपनी किताब 'झारखंड : आदिवासी विकास का सच' में पाँचवीं अनुसूची के इतिहास, भूगोल और दर्शन, भूत, वर्तमान और भविष्य सभी को विस्तार से प्रस्तुत किया है। सबसे पहले तो मैं श्री प्रभाकर तिर्की को इस महत्त्वपूर्ण कार्य के लिए हार्दिक बधाई देता हूँ। शाबाश प्रभाकरजी! हमें गर्व है आप पर।

'संविधान की पाँचवीं अनुसूची' अर्थात् देश के आदिवासी क्षेत्रों के लिए संविधान के तहत एक अलग शासन-व्यवस्था। हमारे संविधान के निर्माताओं ने अपनी सूझ-बूझ से देश के आदिवासियों की अस्मिता की सुरक्षा एवं उनके विकास के लिए भारत के संविधान में पाँचवीं अनुसूची को समावेश किया, जो संविधान की धारा 244 से संबंधित है। इस अनुसूची को यूँ ही संविधान में नहीं डाल दिया गया है, किंतु इसके पीछे एक लंबी कहानी है, जो अंग्रेजों के शासनकाल से शुरू होती है।

अंग्रेजों ने देखा कि भारत एक बहुआयामी देश है, जिसमें कई धर्मों के माननेवाले, कई भाषाएँ बोलनेवाले एवं कई संस्कृतियोंवाले लोग निवास करते हैं। इनमें कुछ ऐसे समुदाय के लोग भी निवास करते हैं, जिनके धर्म, जिनकी भाषाएँ और जिनकी संस्कृति औरों से बिलकुल अलग है। इतना ही नहीं, इन समुदायों के

लोग औरों से दूर बिलकुल अलग–थलग रहते हैं। उनकी सामाजिक, आर्थिक और प्रशासनिक व्यवस्थाएँ भी औरों से बिलकुल अलग हैं। उन्होंने यह महसूस किया कि यदि इन समुदायों के लिए अलग शासन–व्यवस्था नहीं होगी तो इनकी पहचान और अस्मिता ही समाप्त हो जाएगी। अतएव उन्होंने समय–समय पर भारत के शासन के लिए बनाए गए विभिन्न कानूनों में इन समुदायों के लिए अलग शासन–व्यवस्था देने की कोशिश की, जिनमें भारत सरकार अधिनियम, 1935 सबसे महत्त्वपूर्ण है। ऐतिहासिक रूप में यह कानून भारत के संविधान की नींव है।

भारतीय संविधान के निर्माताओं ने भारत सरकार अधिनियम, 1935 के तर्ज पर आदिवासियों के लिए अलग शासन–व्यवस्था का प्रावधान किया, जो पाँचवीं अनुसूची में वर्णित है। इसके तहत आदिवासी क्षेत्रों को अधिसूचित किया गया एवं उनका शासन सीधे राष्ट्रपति के हाथों में है। राष्ट्रपति इन अधिसूचित क्षेत्रों के शासन की अपनी जिम्मेदारी उन राज्यों के राज्यपालों के जरिए निभाते हैं, जिनमें ये अधिसूचित क्षेत्र हैं। संसद् या राज्यों के ऐसे कानून, जो आदिवासी हित के विरुद्ध हों तो राज्यपाल की अनुशंसा पर उन्हें इन क्षेत्रों के लिए निरस्त करने का अधिकार राष्ट्रपति को है। इसी तरह इन अधिसूचित क्षेत्रों में आदिवासी हितों की रक्षा के लिए आदिवासी सलाहकार परिषद् के गठन का भी प्रावधान है, जो राज्यपाल को सलाह देगी। इस तरह पाँचवीं अनुसूची में आदिवासियों के हित की रक्षा के प्रावधान हैं।

भारत के संविधान के लागू होने के बाद दो दशकों तक तो किसी तरह पाँचवीं अनुसूची जीवित रही, पर अब तो वह बिलकुल मृतप्राय है। कोई दो साल पहले झारखंड के सभी विशपों का दल झारखंड के राज्यपाल से मिलने गया था। उन्होंने राज्यपाल से पाँचवीं अनुसूची से संबंधित उनके दायित्वों की ओर उनका ध्यान आकृष्ट कर उनसे उनका पालन करने का निवेदन किया। इसके जवाब में राज्यपाल महोदय ने उनसे पूछा कि वे कृपया यह बताएँ कि भारत के उन नौ राज्यों में, जहाँ अधिसूचित क्षेत्र हैं, कहाँ पाँचवीं अनुसूची के अनुसार काम हो रहा है। इससे यह साफ है कि देश के शासकों ने पाँचवीं अनुसूची को कूड़ेदानी में डाल दिया है और यही कारण है कि आदिवासियों की स्थिति दिनोदिन बद से बदतर होती जा रही है।

ऐसे समय में श्री प्रभाकर तिर्की ने इस पर किताब लिखकर आदिवासी समुदायों के लिए एक बहुत बड़ा काम किया है। मेरी आशा है कि इसे पढ़कर हमारे लोगों में चेतना का संचार होगा और वे अपने संवैधानिक अधिकार के लिए उठ खड़े होंगे।

गांधी जयंती, 2014

—बेंजामिन लकड़ा

भूतपूर्व महालेखाकार,

झारखंड

जोहार

जब संविधान की प्रस्तावना पर बहस चल रही थी, तब संविधान सभा के समक्ष आदिवासियों के बारे में अपनी बात रखते हुए झारखंड के विद्वान् नेता जयपाल सिंह मुंडा ने कहा था, "आप आदिवासियों को लोकतंत्र के बारे में नहीं सिखा सकते, आपको लोकतांत्रिक तरीका उनसे सीखना पड़ेगा। वे इस पृथ्वी के सबसे ज्यादा लोकतांत्रिक लोग हैं। हमारे लोग सुरक्षा के पर्याप्त साधन नहीं, सुरक्षा चाहते हैं। हम कोई भी विशेष सुरक्षा नहीं चाहते, हम चाहते हैं कि हमें भी अन्य भारतीय की तरह माना जाए।" जस्टिस हिदायतुल्ला ने संविधान की पाँचवीं एवं छठी अनुसूची के तहत आदिवासियों के लिए किए गए विशेष प्रावधानों को 'मिनी संविधान' कहा। इसी बहस में पं. जवाहरलाल नेहरू ने कहा, " 'शब्द' प्रायः काफी जादुई चीजें हुआ करते हैं, लेकिन कभी-कभी ये जादुई 'शब्द' मानवीय प्रेम एवं राष्ट्रीय भावना तक नहीं पहुँच पाते हैं।" पं. नेहरू के ये शब्द आज के परिप्रेक्ष्य में झारखंड में सच साबित हो रहे हैं। सचमुच संविधान के तहत आदिवासी विकास के लिए गढ़े गए ये जादुई 'शब्द' झारखंड के आदिवासियों की भावनाओं को अब तक छू पाने में विफल रहे हैं।

ऐसा कहा जाता रहा है कि संविधान की पाँचवीं अनुसूची आदिवासियों के लिए उनका धर्मग्रंथ है, जिसके प्रति उनकी आस्था है, उनकी श्रद्धा है। यह धर्मग्रंथ उनके जीने की आशा है, उनका स्वर्णिम भविष्य है। लेकिन संविधानरूपी इस धर्मग्रंथ के प्रति अब आस्था टूट रही है और उनकी श्रद्धा कम हो रही है। अब यह आस्था बनाए रखने का धर्मग्रंथ नहीं, बल्कि आदिवासी इसे कोरे कागज की तरह देख रहे हैं।

'झारखंड : आदिवासी विकास का सच' मेरी दूसरी पुस्तक है। इस पुस्तक को लिखने के पीछे मेरी उत्कट अभिलाषा यह रही है कि मैं इस पुस्तक के माध्यम

से आम आदिवासी समुदाय एवं भारतीय संविधान की भावनाओं के बीच सामंजस्य के तार को सामने ला सकूँ। उन्हें उनके उन अधिकारों के बारे में जागृत करूँ, जो भारतीय संविधान में उन्हें दिया गया है। जब मैं आजसू के छात्र आंदोलन के रूप में झारखंड आंदोलन से जुड़ा तो मुझे यह आभास हुआ कि झारखंड का आदिवासी समाज शिक्षित होने के बाद भी अपने अधिकारों के प्रति अनभिज्ञ है। आदिवासी विकास तथा सुरक्षा के लिए भारतीय संविधान में दर्जनों प्रावधानों के बावजूद इनका अपेक्षित लाभ उन्हें नहीं मिल रहा है। संविधान प्रदत्त अधिकारों की उपेक्षा लंबे अरसे से की जा रही है, लेकिन आदिवासियों में जो शिक्षित वर्ग संविधान के प्रावधानों की जानकारी रखता है, उनमें इच्छाशक्ति का इतना अभाव है कि वे समय-समय पर संविधान की उपेक्षा के कारण उत्पन्न होनेवाले प्रतिकूल परिणामों को महसूस करते हुए भी समस्याओं के समाधान की दिशा में कोई पहल नहीं करते। यह हमारी विडंबना रही है, ''जो जानते हैं वे बोलते नहीं और जो बोलते हैं वे जानते नहीं।'' शायद इसीलिए झारखंड बनने के बाद भी हमें हमारे अधिकारों से वंचित किया गया है। हमें अपने पूर्वजों का शत-शत नमन करना चाहिए, जिनके कठिन संघर्षों एवं दूरदृष्टि के कारण आज आदिवासी समाज का अस्तित्व जीवित है।

जब संविधान की अवहेलना होती है, तब आदिवासी समाज चिंतित अवश्य होता है, उन समस्याओं पर प्रतिक्रियाएँ भी सामने आती हैं, परंतु अधिकांश लोग सरकार और प्रशासन की आलोचना करने में अपनी सारी ऊर्जा लगा देते हैं। लेकिन उसी ऊर्जा के साथ समाज की प्रगति के लिए अपने योगदान के बारे में कभी नहीं सोचा जाता है। एक अंग्रेजी कहावत है, “Better to light a candle than to curse the darkness.” यानी अँधेरे को कोसने से बेहतर है एक दीप जला लो। आज इसी चिंता की जरूरत है। जरूरत है अपने अधिकारों की सुरक्षा एवं विकास के, जो प्रावधान भारतीय संविधान में दिए गए हैं, उनके अनुपालन के लिए अपनी ऊर्जा लगाने की।

मैं समझता हूँ झारखंड राज्य के गठन के बाद भी आदिवासी विकास का रोना हमारी अपनी गलती है। हमें इस गलती को स्वीकारना पड़ेगा। हमें यह बात सोचनी चाहिए कि राज्य के गठन के बाद राज्य का मुख्यमंत्री कौन बना? संविधान में दिए गए प्रावधानों के अनुपालन की जिम्मेदारी निश्चित तौर पर उन आदिवासी राजनेताओं की थी, जिन्हें राज्य चलाने का जनादेश आम जनता ने दिया और सरकार की कुरसी पर सम्मान के साथ बिठाया गया। मुझे यह कहने में तनिक भी

संकोच नहीं होता कि आदिवासी नेताओं ने अपने कर्तव्यों का निर्वाह नहीं किया। इसे जान-बुझकर अपनी उपेक्षा कहें या अज्ञानता।

स्थानीय 'प्रभात खबर' (15 अगस्त, 2013) के मुख्य पृष्ठ पर छपा हरिवंशजी का आलेख 'टूट की ओर बढ़ता देश' की कुछ पंक्तियों का जिक्र यहाँ प्रासंगिक होगा, जो संयुक्त राज्य अमरीका की संकटकालीन स्थिति के बारे में उद्धृत की गई, "जब संयुक्त राज्य अमरीका आज के भारत के काल में था, अराजकता, आपसी झगड़ों, विवादों से घिरा, अंततः इन्हीं चीजों से अमरीका में सन् 1861-65 के बीच गृहयुद्ध हुआ, इस बीच ब्रिटेन में रह रहे फ्रांस के राजदूत, जो खुद एक इतिहासकार थे, उन्होंने अमरीकी राजदूत (जो कवि और साहित्यकार थे) से पूछा, "एक्सेलेंसी, मुझे बताएँ, आपका यह गणराज्य (यानी संयुक्त राज्य अमरीका) कब तक कायम रहेगा?" अमरीकी राजदूत जेम्स लोवेल का जवाब अत्यंत संक्षिप्त एवं दूरदर्शी था। "एक्सेलेंसी, यह मुल्क तब तक कायम रहेगा, जब तक इस मुल्क के नेता, अपने इस देश के संस्थापक महान् नेताओं के आदर्श, मूल्यों के अनुसार रहेंगे, जीएँगे और कामकाज करेंगे।" ये उद्धरण भले ही अमरीका के संदर्भ में कहे गए होंगे, लेकिन यह झारखंड के संदर्भ में भी सटीक बैठते हैं। मैंने अपनी पहली पुस्तक 'सरसों में भूत' में इस बात का जिक्र किया है कि पिछले दस वर्षों में राजनैतिक, प्रशासनिक एवं वित्तीय भ्रष्टाचार के जो प्रतिमान झारखंड में स्थापित किए गए हैं, वे नमूने के तौर पर यह बताने के लिए काफी हैं कि झारखंड विनाश के रास्ते पर चल पड़ा है और फिर एक बार आंतरिक उपनिवेशवाद का खतरा हमारे सिर पर मँडरा रहा है।

जिस संविधान को गढ़ने में संविधान निर्माताओं को करीब 185 साल लगे हों, उसकी गंभीरता ऐसे ही समझ में आती है। इन 185 सालों में संविधान निर्माताओं ने दिन-रात मेहनत कर आदिवासी समाज के सामाजिक, राजनीतिक, आर्थिक एवं उनकी अस्मिता से जुड़े हुए पहलुओं को एकत्रित कर आदिवासियों के हित में संविधान निर्माण की जिम्मेदारी को पूरा किया है। इसके बाद यदि संविधान का मकसद आजादी के 60 सालों में ही धूमिल हो जाए तो यह एक गंभीर समस्या है। इस पर चिंतन की आवश्यकता है।

इस छोटी पुस्तक के माध्यम से प्रस्तुत विश्लेषण पाँचवीं अनुसूची के संवैधानिक प्रावधानों के अलावा आदिवासी समाज के उन तमाम पहलुओं पर प्रकाश डालने की कोशिश है, जिसका सीधा संबंध संविधान की पाँचवीं अनुसूची से है। वर्तमान संदर्भ में यह विश्लेषण पाँचवीं अनुसूची के उल्लंघन के कारण उत्पन्न होनेवाली

उन प्रतिकूल परिस्थितियों पर भी प्रकाश डालने की कोशिश है, जिनके कारण आदिवासी समाज का विकास बाधित होने की शंका को बल मिल रहा है।

इस पूरी पुस्तक के संकलन में कई संदर्भ सूत्रों, ऐतिहासिक दस्तावेजों को विभिन्न स्रोतों से एकत्रित करने की कोशिश की गई। इसकी समस्त सामग्रियों के संग्रहण एवं संकलन में मुझे एक वर्ष लग गए। अपनी राजनीतिक एवं पारिवारिक व्यस्तताओं के बावजूद मेरी यह इच्छा थी कि मैं इस विषय पर लिखूँ और झारखंड के संघर्षशील साथियों तथा अन्य लोगों तक प्रस्तुत विषय-वस्तु को सिलसिलेवार ढंग से रखने की अपनी जिम्मेदारी का निर्वाह करूँ। इस पुस्तक की सामग्रियों के संग्रहण एवं संकलन में कई शुभचिंतकों, विचारकों एवं सहयोगियों की मदद मिली है। विशेषकर फा. इग्नेस मिंज(अधिवक्ता), संजय बसु मल्लिक (विचारक एवं शिक्षाविद्) एवं बेंजामीन लकड़ा (झारखंड के पूर्व महालेखाकार) के प्रति मैं आभार व्यक्त करता हूँ। मैं हमारे अति मान्यवर कार्डिनल तेलेस्फोर पी. टोप्पो का विशेष रूप से आभारी हूँ कि उन्होंने इस पुस्तक के लिए अपना आशीर्वचन लिखित रूप से दिया है एवं हमें प्रोत्साहित करने की कोशिश की है। मैं अपने परिवार के किसी भी सदस्य को नहीं भूल सकता, जिन्होंने मुझे इस कार्य के प्रति हर पल प्रेरित किया है। विशेषकर मेरी पत्नी डॉ. नेली ग्रेस टोप्पो एवं मेरे पुत्र एवं पुत्रियाँ अंकुर, प्रियंका, सैवियो एवं रोमिला का सहयोग मेरे लिए ऊर्जास्रोत की तरह था, उन्होंने अपनी-अपनी व्यस्त दिनचर्या के बाद भी इस पूरे प्रयास में हर पल, हर दिन मेरी हर जरूरतों का खयाल रखा एवं मेरे हौसले को बरकरार रखा।

यह पूरी पुस्तक कई अध्याय एवं खंडों में बँटी है। ऐसा इसलिए कि संविधान की पूरी परिघटना अलग-अलग खंडों से मिलकर पूरी होती है।

वस्तुतः झारखंड का नवनिर्माण हमारी परिकल्पना है। नवनिर्माण का मकसद हमारी आनेवाली पीढ़ी के भविष्य का निर्माण। इस आलेख को प्रासंगिक बनाने के लिए ऐतिहासिक संदर्भों में विद्यमान तथ्यों को भरसक जुटाने की कोशिश करते हुए, झारखंड नवनिर्माण का मार्ग कैसे तय हो, इसकी चिंताधारा ढूँढ़ने की कोशिश की गई है।

हमें आशा है कि यह आलेख आदिवासियों के विकास और झारखंड के नवनिर्माण की दिशा में ज्ञानवर्द्धक पुस्तक साबित होगा।

सधन्यवाद।

—प्रभाकर तिर्की

भूमिका

देश के संविधान की स्थापना के साथ ही भारतीय इतिहास में एक नए अध्याय की शुरुआत हुई। भारत का संविधान दुनिया के संविधानों में से एक उत्कृष्ट संविधान है। जिसके माध्यम से देश के हर जाति, समुदायों के मौलिक अधिकारों की सुरक्षा का संकल्प दुहराया जाता रहा है। समय-समय पर संविधान का विश्लेषण एवं संशोधन इस आशय से होता रहा है कि संविधान के मकसद का तिरस्कार न हो और उसके उद्देश्यों को पूरा किया जा सके। परंतु यदि आदिवासी विकास की अवधारणा को ध्यान में रखकर गढ़े गए भारतीय संविधान के प्रावधानों के आलोक में इसकी विवेचना की जाए तो यू.एन. डेबर की अध्यक्षता में गठित आयोग एवं आदिवासी विकास की बेहतरी के लिए की गई आयोग की अनुशंसाएँ भारत के आजादी के बाद एक अच्छी पहल थीं। परंतु यह अत्यंत ही दुर्भाग्यपूर्ण है कि डेबर आयोग के बाद करीब दो दशकों तक संविधान की पाँचवीं अनुसूची के आलोक में इसकी अनुशंसाओं पर अमल करने की कोशिश की गई, परंतु उसके परिणामों पर गंभीरता से आकलन नहीं किया गया। बाद के दशकों में पाँचवीं अनुसूची की अवधारणा तो दूर विकास के कार्यक्रमों में भी उपेक्षा की भावना से कार्यक्रमों को संचालित किया गया। डेबर कमीशन (1960), शीलू आओ टीम (1969) तथा सप्तम पंचवर्षीय योजना (1984) के क्रम में आदिवासियों के विकास के लिए बने कार्यदल ने पाँचवीं अनुसूची के क्रियान्वयन में कई प्रकार की खामियों का जिक्र किया है। जिसकी चर्चा हम आगे विस्तार से करेंगे। झारखंड राज्य के गठन के बाद यद्यपि 2004 ई. में दिलीप सिंह भूरिया की अध्यक्षता में, संविधान की धारा 339 के तहत, अनुसूचित क्षेत्रों एवं आदिवासियों के विकास तथा प्रशासनिक स्थिति के आकलन और डेबर कमेटी रिपोर्ट की अनुशंसाओं को लागू करने के लिए यथोचित कदम उठाने तथा आदिवासी विकास की गति को तेज करने के उद्देश्य से आयोग

का गठन किया गया। भूरिया कमीशन ने भी अपने रिपोर्ट में कई टिप्पणियों के साथ-साथ महत्त्वपूर्ण सुझाव दिए हैं।

राजनीतिक इतिहासकारों एवं संवैधानिक विकास के विशेषज्ञों के अनुसार, भारत के संविधान के विकास का प्रारंभ ईस्ट इंडिया कंपनी की स्थापना के साथ ही शुरू हो गया था। उसके अनुसार भारत के संविधान के निर्माण में करीब 185 वर्ष लग गए। इसके साथ ही एक के बाद एक संविधान विकास के ठोस कदम आगे बढ़ते गए। यद्यपि मुगलकाल में ही आदिवासी जनजीवन के बारे में गहन विचार-विमर्श प्रारंभ हो चुका था, परंतु औपचारिक तौर पर कानून बनाने की प्रक्रिया की शुरुआत 1874 ई. में पिट के भारतीय अधिनियम के साथ हुई। अंततः करीब 72 वर्षों के बाद भारत का संविधान अस्तित्व में आया। इन 72 वर्षों में संविधान को लेकर, जितने भी मंथन हुए, उनमें अधिकांश की पृष्ठभूमि देश के अंदर होनेवाले आंदोलनों से उत्पन्न हुई थी। इस क्रम में राष्ट्रीय, अंतरराष्ट्रीय एवं प्रांतीय मुद्दों पर गंभीरता से विचार-विमर्श हुए हैं। इनकी आवश्यकता भी थी, क्योंकि सारी समस्याएँ एक-दूसरे की पूरक थीं।

आदिवासी जनजीवन को, उनके रीति-रिवाजों को, उनकी परंपराओं में चले आ रहे सामाजिक विधि-विधानों, भूमि संबंधी सामाजिक नियमों, विवाह, संपत्ति की अवधारणाओं एवं उससे जुड़े पारंपरिक नियमों, कृषि की तकनीकियों एवं कृषि तथा वनों पर आधारित अर्थव्यवस्था पर मानवशास्त्रियों एवं ब्रिटिश शासकों द्वारा अध्ययन कर उसे कानूनी ढाँचे में ढालने की जिस गंभीरता से पहल हुई, उतनी शायद उसके अनुपालन में स्वतंत्र भारत के शासकों ने दिलचस्पी नहीं दिखलाई। हम कुछ प्रसिद्ध मानवशास्त्रियों को अवश्य याद करना चाहेंगे, जिन्होंने आदिवासी मनोभावनाओं पर और उनकी रीति-रिवाजों पर, उनकी अर्थव्यवस्था पर, उनके सामाजिक दस्तूरों पर मानव वैज्ञानिक दृष्टिकोण अपनाया एवं उनका गहराई से अध्ययन किया तथा उन तमाम मसलों को कानूनी स्वरूप में डालने की पुरजोर वकालत की है। डब्ल्यू.जी. आर्चर, वेरियर एल्विन, डॉ. एच. रिसले, हॉफमैन, पी.ओ. बडिंग, एस.सी. राय जैसे महान् चिंतकों एवं मानवशास्त्रियों का इतिहास आज भी आदिवासी समाज को दर्पण दिखा रहा है। डब्ल्यू.जी. आर्चर, रिसले एवं वेरियर एल्विन ने तो प्रशासनिक अधिकारियों के रूप में संविधान निर्माण में आदिवासी समाज के विकास के लिए कानूनी प्रावधान बनाए जाने में महत्त्वपूर्ण भूमिका निभाई।

देश के संविधान में आदिवासी एवं अन्य कमजोर वर्गों के संरक्षण तथा विकास के लिए दर्जनों प्रावधान किए गए। परंतु आजादी के 65 वर्षों के बाद आदिवासियों

की सामाजिक, आर्थिक स्थिति की समीक्षा की जाए तो यह तथ्य स्वत: सामने आ जाएगा कि बीते इन कई दशकों में ढेर सारे संवैधानिक प्रावधानों के बावजूद आदिवासी समाज का अपेक्षित विकास नहीं हो पाया। प्रजातांत्रिक प्रक्रिया में कई राजनीतिक दल सत्ता में आसीन हुए। सबने अपने-अपने ढंग से विकास की परिभाषा दी एवं अपनी सीमाओं के अंदर संविधान की व्याख्या की। इस व्याख्या में आदिवासी विकास के लिए बनाई गई विकास की मूल अवधारणा टूटती चली गई। राज्य सरकारों ने भी संविधान का सम्मान नहीं किया और प्रांतीय स्तर पर प्रशासनिक पदाधिकारियों की लापरवाही के कारण संविधान का घोर उल्लंघन होता रहा।

आदिवासियों की जीविका का मुख्य आधार जल, जंगल और जमीन की सुरक्षा के लिए बनाए गए संवैधानिक प्रावधानों की उपेक्षा के कारण आदिवासियों के हाथों से बड़े पैमाने पर जमीन और जंगल पर मालिकाना हक जाता रहा। इतना ही नहीं, विकास के नाम पर उन्हें उनकी जमीनों से विस्थापित किया गया और रोजी-रोटी के लिए पलायन का दंश भी झेलना पड़ा।

20वीं सदी में संपूर्ण विश्व में आए परिवर्तन के नए दौर ने तो संविधान की आत्मा को ही झकझोर दिया। नई अर्थनीति के तहत विश्व स्तर पर बननेवाली मुक्त बाजार नीति ने आदिवासियों की सामाजिक सांस्कृतिक अस्मिता की सुरक्षा का एक बड़ा संकट खड़ा कर दिया। देशी-विदेशी व्यावसायिक कंपनियों के बड़े पैमाने पर आदिवासी इलाकों में पूँजी निवेश की प्रक्रिया के कारण संविधान के अस्तित्व का ही संकट खड़ा हो गया। भले ही भारतवर्ष के शासक वर्तमान परिस्थिति में भी संविधान के सुरक्षित रहने का दावा कर रहे हों, लेकिन स्थितियाँ स्पष्ट बयान कर रही हैं कि अंतरराष्ट्रीय स्तर पर विकास की प्रतिस्पर्द्धा के कारण भारत के संविधान में उल्लिखित आदिवासियों, दलितों एवं अन्य कमजोर वर्गों के विकास की मूल अवधारणा बिखर रही है। ऐसा लग रहा है, जैसे इस देश में आदिवासियों की सामाजिक, सांस्कृतिक अस्मिता का कोई वजूद नहीं है।

इतिहास हमेशा इस बात को दुहराता रहा है कि स्वतंत्रता के पूर्व आदिवासियों की विशिष्ट सांस्कृतिक, परंपराओं एवं भाषाओं की रक्षा के लिए प्रांतीय प्रशासन के गठन की माँग को लेकर आंदोलनों के कारण ही भारत के संविधान निर्माताओं ने देश में आदिवासी विकास की अवधारणाओं को परिभाषित किया। जिसे उसी अनुरूप संविधान में प्रारूपित किया गया। लेकिन केंद्र और राज्य सरकारों की पूँजी निवेश की अवधारणाओं के कारण उपनिवेशवादी प्रक्रिया को ही बल मिलता रहा तथा अंतरराष्ट्रीय विकास नीतियों के आलोक में संविधान की मूल भावना बिखरती गई।

फलस्वरूप प्रांतीय स्तर पर, जिन छोटी-छोटी धाराओं को मिलाकर देश की प्रमुख धारा की कल्पना भारतीय राष्ट्रीय आंदोलन के क्रम में की गई थी, वे धाराएँ फिर से अपना अस्तित्व ढूँढ़ने की कोशिश में राष्ट्रीय धारा से विमुख होती नजर आ रही हैं।

भारत के संविधान की पाँचवीं अनुसूची का मूल प्रारूप आदिवासियों की सामाजिक, सांस्कृतिक, भाषायिक एवं आर्थिक अस्तित्व की सुरक्षा का अतिमहत्त्वपूर्ण प्रावधान है। पाँचवीं अनुसूची की अवधारणा आदिवासियों के हजारों वर्षों पूर्व भारत में आगमन काल से लेकर देश के विभिन्न हिस्सों में विभाजित होने तथा जंगलों और पहाड़ों को अपना आश्रय बनाकर एक विशिष्ट आदिवासी सभ्यता के विकास करने की पूरी प्रक्रिया के अध्ययन के पश्चात् उनकी भाषा, संस्कृति, परंपराओं एवं जल, जंगल और जमीन पर आधारित अर्थव्यवस्था की सुरक्षा के लिए विकसित की गई। सिर्फ इतना ही नहीं, इन विशिष्ट समाज-व्यवस्था एवं सामाजिक परंपराओं की रक्षा के लिए एक सशक्त प्रशासनिक तंत्र को भी मान्यता दी गई, जो दुर्भाग्य से आज तक प्रशासनिक लापरवाही एवं अक्षमता के कारण आदिवासी इलाकों में प्रभावी ढंग से लागू नहीं किए जा सके। पाँचवीं अनुसूची की अवधारणा आदिवासियों की जीवन-पद्धति की गहराइयों एवं मूल भावना के साथ जुड़ी है। इसे हलके ढंग से समझते हुए इसकी अवहेलना किया जाना कई दूरगामी प्रतिकूल प्रभावों को जन्म देगा, जो झारखंड के नवनिर्माण के लिए बाधक साबित हो सकता है।

यू.एन. डेबर की अध्यक्षता में बनी आयोग की रिपोर्ट पाँचवीं अनुसूची के आलोक में आदिवासी विकास के सुक्ष्म पहलुओं पर एक विस्तृत रिपोर्ट है। कई विकास के बिंदुओं पर महत्त्वपूर्ण टिप्पणियाँ एवं अनुशंसाएँ इस आशय से की गई हैं कि प्रांतीय शासन में आदिवासी विकास की अवधारणा को सफलतापूर्वक धरातल पर उतारा जा सके।

हमारी चिंता है पाँचवीं सूची के प्रावधानों के प्रभावी क्रियान्वयन को लेकर। अनुसूचित क्षेत्र की जिम्मेदारी राज्यपाल पर निहित है। राज्यपाल की जिम्मेदारी संविधान के प्रति है। दुर्भाग्य से झारखंड में अब तक राज्यपालों के क्रियाकलाप संतोषप्रद नहीं रहे। चाहे वे आदिवासी समस्याओं के सामाधान के लिए कानून बनाने की बात हो, अथवा आदिवासी मसलों पर आदिवासी परामर्शदात्री परिषद् की बैठक आहूत करने का मामला हो। चाहे वे मामले अनुसूचित क्षेत्रों के प्रशासन के बारे में वार्षिक रिपोर्ट भेजे जाने के मामले अथवा राज्यपाल को संसद् अथवा विधानसभाओं में आदिवासी मुद्दों पर प्रतिकूल विधेयक के मामले में हस्तक्षेप करने का सवाल हो। झारखंड की आदिवासी जनता को शायद ऐसा नहीं लगता कि झारखंड के आदिवासी क्षेत्रों में

संविधान के विशेष प्रावधान लागू हैं। यह जानते हुए भी झारखंड में जमीन की सुरक्षा के लिए किए गए कानूनी प्रावधानों का बड़ी बेरहमी से उल्लंघन नौकरशाही के द्वारा किया गया। संविधान की उपेक्षा के नतीजे भी हमारे सामने हैं—राज्य की राजनीतिक अस्थिरता, राज्य के पिछड़ेपन एवं भ्रष्टाचार से सने एक विद्रुप राज्य का मानचित्र। कई उलझने हैं, कई बाधाएँ हैं, इस राज्य को सँवारने में। जरूरत यह है कि हम यह समझें कि राज्य को सचमुच सँवारना है। दुर्भाग्य से अब तक यह विचार प्रमुखता से अपनी जगह बना नहीं पाया है।

झारखंड राज्य के निर्माण में विचारधारा का सवाल एक अहम् सवाल है, जिससे झारखंड का सामाजिक-सांस्कृतिक प्रतिरूप उभरकर सामने आता है। विचारधारा और झारखंडी जीवन दर्शन झारखंड नवनिर्माण के अति महत्त्वपूर्ण पहलू हैं। आज झारखंड के विकास की गति यदि बाधित हो रही है तो उसके पीछे सिर्फ और सिर्फ है विचारों का अंतर्द्वंद्व, जो झारखंड की दशा को दिशा के साथ संचालित नहीं होने देता।

अंतत: झारखंड के विकास का आकलन विशेष तौर पर आदिवासियों की शिक्षा, स्वास्थ्य, पेयजल और आर्थिक विकास से जुड़ी सामाजिक सुरक्षा कार्यक्रमों की तसवीर साफ तौर पर यह बता रही है कि हम आजादी के 65 वर्षों बाद भी विकास के लक्ष्य से काफी दूर हैं। इस दरम्यान आदिवासी विकास के लिए की गई अपार धनराशि का खर्च और उसकी तुलना में नगण्य विकास हमारे लिए गंभीर चिंता का विषय है। इसके कारणों पर गहन अध्ययन कर विकास की एक नई परिभाषा गढ़ना आज की महत्त्वपूर्ण आवश्यकता है।

इन बीते वर्षों में हुए विकास के अतीत में हम यदि झाँकने की कोशिश करें तो लगता है, संविधान कहाँ, विकास कहाँ और आदिवासी कहाँ। तीनों में कोई तालमेल नहीं। आज के संदर्भ में भारतीय संविधान के आलोक में आदिवासी विकास के दृष्टिकोण से विकास की, जिस परिभाषा का अनुसरण हम कर रहे हैं, वह भारतीय संविधान की भावनाओं से मेल नहीं खाता। इस परिस्थिति में, पुन: संविधान की मनोभावना के अनुरूप देश के अंदर प्रांतों में उत्तरदायी सरकार का संकल्प दुहराया जाए। संविधान के उद्देश्यों के प्रति भारत सरकार और प्रांतीय सरकारें अपनी प्रतिबद्धता दिखाएँ यह एक आवश्यक कदम होगा।

झारखंड में आदिवासी विकास के प्रति प्रशासकीय उपेक्षा यह संकेत देते हैं कि यह उपेक्षा सिर्फ कार्यक्रमों के संचालन को लेकर नहीं है, बल्कि यह उपेक्षा भारत के संविधान की उपेक्षा है और इसके दुष्परिणाम का संकेत भी धीरे-धीरे

दृष्टिगोचर होने लगा है। पाँचवीं अनुसूची की भावना आदिवासी विकास के प्रति अत्यंत संवेदनशील एवं गहरी है। लेकिन इस भावना का मखौल बड़ी बेरहमी से उड़ाया जा रहा है, जो आदिवासियों के दिलों में नासूर बनकर उभर रहा है। इस संवैधानिक मनोभावना की उपेक्षा अधिक दिनों तक नहीं चल सकती। जिस संविधान के निर्माण में करीब एक शतक से भी अधिक लगे हों और उसकी आत्मा सिर्फ कुछ दशकों में ही मृतप्राय होगी ऐसा किसी भी भारतीय ने नहीं सोचा होगा।

आज झारखंड की गिनती समस्याग्रस्त राज्यों के रूप में होने लगी है। क्योंकि यहाँ धरातल पर विकास की किरणें अब तक नहीं पहुँच पाईं। आज झारखंड का हर आदिवासी अपने जल, जंगल और जमीन के साथ अपने अस्तित्व रक्षा के प्रति सर्वाधिक चिंतित है। नए राज्य के बाद बीते 12 वर्षों में विकास के नाम पर सरकारी राशि की लूट का सर्वाधिक अध्याय लिखा गया, जो आनेवाली कई पीढ़ियों तक झारखंड के इतिहास को कलंकित करता रहेगा।

आदिवासी जनसंख्या में निरंतर आ रही गिरावट गंभीर चिंता का विषय है। एक ओर संवैधानिक सुरक्षा के प्रावधान, दूसरी ओर विकास की नीतियाँ, बड़ी परियोजनाएँ, करोड़ों रुपयों की राशि का व्यय। बावजूद आदिवासी के अस्तित्व पर गंभीर खतरा आज हमारे लिए बड़ा सवाल है। क्या हो सकते हैं इन समस्याओं से निदान के रास्ते। इन समस्याओं की गंभीरता के क्या कारण हैं, ढूँढ़ना होगा उन कारणों को। पूछना होगा सवाल अपने आप से, व्यवस्था से, संविधान से। बड़ी समस्या यह है कि इन मुद्दों के मद्देनजर, इन सवालों पर कोई सोचना नहीं चाहता। फिर वही बातें सामने आती हैं, विकास की अंधी दौड़ में जन विकास की परिभाषा क्या होगी? आदिवासी विकास की नीति किन सिद्धांतों पर आगे बढ़ेगी? राज्य के नवनिर्माण की दिशा क्या होगी? किस विचारधारा के तहत हम राज्य के विकास की अवधारणा तय करेंगे?

हमारे सामने सवाल है भारत के संविधान की गरिमा का। संकट है संविधान की उपेक्षा का। झारखंड का आदिवासी समुदाय इस बात से चिंतित है कि आखिर कैसे होगी हमारी सुरक्षा। कहाँ है वह उत्तरदायी शासन, जिसका संकल्प बार-बार संविधान निर्माण के क्रम में दुहराया गया है।

अनुक्रम

अध्याय-1

'आदिवासी' (जनजाति) का इतिहास

आदिवासी (जनजाति) शब्द के लिए विभिन्न समाजविदों द्वारा विभिन्न पदनामों एवं नामावली का प्रयोग किया गया। जिसके भिन्न-भिन्न मानदंडों के अनुसार विभिन्न अर्थ होते हैं। रिजले, गरिसन, शूबर्ट, लेसी, मार्टिन आदि समाजशास्त्रियों ने जनजाति को आबोरिजनल या आदिवासी कहा। जबकि हट्टन, एल्विन बेंस जैसे विद्वानों ने उन्हें क्रमश: प्रिमिटिव ट्राइव, आबोरिजनल ऑनर्स तथा जंगल पीपुल्स अथवा फॉरेस्ट ट्राइव कहा।

ऐतिहासिक रूप से भारत में सबसे पहले नीग्रो लोगों का आगमन हुआ। उसके बाद ऑस्ट्रिक प्रजाति के लोग यहाँ आए, फिर द्रविड़ लोगों का आगमन हुआ। बाद में आर्यों का भारत में आगमन हुआ। आर्यों ने भारत में आने के बाद आर्य सभ्यता की शुरुआत की और विभिन्न जाति-व्यवस्था से जुड़े जन समुदायों को विभिन्न जातीय श्रेणी में रखने की व्यवस्था की। आर्यों ने जाति-व्यवस्था का आश्रय इसीलिए लिया कि उन्हें इस देश के अनेक वर्गों और लोगों को एक ही समाज के अंदर अपनी-अपनी सभ्यता और संस्कृति के अनुसार उचित जगहों पर बैठाना था। असल में जातिवाद के रूप में आर्यों ने समाज के भीतर एक दीर्घा खड़ी कर दी, जिसमें नीचे से ऊपर सभी श्रेणी के लोग अपनी-अपनी हैसियत के अनुसार आसानी से बैठ सकते हैं। जाति-व्यवस्था प्रारंभ करने के पीछे आर्यों का उद्देश्य था कि द्रविड़, ऑस्ट्रिक अथवा नीग्रो प्रजाति के लोगों को आर्य सभ्यता में समाहित करें, साथ-ही-साथ जातिप्रथा का उद्देश्य भारत में आनेवाले प्रत्येक समुदाय को भारतीय संस्कृति में सामंजस्य करना था (जनजातीय समाजशास्त्र—उमेश कुमार वर्मा, पृष्ठ 10)। इस विलीनीकरण की प्रक्रिया के विपरीत ऑस्ट्रिक, द्रविड़ प्रजाति

के लोगों ने अपने लिए एक सशक्त समाज-व्यवस्था की नींव डाली और सांस्कृतिक विविधताओं एवं विशिष्टताओं से परिपूर्ण विशिष्ट सांस्कृतिक परंपराओं को मान्यता देते हुए वर्ण-व्यवस्था के विपरीत समतामूलक, समानतावादी मानवमूल्यों की बुनियाद पर एक नई सभ्यता की नींव डाली। किंतु कालक्रम में विषम परिस्थितियों के कारण उन्हें पर्वतीय एवं जंगली भू-भागों में शरण लेना पड़ा, जहाँ उन्होंने कृषि एवं वन संसाधनों पर आधारित एक आत्मनिर्भर एवं स्वावलंबी अर्थव्यवस्था को विकसित किया। इस पुरातन समाज-व्यवस्था से जुड़ने के कारण उन्हें आदिवासी कहकर पुकारा गया, साथ ही जाति-व्यवस्था पर आधारित सामाजिक सभ्यता से अलग इनकी एक विशिष्ट पहचान बनी। सिंधु घाटी की सभ्यता के समय इन आदिवासियों के निवास के प्रमाण मिलते हैं।

प्रजातीय वर्गीकरण के हिसाब से दक्षिण एवं मध्य भारत की सभी अनुसूचित जनजातियाँ ऑस्ट्रिक प्रजाति में आती हैं। जिसमें झारखंड की सभी अनुसूचित जनजातियाँ आती हैं।

अंग्रेजी भाषा में यह शब्द सोलहवीं शताब्दी में आया। इसका अर्थ किसी समान पूर्वज की उत्पत्ति से था। डब्ल्यू.एच. आर्चर के अनुसार जनजाति एक सरल समुदाय है, जो निश्चित भू-भाग में निवास करती है, एक ही भाषा बोलती है तथा समान कार्यों में संगठित होने की क्षमता रखती है। ई.ए. हाबेल के अनुसार, जनजाति एक सामाजिक समुदाय है, जो एक विशिष्ट भाषा बोलती है, जिसकी एक विशिष्ट संस्कृति होती है, जो अपने समूह को दूसरे समूह से पृथक् करती है। परंतु जनजाति के लिए जरूरी नहीं कि वे राजनीतिक आधार पर संगठित हो। आर. लिंटन के अनुसार, जनजाति अपने सरलतम समूहों में दलों का एक समुदाय है, जो कि सीमावर्ती क्षेत्रों में निवास करती है, जिसमें एकता की भावना होती है, जो अनेक समानताओं, सामाजिक अभिरुचि व मैत्रीपूर्ण संबंधों के कारण उदित होती है (जनजातीय समाजशास्त्र—उमेश कुमार वर्मा, पृष्ठ 6)। एच. रिजले के अनुसार आदिवासी परिवारों के उस समूह को कहते हैं, जो एक ही नामों से जाने जाते हैं एवं किसी कारोबार अथवा पेशे से नहीं जाने जाते हैं। जो अपनी जाति की उत्पत्ति किसी पौराणिक या ऐतिहासिक व्यक्ति से मानते हैं, साधारणतया एक प्रकार की भाषाएँ बोलते हैं, तथा देश के किसी निश्चित भू-भाग में रहते हैं अथवा रहने का दावा करते हैं।

आदिवासियों की परिभाषा एवं नामावली पर समाजशास्त्रियों, प्रख्यात शिक्षाविदों एवं इतिहासकारों के विभिन्न मतों के बाद भी यह तथ्य निर्विवाद रूप से परिभाषित

हो गया कि आदिवासी समुदाय भारत देश के अन्य जातियों से भिन्न ऐसा एक विशिष्ट समुदाय है, जिसकी भौगोलिक, सामाजिक, सांस्कृतिक एवं भाषायिक रूप से अलग एक पहचान है, जिसके कारण उसकी विशिष्टताओं पर अनगिनत अध्ययन एवं शोध हुए। भारतीय संविधान निर्माताओं ने भी 'आदिवासियों' एवं जातियों पर विख्यात समाजशास्त्रियों एवं शोधकताओं द्वारा दी गई परिभाषाओं को ही मान्यता देते हुए संविधान में अलग-अलग रूप से प्रावधानों की व्याख्या की।

ब्रिटिश भारत की प्रथम जनगणना 1872 ई. में 18 समूहों को आबोरिजनल ट्राइव के रूप में चिह्नित किया गया, जो निम्नलिखित हैं—(1) असुर, (2) बिंझिया, (3) गोंड, (4) हो, (5) खड़िया, (6) खेरवार, (7) खेंड, (8) किसान, (9) कोरवा, (10) माल पहाड़िया, (11) मुंडा, (12) उराँव, (13) संताल, (14) सौरिया पहाड़िया, (15) सावर, (16) भूमिज, (17) बिरहोर तथा (18) चेरो।

सन् 1931 की जनगणना में 26 सामाजिक समूहों को आबोरिजनल ट्राइव सूचित किया गया—असुर, बंजारा, बथुडी, भूमिज, बिझिया, बिरहोर, बिरजिया, चेरो, चीक बड़ाईक, गोंड, गोड़ाइत, हो, करमाली, खड़िया, खेरवार, खेंड, कोड़ा कोरवा, महली, माल पहाड़िया, मुंडा परहइया, उराँव, सौरिया पहाड़िया एवं सावर।

सन् 1941 में 60 जातियों एवं आदिवासियों को आदिवासी समुदाय में सूचीकरण किया गया, यद्यपि उनमें से कुछ जातियाँ ऐसी थीं, जिन्हें भारत सरकार की अनुसूचित जाति 1936 के तहत अनुसूचित जाति में चिह्नित किया गया था (कल्याण विभाग बिहार सरकार की रिपोर्ट—लैंड ऐंड पिपुल ऑफ छोटानागपुर, प्लेटो, 1974, पृष्ठ 2)

भारतीय संविधान के अनुच्छेद 366(2) में अनुसूचित जनजातियों की परिभाषा इस प्रकार दी गई है—ये ऐसी आदिम जातियाँ या ऐसे आदिम समाज के अंग हैं, जिन्हें संविधान के अनुच्छेद 342 के अंतर्गत इस संविधान की दृष्टि से अनुसूचित जनजातियाँ मानी गई हैं। भारतीय संविधान के अनुच्छेद 342(1) के द्वारा प्राप्त अधिकारों का पालन करते हुए राष्ट्रपति द्वारा जारी किए गए संविधान (अनुसूचित जनजातियाँ) आदेश 1950 के अनुसार, देश के 14 राज्यों में 212 आदिम जातियों को अनुसूचित जनजातियों की सूची में अधिसूचित किया गया है। भारत के मानवशास्त्रीय सर्वेक्षण की रिपोर्ट के मुताबिक वर्तमान में अनुसूचित जनजातियों की कुल संख्या 461 है। यद्यपि राष्ट्रीय नमूना सर्वेक्षण ने अपने सर्वेक्षण में अनुसूचित जनजातियों की संख्या 582 दर्ज की है। भारतीय संविधान के तहत झारखंड में कुल 30 सामाजिक समूहों को अनुसूचित जनजाति के रूप में अधिसूचित किया गया है।

भारत में कुछ ऐसी भी जनजातियाँ हैं, जिन्हें एक राज्य में अनुसूचित जनजाति

का दरजा प्राप्त है, किंतु दूसरे राज्यों में नहीं। उदाहरण के लिए झारखंड में जिन आदिम समुदायों को अनुसूचित जनजाति की श्रेणी में रख गया है, उन्हें असम में यह मान्यता प्राप्त नहीं है।

भारत में किसी भी समुदाय को अनुसूचित जनजाति के रूप में शामिल करने हेतु गृह मंत्रालय, भारत सरकार द्वारा निर्धारित संकेतक इस प्रकार हैं—(1) आदिम विशेषताओं का लक्षण, (2) विशिष्ट संस्कृति, (3) भोगौलिक पृथकता, (4) समुदाय के साथ संपर्क में व्यापक शर्मीलापन और (5) पिछड़ापन।

सन् 1950 में संविधान की धारा 342 में आदिवासियों को अनुसूचित जनजाति के रूप में चिह्नित किया गया। यह धारा संविधान के मूल प्रारूप में शामिल नहीं किया गया था, परंतु संविधान के प्रारूप पर संविधान सभा में संशोधन प्रस्ताव के रूप में इसे धारा 300(बी) के अंतर्गत 17 सितंबर, 1949 को समाहित किया गया। इस प्रस्ताव को लाते हुए डॉ. अंबेडकर ने कहा कि इस धारा को लाने का मकसद आदिवासियों की लंबी सूची के बोझ को दूर करना है।

जयपाल सिंह ने अपनी ओर से संविधान सभा में आदिवासियों को आबोरिजनल नाम बदलकर अनुसूचित जनजाति किए जाने के डॉ. अंबेडकर के प्रस्ताव पर स्पष्टीकरण माँगते हुए कहा कि उपसमिति की रिपोर्ट पर इस सदन के फ्लोर पर कोई विचार-विमर्श ही नहीं किया गया। जिसके कारण सदन किसी सामूहिक निर्णय पर नहीं पहुँच सका। उपसमिति में 'ट्राइबल' की जगह 'अनुसूचित' की बात नहीं कही गई थी।

आदिवासी विकास पर सैद्धांतिक बहस

स्वतंत्रता प्राप्ति के साथ ही आदिवासी विकास के लिए सक्रिय चिंतन एवं योजनाएँ बनाने की पहल हुई। स्वतंत्रता के पूर्व भी ब्रिटिश सामाजिक कार्यकर्ताओं, मानवशास्त्रियों, मिशनरियों एवं शासकों द्वारा अपने तरीके से आदिवासी विकास के लिए ठोस कदम उठाने की पहल की गई। उनके द्वारा किए गए पहल की, स्वतंत्रता पूर्व और बाद के संदर्भ में अलग से विवेचना की जा सकती है। ऐतिहासिक रूप से आदिवासी विकास की तीन मुख्य अवधारणाएँ अलग-अलग समयों में बनीं—

आदिवासियों को पृथक् रखने की नीति (Policy of Segregation)

(क) स्वतंत्रता पूर्व और (ख) स्वतंत्रता के बाद।

यह नीति ब्रिटिश शासकों द्वारा अपनाई गई, क्योंकि आदिवासी जनजीवन,

उनकी अर्थव्यवस्था, उनके रीति-दस्तूर, उनके विधि-विधान एवं सामाजिक सांस्कृतिक परंपराएँ अन्य लोगों से बिलकुल भिन्न थे, एवं उनके लिए अलग से कानून बनाया जाना एवं अलग से विकास की नीतियाँ तय करना अतिआवश्यक था, ताकि वे बाहरी शोषण एवं हस्तक्षेप से बचे रहें। इसीलिए ब्रिटिश शासनकाल में पूर्णत: वर्जित इलाके एवं आंशिक रूप से वर्जित इलाके के रूप में आदिवासी क्षेत्रों को चिह्नित किया गया तथा उन इलाकों के लिए अलग से कानून बनाने एवं प्रशासनिक व्यवस्था की बात सोची गई। बेरियर एल्विन ने अपनी किताब (loss of nerve, 1941) में आदिवासी विकास के लिए अंग्रेजों की इस नीति का समर्थन किया। अंग्रेजों की इस नीति से आदिवासियों को स्थानीय जमींदारों एवं महाजनों के शोषण से बहुत हद तक मुक्ति मिल गई। वेरियर के आदिवासियों के लिए बिलकुल अलग नीति बनाए जाने के समर्थन की नीति का भारतीय मानवशास्त्रियों एवं सामाजिक कार्यकर्ताओं तथा कांग्रेस पार्टी ने भी खुला विरोध किया एवं वेरियर को पृथकतावादी एवं परिवर्तन विरोधी की संज्ञा दी।

भारत सरकार ने भी आजादी के बाद आदिवासियों के विकास के लिए पृथकतावादी नीति का ही समर्थन कुछ थोड़े-बहुत बदलाव के साथ किया। बड़े आदिवासी इलाकों को आंशिक रूप से वर्जित इलाके बनाए जाने के साथ ही उन क्षेत्रों के लिए विशेष समाज कल्याण कार्यक्रम किए गए। जिसके कारण नागालैंड, झारखंड एवं उत्तर-पूर्वी क्षेत्रों में स्वतंत्र राज्यों के लिए अलगाववादी आंदोलन होने प्रारंभ हो गए। तत्कालीन असम सरकार के आदिवासी मामलों के सलाहकार वेरियर एल्विन ने आदिवासी समूहों को विशेष परिस्थितियों में ही अलग रखने का सुझाव दिया। कुछ विशेष क्षेत्रों को, जहाँ आदिवासियों की संख्या ज्यादा है, उन्हें अनुसूचित क्षेत्र एवं आदिवासी क्षेत्र घोषित करना भी आंशिक रूप से उन्हें पृथक् करने का एक उदाहरण है। विभिन्न पंचवर्षीय योजनाओं के माध्यम से वित्तीय अलगाव से आदिवासी विकास प्रभावित हुआ। आदिवासियों के लिए विशेष कोष की व्यवस्था आदिवासी कल्याण के लिए आरक्षित कर दी गई एवं सामान्य कोष को आदिवासियों के विकास कार्यों में उपयोग करने से वंचित किया गया।

ए.वी. ठक्कर के नेतृत्व में कुछ समाजसेवियों एवं राजनीतिज्ञों ने अलगाववादी नीति की आलोचना करते हुए इसे देश की एकता एवं अखंडता के लिए खतरनाक बताया। उन्होंने आदिवासियों को देश की बड़ी आबादी में विलीन कर देने का सुझाव दिया। उन्होंने आदिवासी समाज से गरीबी, अशिक्षा, स्वास्थ्य की समस्याओं को दूर करने की बात की तथा उन क्षेत्रों में संचार के साधनों को विकसित करने

तथा प्रशासनिक खामियों को दूर करने और आदिवासियों के बीच नेतृत्व का विकास करने की वकालत की। उन्होंने कहा कि आदिवासी समुदाय विकसित समुदाय के साथ रहेगा, तभी उसका विकास संभव हो सकेगा।

विलीनीकरण (Policy of Assimilation)

आदिवासियों को अन्य समुदायों के साथ विलीन करने की पहल आदिवासी विकास के दृष्टिकोण से की गई। यह अन्य आबादी के साथ संबंध बनाने की सतत प्रक्रिया है। भारतवर्ष के कई भू-भागों में आदिवासी process of assimilaton का समर्थन करते हुए विभिन्न समुदायों के संपर्क में आए। इस प्रक्रिया में कुछ आदिवासियों ने हिंदू जीवन-शैली को अपनाया एवं कुछ ने ईसाइयत को स्वीकार किया। कुछ मानवशास्त्रियों ने इस प्रक्रिया के बारे में कहा कि आदिवासियों के अन्य समुदायों की संस्कृति के संपर्क में आने से देश में सांस्कृतिक संक्रमण के साथ एक अलग तरह के आदिवासी समुदाय का विकास हुआ। घुरे ने आदिवासियों को पिछड़े हिंदू समुदाय के रूप में चरित्रित किया एवं कहा कि इस समुदाय को भारतीय जनजीवन की मुख्यधारा से अलग रहना व्यर्थ होगा। आदिवासियों का थोड़ा सा हिस्सा हिंदू समाज में विलीन हो गया। एक बड़ा हिस्सा हिंदू समाज से हलके ढंग से प्रभावित हुआ, परंतु पहाड़ों और वनों के समीप रहनेवाली आदिवासी आबादी हिंदूवाद से प्रभावित नहीं हो सकी। ए.बी. ठक्कर ने पृथकतावादी नीति की पुरजोर आलोचना की तथा आदिवासियों को बड़ी आबादी में विलीन कर देने की नीति का समर्थन किया।

सामंजस्य (Policy of Integration)

राष्ट्रीय ढाँचे में आदिवासियों को सामंजित कर विकास की कल्पना आदिवासी विकास की अंतिम अवधारणा है। पृथकतावाद एवं अन्य आबादी के साथ आत्मसात कर, आदिवासी विकास के सिद्धांतों के अनुभव एवं उनके परिणामों के कारण समाज-सुधारकों तथा योजना बनानेवालों ने बीच का रास्ता अख्तियार किया, जो अधिक फलदायी हो सकता था। समाज-सुधारकों, मानवशास्त्रियों एवं प्रशासकों ने भारतीय संस्कृति की अनेकता में एकता को आधार बनाते हुए अपनी बुद्धिमत्ता को एकीकृत कर आदिवासियों के लिए भारतीय प्रशासनिक ढाँचे में ही योजना बनाकर उन्हें सम्मिलित करने की पहल की।

आदिवासी विकास के प्रशासन के संबंध में सबसे अंतिम पहल—

(क) एक पृथक् प्रशासन

(ख) संचार की कठिनाइयों के कारण तुलनात्मक रूप से छोटे जिले

(ग) क्षेत्रीय विकास की पहल

चतुर्थ पंचवर्षीय योजना में क्षेत्र के विकास तथा पाँचवीं पंचवर्षीय योजना में उपविकास योजना तैयार करना, राष्ट्रीय एवं राजकीय ढाँचे में आदिवासियों को समाहित करने की सबसे अच्छी नीति का प्रतिबिंब है। आदिवासियों के बारे में स्वतंत्रता पूर्व की सोच की पृष्ठभूमि में देश के प्रथम प्रधानमंत्री ने आदिवासी विकास की समस्याओं के बारे में गंभीरता से चिंतन करते हुए आदिवासियों को अपनी बुद्धिमत्ता के अनुसार विकास किए जाने का सुझाव दिया, तथा कुछ लोगों को पिछड़े एवं आदिम जाति कहना तथा अपने आपको उच्च सभ्यतावाले कहने को गलत धारणा बताया। उन्होंने यह भी कहा कि ब्रिटिश, आदिवासियों को विश्व के मानवशास्त्रीय, म्यूजियम में रखना चाहते हैं। यह आदिवासियों की पूरी तरह से उपेक्षा है एवं शोषण की बात है। आदिवासियों को अलग रखने की नीति ने जमींदारों एवं महाजनों तथा सूदखोरों के द्वारा शोषण को बढ़ावा दिया है। अंग्रेजों की इस नीति से पूरी तरह से उन शोषण प्रक्रिया को बढ़ावा मिला है, जिसके कारण आदिवासी क्षेत्रों में विद्रोह हुए। विद्रोह के रूप में पूरा आदिवासी क्षेत्र अंग्रेजों के शोषण के खिलाफ आंदोलित हुए। इन विद्रोहों के कारण कुछ अंग्रेज अधिकारियों ने आदिवासियों के लिए सहानुभूतिपूर्वक कानून बनाए जाने की पहल की। जिसकी शुरुआत सन् 1874 से होती है, जब पहली बार सभी आदिवासी क्षेत्रों को अनुसूचित जिला घोषित किया गया तथा भारत सरकार अधिनियम, 1919 के धारा 7,52(ए)(2) से लेकर भारत सरकार ऐक्ट, 1935 तक कानून का रूप प्राप्त करता है। तत्पश्चात् आदिवासी विकास के मुद्दों को संवैधानिक प्रक्रियाओं से जोड़ने की पहल हुई, जिसकी चर्चा हम संविधान विकास की पृष्ठभूमि में आगे करेंगे।

□

अध्याय-2

संविधान निर्माण की पृष्ठभूमि

किसी भी देश के संविधान और वर्तमान व्यवस्था के सम्यक् ज्ञान के लिए उसके इतिहास की जानकारी आवश्यक है। भारत के वर्तमान संविधान की जानकारी के लिए हमें भारतीय इतिहास पर एक विहंगम दृष्टि डालनी होगी। हमें यह जानना होगा कि किस तरह यूरोपीय व्यापारी हमारे देश में आकर हमारे ऊपर अपना शासन और अपना कानून चलाते रहे। इसके विरुद्ध कैसे राष्ट्रव्यापी आंदोलन हुए एवं एक ऐसी परिस्थिति बनी कि भारतीयों में राष्ट्रीय जागरण के बीज अंकुरित हुए। परिणामस्वरूप भारत को स्वाधीन बनाने की भावना ने पूरे देश में आपार शक्ति का संचार किया। भारत की स्वतंत्रता का मार्ग प्रशस्त हुआ और अंततः भारत के संविधान निर्माण की प्रक्रिया शुरू हुई।

संविधान विकास की प्रक्रिया

वैसे तो सन् 1909 का भारतीय परिषद् अधिनियम भारतीय संविधान विकास के इतिहास में एक ठोस कदम था। परंतु सच पूछा जाए तो भारतीय संविधान के विकास का प्रारंभ ईस्ट इंडिया कंपनी की स्थापना (1765) से ही हो गया था, जब ईस्ट इंडिया कंपनी को बंगाल, बिहार और उड़ीसा की दीवानी प्राप्त हुई तथा भारत में ब्रिटिश साम्राज्य के विशाल भवन का शिलान्यास हुआ। चूँकि भारत में स्वतंत्रता संबंधी आंदोलन काफी उग्र हो गया था और भारतीय बड़े पैमाने पर स्वतंत्रता की माँग कर रहे थे, इसीलिए उनसे सहयोग की नीति के तहत 1861, 1892 तथा 1909 ई. में अधिनियम पारित किए गए। सम्राट् सरकार ने यह महसूस किया कि केवल भारतीयों से सहयोग प्राप्त करने से काम नहीं चलेगा, बल्कि भारत में एक उत्तरदायी सरकार की स्थापना होनी चाहिए। इसीलिए सन् 1919 में भारत शासन

अधिनियम पारित किया गया। इस अधिनियम को मांटेग्यू-चेम्सफोर्ड अथवा माउंट-फोर्ड अधिनियम भी कहा जाता है। कुपलैंड के अनुसार भारत सरकार के संपूर्ण समस्याओं से संबद्ध यह पहला कदम था। के.बी. राव के अनुसार सन् 1919 के अधिनियम के द्वारा प्रांतों में स्थापित द्वैद्य शासन एक अनोखा प्रयोग था। इसीलिए भारत में भारतीय अधिनियम परिषद् पर विचार किया गया। यदि हम पाँचवीं अनुसूची और छठी अनुसूची के संदर्भ में बातें करें तो हम जानेंगे कि 1918 में मांटेग्यू एवं चेम्सफोर्ड ने पिछड़े इलाकों के प्रशासन के बारे में चर्चा करते हुए अपनी रिपोर्ट में कहा कि भारतवर्ष के राजनीतिक प्रशासन के लिए बनाई गई व्यवस्था को ऐसे पिछड़े क्षेत्रों में लागू नहीं किया जा सकता है, जहाँ आदिम जातियाँ निवास करती हैं। उन्होंने ऐसे क्षेत्रों को देश की सामान्य कानून-व्यवस्था से बाहर रखने का सुझाव दिया था। उन्होंने यह भी सुझाव दिया था कि इन क्षेत्रों का प्रशासन प्रत्यक्ष रूप से प्रांत के शीर्ष प्रमुख के हाथों होना चाहिए। उनके इस सुझाव को भारत सरकार के अधिनियम, 1919 में प्रमुखता से लिया गया।

1935 ई. के भारत शासन अधिनियम ने भारत के संविधान विकास में महत्त्वपूर्ण योगदान दिया। भारत के उत्तरदायी शासन की स्थापना की दिशा में यह अधिनियम दूसरा महत्त्वपूर्ण कदम था। प्रो. कुप के अनुसार 1935 ई. का अधिनियम रचनात्मक राजनैतिक विचार की एक महान् सफलता थी। कांग्रेस तथा मुसलिम लीग ने 1919 ई. के अधिनियम का विरोध किया था। 1927 ई. में साइमन कमीशन की नियुक्ति से भी भारतीय जनता दु:खी थी। इसीलिए भारतीयों ने साइमन कमीशन का बहिष्कार किया था। दूसरी ओर भारत के सभी दलों के नेताओं ने मिलकर पंडित जवाहरलाल नेहरू की अध्यक्षता में एक समिति बनाई और भारत के भावी संविधान की रूपरेखा बनाई, जिसे हम नेहरू रिपोर्ट भी कहते हैं। 1930 ई. में जब साइमन कमीशन की रिपोर्ट प्रकाशित हुई तो भारतीय उससे संतुष्ट नहीं थे। इसीलिए भारत के भावी सुधार योजना के लिए 1930, 1931, 1932 ई. में तीन गोलमेज कॉन्फ्रेंस का आयोजन लंदन में हुआ। इन सम्मेलनों के निर्णय के आधार पर सरकार की ओर से 1933 ई. में एक श्वेत पत्र प्रकाशित किया गया। उस श्वेत पत्र पर विचार करने के लिए ब्रिटिश संसद् ने एक समिति नियुक्त की। अंतत: समिति की रिपोर्ट एवं साइमन कमीशन की रिपोर्ट के आधार पर 1935 ई. का भारत शासन अधिनियम पारित किया गया। 1935 ई. का भारत अधिनियम एक लंबा प्रलेख था। इसमें 321 धाराएँ थीं और 10 परिशिष्ट थे। अधिनियम के अंतर्गत केंद्रीय एवं प्रांतीय सरकारों के ढाँचे का विस्तृत विवरण था। इस अधिनियम के तहत प्रांतों को

पूर्ण स्वायत्तता प्रदान की गई और उसमें पूर्ण उत्तरदायी शासन की स्थापना की गई। प्रांतीय प्रशासन की पूरी जिम्मेदारी प्रांतीय विधानमंडलों के प्रति उत्तरदायी मंत्रियों के हाथ में थी। इस अधिनियम में आंशिक रूप से वर्जित इलाकों के प्रशासन के लिए गवर्नर को अधिकार दिए गए।

पाँचवीं अनुसूची के संदर्भ में संविधान निर्माण की प्रक्रिया

मांटेग्यू-चेम्सफोर्ड रिपोर्ट-1909 ई. तक ब्रिटेन के सम्राट् सरकार ने भारत के संबंध में सहयोगात्मक नीति का अनुसरण किया। इसका उद्‌देश्य भारतीय प्रशासन में भारतीयों का अधिकतम सहयोग प्राप्त करना था। चूँकि भारतीय बड़े पैमाने पर स्वतंत्रता की माँग कर रहे थे, इसीलिए सहयोग की नीति के तहत 1861, 1892 तथा 1909 ई. में अधिनियम पारित किए गए। लेकिन सम्राट् सरकार की सहयोगात्मक नीति सफल नहीं हो सकी। चूँकि उन दिनों युद्ध की स्थिति भयावाह थी और इंग्लैंड भारत से अधिकतम सहायता पाने को इच्छुक था, इसीलिए परिस्थितिवश ब्रिटिश प्रधानमंत्री लायर्ड जार्ज ने मांटेग्यू को भारत सचिव नियुक्त किया और उन्हें भारत भेजा। 1917 ई. के नवंबर में मांटेग्यू भारत आया और उन्होंने भारत के तत्कालीन वायसराय लॉर्ड चेम्सफोर्ड से संपर्क किया। उन्होंने अन्य भारतीय नेताओं से भी संपर्क किया तथा भारत के संबंध में एक योजना पेश की। 1918 ई. में मांटेग्यू की योजना प्रकाशित हुई, जिसे मांटेग्यू-चेम्सफोर्ड योजना के नाम से जाना जाता है। मांटेग्यू-चेम्सफोर्ड योजना में यह कहा गया कि भारतीय प्रांतों में शीघ्र ही उत्तरदायी सरकारों की स्थापना हो। उन्होंने पिछड़े इलाकों के प्रशासन के बारे में चर्चा करते हुए अपनी रिपोर्ट में कहा कि भारतवर्ष के राजनीतिक प्रशासन के लिए बनाई गई व्यवस्था को ऐसे पिछड़े क्षेत्रों में लागू नहीं किया जा सकता है, जहाँ आदिम जातियाँ निवास करती हैं। उन्होंने ऐसे क्षेत्रों को देश की सामान्य कानून-व्यवस्था से बाहर रखने का सुझाव दिया था। उन्होंने यह भी सुझाव दिया था कि इन क्षेत्रों का प्रशासन प्रत्यक्ष रूप से प्रांत के शीर्ष प्रमुख के हाथों में होना चाहिए। उनके इस सुझाव को भारत सरकार के अधिनियम, 1919 में प्रमुखता से लिया गया तथा भारत सरकार के अधिनियम, 1915 में धारा 52(ए) जोड़ा गया कि ब्रिटिश इंडिया के किसी भी भू-भाग को पिछड़ा इलाका घोषित किया जा सकता है तथा यह भी घोषित किया जा सकता है कि भारत के विधान का कोई भी कानून इन क्षेत्रों में कुछ अपवादों अथवा परिवर्तनों के साथ, जो इस घोषणा में वर्णित हो, किसी भी पिछड़े इलाके में लागू नहीं हो सकता है अथवा लागू हो सकता है।

1919 ई. के भारत सरकार के अधिनियम में इन पिछड़े इलाकों को दो भागों में बाँटा गया। पहला क्षेत्र वह था, जो अति पिछड़े हैं, उन्हें पूरी तरह से वर्जित इलाके के रूप में चिह्नित किया गया। दूसरे तरह के क्षेत्र वे थे, जिनमें राजनीतिक व्यवस्था को सावधानीपूर्वक लागू किया जा सकता था। इन क्षेत्रों में मंत्रियों को प्रशासनिक हस्तक्षेप अथवा किसी प्रकार के दायित्वों का निर्वाह करने का अधिकार नहीं था। ब्रिटिश सरकार यद्यपि पिछड़े क्षेत्रों को अलग रखने के मामले में सीमा निर्धारित करना चाहती थी। इसीलिए इस मामले को आगे की जाँच के लिए 1930 ई. में भारतीय वैधानिक कमेटी को सौंप दिया, जिसे साइमन कमीशन के नाम से जाना जाता है। झारखंड में भी यह समिति आई थी। साइमन कमीशन ने अपनी रिपोर्ट में यह लिखा कि 1930 ई. में पिछड़े इलाके करीब 1,20,000 वर्ग मील के दायरे में फैले हुए थे। जिनकी आबादी 11 मिलियन, यानी 1 करोड़ 10 लाख थी एवं ये इलाके मुख्य रूप से बिहार, उड़ीसा, पंजाब, बर्मा, बंगाल एवं असम तक फैले थे। इस प्रकार साइमन कमीशन के इस रिपोर्ट से आदिवासियों के पिछड़े इलाकों को चिह्नित करने का उद्देश्य पूरा हो गया।

साइमन कमीशन ने पिछड़े इलाकों के प्रशासन की जिम्मेदारी केंद्र सरकार के हाथों में रखे जाने का सुझाव दिया था, लेकिन आगे यह भी क़हा कि केंद्र सरकार गवर्नर के एजेंट के रूप में एक गैर-राजनीतिक अधिकारी को रखा जाना चाहिए।

साइमन कमीशन के केंद सरकार के अधीन प्रशासन के सुझाव को भारत सरकार के अधिनियम, 1935 में स्वीकार नहीं किया गया। दूसरी ओर भारत सरकार अधिनियम ने तीन तरह के विशेष क्षेत्रों की घोषणा की, जिसके तहत धारा 91, 92 के मुताबिक झारखंड के आदिवासी इलाकों को आंशिक रूप से वर्जित इलाके के रूप में चिह्नित करते हुए राज्य सरकार की कार्यपालिका की जिम्मेदारी के तहत रखा गया, जिसमें धारा 52(1) एवं (2) के तहत राज्यपाल को इन क्षेत्रों के प्रशासन के लिए विशेष जिम्मेदारी दी गई। उन्हें यह शक्ति दी गई कि वे मंत्रियों के ऊपर भी अपना शासन चला सकें, यदि ऐसा करना यथोचित प्रतीत होता है तो इस व्यवस्था के अनुरूप संसद् अथवा विधानमंडल के द्वारा बनाया गया कानून इन क्षेत्रों में लागू नहीं हो सकता। यदि आवश्यक हो तो राज्यपाल क्षेत्र की आवश्यकता के अनूरूप उन कानूनों अथवा नियमों में फेरबदल कर उसे लागू करने का निर्देश दे सकते हैं।

कैबिनेट मिशन ने 16 मई, 1946 में यह सिफ़ारिश की थी कि वर्जित एवं आंशिक रूप से वर्जित आदिवासी क्षेत्रों को विशेष महत्त्व दिया जाए। कैबिनेट मिशन

ने यह भी सुझाव दिया था कि संविधान सभा के प्रारंभिक सत्र में मौलिक अधिकारों और अल्पसंख्यक अधिकारों के लिए एक सलाहकार समिति का गठन किया जाए, जिसमें सभी हितों का प्रतिनिधित्व हो। इसका एक निर्धारित कार्य था आदिवासी और वर्जित क्षेत्रों में प्रशासन के संबंध में संविधान सभा को रिपोर्ट करना।

संविधान सभा का निर्माण

22 मार्च, 1942 को स्टैंफोर्ड क्रिप्स को ब्रिटिश सरकार ने भारतीय समस्याओं को हल करने और द्वितीय विश्वयुद्ध में भारतीयों का पूर्ण सहयोग प्राप्त करने के लिए भेजा। 25 मार्च को क्रिप्स महोदय ने भारत के विभिन्न राजनीतिक दलों के नेताओं के साथ विचार-विमर्श किया और कई सुझाव दिए। इन्हीं सुझावों में उन्होंने यह कहा कि युद्ध के बाद एक संविधान निर्मात्री परिषद् का निर्माण होगा, जो भारत के लिए एक नया संविधान बनाएगी। उन्होंने अपनी योजना में यह भी कहा कि यदि ब्रिटिश भारत का कोई प्रांत या देशी राज्य संघ में सम्मिलित होना चाहे तो उसे नए संविधान को स्वीकृत या अस्वीकृत करने का अधिकार होगा। लेकिन क्रिप्स के प्रस्तावों को कांग्रेस मुसलिम लीग एवं अन्य संगठनों ने अस्वीकार कर दिया।

क्रिप्स की असफलता के बाद भारतीय समस्याओं से परिचित तत्कालीन भारतीय सेना के सर्वोच्च सेनापति एवं उदारवादी विचारधारा के हिमायती लॉर्ड वेवेल को नया वायसराय बनाया गया। उन्होंने एक योजना पेश की, वह भी असफल हो गई। इसके बाद ब्रिटिश सरकार ने भारतीय समस्याओं को सुधारने के लिए मंत्रिमंडल मिशन की नियुक्ति की, जिसने अप्रत्यक्ष रूप से भारतीय स्वतंत्रता के द्वार खोलने में महत्त्वपूर्ण कार्य किया।

भारतीय संविधान के लिए भारत सरकार अधिनियम, 1935 एक मॉडल की तरह था। इसके अंतर्गत प्रांतीय क्षेत्रों में उत्तरदायी सरकार की स्थापना की गई थी। यह अधिनियम ही भारत सरकार के संचालन का दस्तावेज माना गया। तत्पश्चात् संविधान के अस्तित्व में आने के बाद 1935 ई. का भारत अधिनियम निरस्त हो गया।

कैबिनेट मिशन 23 मार्च, 1946 को दिल्ली पहुँचा। 16 मई, 1946 को **कैबिनेट मिशन** ने यह सिफारिश की कि एक संविधान सभा भारत का संविधान बनाने के लिए स्थापित की जाएगी। संविधान सभा के निर्माण के लिए प्रत्येक प्रांत को 10 लाख लोगों के लिए एक प्रतिनिधि के अनुपात में जनसंख्या के सांप्रदायिक आधार पर स्थान दिए जाएँगे। इस सिद्धांत के अनुसार ब्रिटिश भारत प्रांतों से 292

सदस्य संविधान सभा में चुने जाने थे। कैबिनेट मिशन की योजना को स्वीकार किए जाने के बाद मिशन ने संविधान के स्वरूप पर चर्चा की तथा उसके लिए संविधान की प्रारूप समिति द्वारा अनुसरण किए जानेवाली प्रक्रियाओं को तय किया गया। ब्रिटिश भारत के कुल 296 सीटों पर संविधान सभा के लिए चुनाव कराए गए। संविधान सभा का विधिवत् उद्घाटन अधिवेशन के माध्यम से 9 दिसंबर, 1946 को हुआ। इस संविधान सभा के पहले अस्थायी अध्यक्ष डॉ. सच्चिदानंद सिन्हा को अस्थायी अध्यक्ष बनाया गया। सदस्यों द्वारा अपने प्रमाण पत्र प्रस्तुत करने एवं रजिस्टर में हस्ताक्षर के बाद 11 दिसंबर, 1946 को डॉ. राजेंद्र प्रसाद को स्थायी अध्यक्ष चुन लिया गया। संविधान सभा ने कई बैठकों के पश्चात् सर्वप्रथम तीन समितियाँ बनाईं। ये समितियाँ थीं—(1) केंद्रीय अधिकार समिति, (2) केंद्रीय संविधान समिति एवं (3) मौलिक अधिकार समिति। इन समितियों की रिपोर्ट देखने के बाद संविधान सभा ने 29 अगस्त, 1947 को एक प्रारूप समिति बनाई, जिसके अध्यक्ष डॉ. भीमराव अंबेडकर बनाए गए। इनकी सहायता के लिए अन्य छह सदस्य एवं एक संवैधानिक सलाहकार को चुना गया। प्रारूप समिति ने संविधान का अंतिम प्रारूप 4 नवंबर, 1947 को संविधान सभा को सौंप दिया। संविधान सभा के इस प्रारूप पर करीब दो वर्षों तक बहस हुई। इस क्रम में 2000 संशोधन प्रस्ताव लाए गए। अंतत: 26 नवंबर, 1949 को संविधान सभा की प्रक्रिया समाप्त हो गई और इसे 284 सदस्यों के हस्ताक्षर से स्वीकार कर लिया गया। इस प्रकार भारत के संविधान को पूरा करने में कुल दो वर्ष 11 महीने 17 दिन लगे। संविधान के प्रारूप पर संविधान सभा के सदस्यों द्वारा राय-मशविरा एवं संशोधन प्रस्तावों पर बहस के पश्चात् भारत का संविधान जनवरी 1950 को अस्तित्व में आया। नए संविधान में 448 धाराएँ, 22 भाग एवं 12 अनुसूची तथा 118 संशोधन शामिल हैं।

जयपाल सिंह संविधान सभा के सदस्य मनोनीत

कांग्रेस के द्वारा 1946 ई. में जयपाल सिंह को संविधान सभा का सदस्य मनोनीत किया गया। कैबिनेट मिशन के सुझावों के मुताबिक संविधान सभा के प्रारंभिक सत्र में मौलिक अधिकारों एवं अल्पसंख्यकों के लिए सलाहकार समिति में एक उपसमिति का गठन किया जाना था, जिसमें सभी हितों का प्रतिनिधित्व हो। इसके फलस्वरूप 27 फरवरी, 1947 को सलाहकार समिति द्वारा ठक्कर बप्पा की अध्यक्षता में तीन उपसमितियों का गठन किया गया। एक उपसमिति को असम

प्रांत में वर्जित आदिवासी क्षेत्रों के भावी प्रशासन पर अपनी रिपोर्ट देनी थी। जबकि दूसरी समिति को देश के शेष वर्जित क्षेत्रों एवं आंशिक वर्जित क्षेत्रों के बारे में रिपोर्ट देनी थी। बिहार के आदिवासी क्षेत्रों के बारे में इसी समिति को रिपोर्ट देनी थी। इन दोनों उपसमितियों की संयुक्त बैठक अगस्त 1947 में हुई। वर्जित इलाकों एवं आंशिक रूप से वर्जित इलाकों के लिए बनी उपसमिति ने 28 जुलाई, 1947 को अपनी रिपोर्ट सौंपी। उपसमिति ने बिहार के तीन जिलों—मानभूम, हजारीबाग और पलामू को अधिसूचित क्षेत्र से बाहर रखने की सिफारिश की। लेकिन जयपाल सिंह ने, जो इस उपसमिति के सदस्य थे इसके विरुद्ध अपनी टिप्पणी दी। उनकी दलील थी कि मानभूम, हजारीबाग और पलामू को अधिसूचित क्षेत्र से बाहर रखना अनुचित होगा। इस उपसमिति ने आदिवासी सलाहकार परिषद् की स्थापना करने की वकालत की। संविधान सभा की उपसमिति ने, जब 1947 ई. में छोटानागपुर-संतालपरगना का दौरा किया तब जयपाल सिंह ने यह आरोप लगाया कि प्रांतीय सरकार ने समिति की समक्ष उपस्थित होने के लिए हमारे किसी प्रतिनिधि का नाम स्वीकार करने की बजाय ऐसे लोगों के नाम प्रस्तुत किया, जिनका आदिवासियों के हितों से कोई वास्ता नहीं था, न ही वे संबद्ध लोगों का प्रतिनिधित्व करते थे। इतना ही नहीं, प्रांतीय सरकार ने उस समय उपसमिति को यह कहकर गुमराह करने की कोशिश की कि कमेटी को संताल परगना नहीं जाना चाहिए, क्योंकि वहाँ सांप्रदायिक तनाव का माहौल है, जो तथ्य से परे था।

उपसमिति ने अपनी रिपोर्ट में यह कहा कि आदिवासियों को अलग व्यवस्था के तहत लंबे समय तक नहीं रखा जाना चाहिए, इसीलिए उनके शिक्षा एवं जीवन स्तर को इस सीमा तक ऊपर उठाया जाना चाहिए कि वे अन्य आबादी के साथ भविष्य में घुल-मिलकर रह सकें। उपसमिति ने यह अनुशंसा की कि वैसे क्षेत्र, जहाँ आदिम जातियाँ अधिसंख्य हैं, उन्हें अनुसूचित क्षेत्र कहा जाना चाहिए, तथा असम एवं देश की सीमाओं के वैसे क्षेत्र, जहाँ आदिवासी अधिसंख्य हैं, आदिवासी क्षेत्र कहा जाना चाहिए।

उपसमिति की रिपोर्ट को संविधान सभा के द्वारा संविधान की वृहत् सिद्धांतों की स्थापना के क्रम में स्वीकृत नहीं किया गया, बाद में संविधान की प्रारूप समिति ने पाँचवीं अनुसूची के प्रारूप को तैयार करने की प्रक्रिया में उपसमिति के प्रारूप एवं अनुशंसाओं को फरवरी 1948 में संविधान के प्रारूप में शामिल किया।

पाँचवीं अनुसूची के नए प्रस्तावित प्रारूप पर संविधान सभा की बहस (संविधान के मूल प्रारूप की धारा 215 ए (अ) एवं 215 बी (1)) दिनांक 5 सिंतबर,

1949 को संविधान हॉल, नई दिल्ली में 9 बजे पूर्वाह्न डॉ. राजेंद्र प्रसाद की अध्यक्षता में शुरू हुई। डॉ. भीम राव अंबेडकर ने पाँचवीं सूची के प्रारूप का प्रस्ताव पेश किया। इस प्रस्ताव को पेश करने के बाद उन्होंने कहा—

''मैं बहुत संक्षेप में पाँचवीं अनुसूची के संशोधन के रूप में लाए गए मुख्य परिवर्तन का विवरण देना चाहूँगा एवं हाउस के समक्ष रखना चाहूँगा। पहला महत्त्वपूर्ण परिवर्तन पैरा4 में है, जो आदिवासी परामर्शदात्री परिषद् के बारे में है। संविधान के मूल प्रारूप में इस पैरा में, जो बातें हैं, वे ये कि प्रत्येक राज्य में जहाँ अनुसूचित क्षेत्र हैं अथवा अनुसूचित जनजातियाँ हैं, वहाँ आदिवासी परामर्शदात्री परिषद् होना बाध्य किया गया था। लेकिन यह महसूस किया गया कि संविधान के माध्यम से यह आवश्यक नहीं है कि एक राज्य, जिसके कुछ भू-भाग में अनुसूचित जनजातियों की कुछ आबादी रहती हो; लेकिन जहाँ अनुसूचित क्षेत्र नहीं हैं, वहाँ आदिवासी परामर्शदात्री परिषद् बनाई जाए। यह महसूस किया गया कि जहाँ अनुसूचित क्षेत्र नहीं हों, यदि अनुसूचित जनजातियों के लिए आदिवासी परामर्शदात्री परिषद् का गठन यदि जरूरी है तब यह अच्छा होगा कि यह विषय राष्ट्रपति के लिए छोड़ दिया जाए कि आदिवासी परामर्शदात्री परिषद् बनाई जाए अथवा नहीं। परिणामस्वरूप शब्द ''एवं, यदि राष्ट्रपति ऐसा निर्देश देते हैं कि वैसे राज्यों में भी, जहाँ अनुसूचित जाति हैं; लेकिन वहाँ अनुसूचित क्षेत्र नहीं हैं परामर्शदात्री परिषद् हो सकती है।'' अनुसूचित क्षेत्रों में परामर्शदात्री परिषद् का गठन बाध्यता है। अनुसूचित जनजातियों के मसले पर संविधान में परामर्शदात्री परिषद् बनाए जाने की बाध्यता नहीं है, परंतु यह राष्ट्रपति के विवेक पर छोड़ दिया गया है।

अन्य पारा, जिसमें परिवर्तन किया गया है वह पैरा 5 है। पैरा 5, संसद् एवं राज्य के विधानमंडल द्वारा बनाए गए कानून का अनुसूचित क्षेत्रों में लागू होने के बारे में चर्चा करती है। पैरा 5 का जो मूल प्रारूप है, वह यह था कि यदि आदिवासी परामर्शदात्री परिषद् निर्देश दे कि संसद् अथवा स्थानीय विधायिका द्वारा बना कानून अनुसूचित क्षेत्र में परिवर्तन के बाद लागू होना चाहिए तो राज्यपाल आदिवासी परामर्शदात्री परिषद् के निर्णय को लागू करने के लिए बाध्य थे। यह महसूस किया गया कि यह और भी अच्छा होगा कि संसद् अथवा स्थानीय विधायिका द्वारा अनुसूचित क्षेत्रों के लिए बनाए गए कानून को लागू करने के मामले में राज्यपाल को विवेकाधिकार हो एवं उस विवेक पर बिलकुल नियंत्रण न हो, क्योंकि पैरा 5 में विद्यमान मूल प्रावधान में ही यह प्रस्तावित था।

अन्य महत्त्वपूर्ण बात, जिसमें मुझे माननीय सदस्यों का ध्यान आकर्षित करना

चाहिए वह पैरा 6 है। पैरा 6 का मूल प्रारूप तैयार किया गया है, वह है एक अधिसूची तैयार करना, जिसे अधिसूचित क्षेत्र घोषित किया जाना है। यह प्रस्ताव विशेषकर इसीलिए आवश्यक हो गया है कि इस स्थिति में यह जान पाना संभव नहीं है कि भाग तीन के अंतर्गत राज्य में कौन-कौन क्षेत्र अधिसूचित होंगे। अतः यह महसूस किया गया कि जो मैंने चर्चा की, उसकी कठिनाइयों के समाधान एवं उसे लचीला बनाने के लिए यह और भी अच्छा हो कि अनुसूचित क्षेत्र के लिए निश्चित भू-भाग तय करने के बदले यह अधिकार राष्ट्रपति पर छोड़ देना चाहिए।

अन्य महत्त्वपूर्ण संशोधन, जिस पर मुझे ध्यान आकृष्ट करना चाहिए वह है पैरा 7, जो भाग 4 में शामिल है एवं जो पाँचवीं अनुसूची के संशोधन के बारे में बताता है। इस पैरा के मूल प्रावधान में पाँचवीं अनुसूची के संशोधन का कोई प्रावधान नहीं था, उसमें वर्तमान में यह प्रावधान किया गया है, संसद् इस अनुसूची में संशोधन कर सकती है तथा मैं यह सोचता हूँ कि संसद् को इस अनुसूची में संशोधन का अधिकार होना चाहिए। राज्य के अंदर एक राज्य के निर्माण की जरूरत नहीं है एवं यह भी नहीं होना चाहिए कि इस तरह के विशेष प्रावधानों से, जिनके अंतर्गत कुछ आदिवासी, संसद् अथवा विधायिका द्वारा बनाए गए कानून सामान्य संचालन से बाहर कर दिए जाएँ तथा पैरा 5 के उप पैरा 2 में दिए गए प्रावधान, जहाँ ऐसा कहा जाता है कि राज्यपाल को कुछ विशेष गुणों, जैसे कि उप पैरा 2 के क, ख एवं ग में वर्णित हैं, के लिए नियम बनाने हेतु कानून बनानेवाली संस्था बनाया गया है एवं संसद् अथवा विधायिका द्वारा बनाए गए किसी भी कानून, जो ऊपर वर्णित पैरा की बातों से संबंध रखते हों, उनके ऊपर जाकर अधिकार रखते हों, उन्हें हमेशा बिना परिवर्तन कारी अथवा दृढ़ नहीं होना चाहिए एवं यह संसद् के लिए खुला छोड़ना चाहिए, ताकि उसमें समय और परिस्थिति के अनुरूप परिवर्तन लाया जा सके। परिणामस्वरूप भाग 4 के नए पैरा 7 में यह प्रावधान दिया गया कि संसद् को यह अधिकार होगा कि वह जैसा आवश्यक हो, वैसा संशोधन कर सकेगी एवं अनुसूची में ऐसे कोई भी संशोधन को संविधान संशोधन नहीं माना जाएगा, बल्कि यह साधारण कानूनी प्रक्रिया के तहत संशोधित किया जाएगा।

मैं यह उद्धृत कर सकता हूँ कि इस नई अनुसूची को सामने रखने में प्रारूप समिति ने इस विशेष विषय-वस्तु, अनुसूचित क्षेत्र एवं अनुसूचित जनजातियों से संबंधित राज्यों के प्रतिनिधियों से विचार-विमर्श कर लिया है। हम लोगों ने अपने माननीय दोस्त श्रीमान ठक्कर, जो इन बातों के बारे में काफी जानकार हैं, के

विचारों को भी इसमें शामिल किया है। मैं बिना अंतर्विरोध के यह कह सकता हूँ कि इस नई अनुसूची में उन सभी पार्टियों की सहमति है, जो इस मामले से संबंधित हैं तथा मैं यह आशा करता हूँ कि सदन को पुराने प्रारूप के बदले इस नई अनुसूची को स्वीकार करने में कोई कठिनाई नहीं होगी।

अध्यक्ष महोदय ने कहा, ''मुझे पुरानी अनुसूची में बहुत सारे संशोधन प्रस्ताव प्राप्त हुए हैं तथा नई अनुसूची में भी संशोधन प्रस्ताव प्राप्त हुए हैं। मैं सोचता हूँ कि पुरानी अनुसूची में संशोधन लाने का कोई औचित्य नहीं है, क्योंकि पुरानी सूची को बिलकुल ही प्रस्ताव में नहीं लिया गया था। अत: हमें सिर्फ नई अनुसूची पर, जो डॉ. अंबेडकर के द्वारा अभी प्रस्ताव में लाई गई उस में संशोधन लाना चाहिए। मैं उन्हें बारी-बारी से लूँगा (संविधान सभा की चर्चा भाग-9 के पृष्ठ 867-1002 से उद्‌धृत)।

नई अनुसूची में कुल 21 सदस्यों ने अपने संशोधन प्रस्ताव के साथ बहस में हिस्सा लिया। इन लोगों में झारखंड क्षेत्र से झारखंड अलग राज्य के प्रमुख नेता जयपाल सिंह ने भी पाँचवीं अनुसूची के प्रारूप पर संशोधन प्रस्ताव पेश किया एवं उन प्रस्तावों के समर्थन में अपने तर्क पेश किए। हम यहाँ सिर्फ जयपाल सिंह के द्वारा पेश किए गए संशोधन प्रस्ताव एवं उसके समर्थन में दिए गए उनके विचारों को प्रस्तुत कर रहे हैं। (परिशिष्ट-2)

□

अध्याय-3

पाँचवीं अनुसूची की अवधारणा

आजादी के बाद देश में नया समाज बनाने का संकल्प लिया गया। संविधान में उसके लिए व्यवस्था करते समय आदिवासियों एवं कमजोर वर्गों के संरक्षण तथा कल्याण पर खास तौर से ध्यान रखा गया था। तेजी से विकास के दौर में यह सुनिश्चित करना था कि सरल आदिवासी समाज कहीं बिखर न जाए, कहीं वह अपनी अस्मिता खो न बैठे और खनिज संपदा से भरपूर आदिवासी इलाकों में उनकी सरलता का लाभ उठाकर बाहरी आबादी की घुसपैठ न हो और इनके संसाधनों पर नियंत्रण न कर सकें।

यह एक आम धारणा थी कि स्वतंत्रता पूर्व भारत की राजनीति और विशेषत: भारतीय राष्ट्रीय आंदोलन का इतिहास अखिल भारतीय संदर्भ में एकआयामी और एक जैसा था। किंतु वास्तव में इसकी अनेक धाराएँ थीं, जिन्होंने एक प्रमुख धारा का रूप ले लिया था। भारत देश का स्वतंत्रता आंदोलन जहाँ एक ओर व्यापक था, वहीं दूसरी ओर उसके सामाजिक, आर्थिक, राजनीतिक ढाँचे में विभिन्नता के साथ-साथ क्षेत्रीय, सांस्कृतिक एवं ऐतिहासिक विभिन्नताएँ भी थीं, जिसके कारण साम्राज्य विरोधी, राष्ट्रीय मुक्ति संग्राम का ढाँचा भी समरूप और समान नहीं था। देशी रियासतों की प्रजा की राजनीतिक तथा आर्थिक स्थिति काफी खराब थी। जनता की आमदनी का पचास प्रतिशत हिस्सा रियासतें कर के रूप में ले लेती थीं। परिणमस्वरूप निरंकुश शासकों के क्रूर दमनचक्र से पीड़ित देशी राज्यों की जनता संगठित होकर शासकों के अत्याचार से मुक्ति पाने के लिए आंदोलन करने लगी। इसी क्रम में बहुत सी क्षेत्रीय शक्तियाँ जन्मीं, जिनकी अनेक राजनीतिक विशिष्टताएँ थीं और अनेक लक्षण थे। किंतु इन विशिष्टताओं का क्षेत्र केवल स्थानीय एवं क्षेत्रीय विषयों तक ही सीमित

था। प्रारंभ में जो संगठन बने, उनका उद्देश्य जातीय उत्थान, भाषाओं का विकास और सामाजिक-सांस्कृतिक अस्तित्व की रक्षा के लक्ष्य को पूरा करना था। इन संगठनों के माध्यम से जो-जो प्रयास किए गए, वे क्षेत्रीय प्रभाव रखते थे। बड़ौदा में प्रजामंडल की स्थापना की गई। दक्षिण की रियासतों में द्रविड़ संघ, झारखंड के परिप्रेक्ष्य में छोटानागपुर उन्नति समाज, आदिवासी महासभा, झारखंड पार्टी जैसे संगठनों का उदय क्षेत्रीय विषयों से जुड़े थे। सामाजिक ढाँचे, सांस्कृतिक परंपराएँ, भाषाएँ, शिक्षा और रोजगार से संबंधित विविधताएँ इतनी स्पष्ट थीं कि उनका अखिल भारतीय स्तर पर सामान्यीकरण नहीं किया जा सकता था। इसके परिणामस्वरूप प्रांतीय, आदिवासी सामाजिक ढाँचे, सांस्कृतिक परंपराओं, भाषाओं, शिक्षा और रोजगार की समस्याओं को संविधान में अलग से परिभाषित करने का काम हमारे संविधान निर्माताओं ने किया, जो आज संविधान की पाँचवीं अनुसूची के रूप में आदिवासी जीवन अस्तित्व की रक्षा के लिए विद्यमान हैं।

संविधान में इतने व्यापक प्रावधान करने के पीछे इरादा यही था कि आदिवासी समाज को सामान्य कानून के फंदे में फाँसने और उसके अनुरूप अपने को बदलने की मजबूरी न हो। इसकी बजाय राज्य का दायित्व हो कि वह समाज की स्थिति को देखते हुए व्यवस्था व कानून बदले। जवाहरलाल नेहरू ने आदिवासी व्यवस्था के सशक्तीकरण के लिए पंचशील की घोषणा की थी, जिसके मुताबिक यह अपेक्षित था कि इन इलाकों में बाहरी व्यवस्था अथवा सामान्य प्रशासनिक एवं कानून-व्यवस्था आँख मूँदकर नहीं लादी जाएगी और आदिवासी समाज को अपनी प्रकृति एवं प्रवृत्ति के अनुसार अपना रास्ता तय करने के लिए व्यवस्था की जाएगी। इसी माहौल में आदिवासी इलाकों में आम लोगों में भी एक नई आशा की लहर जगा दी।

आदिवासी इलाकों की ऐतिहासिक पृष्ठभूमि एवं पारंपरिक समाज-व्यवस्था

यह सर्वविदित है कि सैकड़ों वर्षों तक जंगलों, पहाड़ों और पहाड़ की गुफाओं में भटकने के बाद आदिवासी समुदाय के लोगों ने अपनी रुचि के मुताबिक जंगलों को साफ कर स्थायी जीवन की शुरुआत की। झारखंड के उराँव, मुंडा, संताल, हो, खड़िया और नृजातीय भाइयों ने अंततः गाँव और हातू बसाया, जो मुख्य रूप से खुंटकटी गाँव अथवा भूंईहरी गाँव कहलाया। गाँवों की सीमाएँ निर्धारित की गईं, जो सबके द्वारा मान्य एवं अतिक्रमणीय थीं। गाँवों की सुरक्षा के लिए भगवान् के प्रतिरूप में सरना की स्थापना हुई, जिसमें प्रकृति के रूप में अदृश्य धर्मेश अथवा

हातू बोंगा का निवास होता था। गाँव का संस्थापक गाँव का मुखिया होता था, जो गाँवों के मामलों में प्रधान के रूप में पंचायत की अध्यक्षता करता था। धार्मिक मामलों के निपटारे के लिए धार्मिक मुखिया के रूप में वह पाहन के नाम से जाना जाता था। गाँव में स्थापित पंचायत गाँवों के विभिन्न प्रकार के विवादों का निपटारा करती थीं। इसके अलावा प्रधान के रूप में गाँव का प्रधान स्थापित रीति-रिवाजों का उल्लंघन करने पर दंड देता था। बाद में सांसारिक और धार्मिक मामले अलग हो गए और सांसारिक मामलों के मुखिया को मुंडा तथा धार्मिक मामले के प्रधान को पाहन के नाम से जाना गया। खुंटकटीदार सामूहिक रूप से जमीन के मालिक होते थे। गाँव का कोई भी व्यक्ति जमीन पर निजी मालिकाना हक का दावा नहीं कर सकता था। समुदाय में सिर्फ समुदाय के जीवित सदस्य ही नहीं, बल्कि मृत सदस्य भी समुदाय के सदस्य माने जाते थे। कृषि-व्यवस्था का आधार यह था कि जिन लोगों ने जमीन को खेती के लायक बनाया, वे ही उसके मालिक हैं।

गाँव के ऊपर कई गाँवों को मिलाकर उनके संचालन के लिए पड़हा पट्टी, मानकी पीड़, मांझी परगना, डोकलो सोहोर के रूप में सामाजिक संगठन की स्थापना की गई। इनके मुखिया को राजा, मानकी, मांझी परगनैत के नाम से जाना जाता है। इस व्यवस्था के माध्यम से आदिवासी समाज की संपूर्ण गतिविधियों का संचालन आज भी किया जाता है। इस प्रकार झारखंड के आदिवासियों के द्वारा गठित सामाजिक संगठन मुलतः जनतांत्रिक एवं समतावादी सिद्धांत पर आधारित है। संसाधनों पर सामुदायिक मालिकी तथा श्रम एवं उत्पादन सामूहिक संगठनों की अवधारणा पर आधारित थी। गाँव स्वायत्त एवं आत्मनिर्भर हुआ करते थे। बाहरी प्रभावों से मुक्त आदिवासी एक शांतिपूर्ण एवं स्वच्छंद जीवन जीते थे। उनकी जीवन-पद्धति सहयोग और प्रकृति के साथ सामंजस्य पर आधारित थी। भूमि उनके लिए सिर्फ उत्पादन का साधन नहीं थी, बल्कि आध्यात्मिकता का स्रोत भी थी।

आदिवासियों के द्वारा सदियों से समाज संचालन के लिए लागू किए जानेवाले नियमों एवं विधान को ही ब्रिटिश शासनकाल में कानून के रूप में संहिताबद्ध किया गया, जिसे हम कस्टमरी लॉ के रूप में जानते हैं। काफी लंबे अरसे से प्रचलित आदिवासी विधि-विधान इतने व्यापक एवं विस्तृत थे कि समाज अपने आप में सशक्त तथा आत्मनिर्भर था और इस व्यवस्था में किसी भी प्रकार का बाह्य हस्तक्षेप अथवा अतिक्रमण सामाजिक गतिविधियों को प्रभावित करता है। इसीलिए आदिवासी समाज हमेशा से अपने सामाजिक मामलों में बाहरी हस्तक्षेप के खिलाफ अपनी प्रतिकूल प्रतिक्रिया प्रदर्शित करता रहा है। आदिवासी कस्टमरी लॉ के अंतर्गत

समाज संचालन के नियमों की काफी विस्तृत व्याख्या है। सिर्फ समाज के रूप में व्यक्ति, परिवार एवं गाँव की कल्पना नहीं है, अपितु जल, जंगल, जमीन, जंतु, पर्यावरण और उनके परिवेश एवं उनके साथ सामंजस्य की भी कल्पना है, जिन्हें नियमों के और मानवीय मूल्यों की नींव पर स्थापित किया गया है, जो आदिवासी समाज की सांस्कृतिक पहचान के सशक्त पहलू हैं। समाज के रीति-रिवाजों को मुसलिम पर्सनल लॉ अथवा हिंदू कोड बिल की तरह कानूनी स्वरूप में नहीं, बल्कि अलिखित परंपराओं के रूप में व्यक्ति की भावनाओं से जोड़ा गया है। धार्मिक रीति-रस्मों की कोई किताब नहीं, बल्कि मनुष्य का रिश्ता बिना किसी माध्यम, प्रकृति और सृष्टि के अलौकिक एवं अदृश्य शक्ति सिंगबोंगा, धर्मेश से जुड़ा है। समाज का अर्थतंत्र सहयोग एवं सहभागिता की बुनियाद पर बनी है, श्रम जिसकी मजबूत कड़ी है। आदिवासी समाज पूँजी का अर्थशास्त्र नहीं। उपभोक्तावादी संस्कृति और व्यक्तिवादी पूँजी की अवधारणा पर भी आधारित पूँजी विस्तार की अवधारणा को समाज आदिवासी नहीं मानता। इन पहलुओं के मिश्रण से बनाए गए नियम और कानून ही आदिवासी समाज के कानून हैं। इसीलिए इन नियमों और विधि-विधान को हम आदिवासी समाज के रीति-रिवाजों, दस्तूर एवं धार्मिक मान्यताओं से जुड़ा सदियों से चलनेवाला परंपरावादी कानून, यानी कस्टमरी लॉ मानते हैं।

आदिवासी कस्टमरी लॉ

जैसा कि हम ऊपर यह बता चुके हैं कि जैसे-जैसे आदिवासियों में स्थिर समाज-व्यवस्था कायम हुई और आर्थिक व्यवस्था की शुरुआत हुई, वैसे-वैसे समाज संचालन एवं आर्थिक विकास की प्रक्रियाओं के संचालन के लिए सामाजिक विधि-विधान विकसित हुए, जिसे पारंपरिक दस्तूर अथवा कानून कहा गया। यह अलिखित कानून एवं न्याय-पद्धति पीढ़ी-दर-पीढ़ी आज भी अपने समाज के संचालन के लिए लागू हैं, क्योंकि यह आज भी हर व्यक्तिगत एवं समुदाय के जीवन तथा परंपराओं और संस्कृति की रक्षा एवं उनकी अर्थव्यवस्था की रक्षा के लिए उतना ही महत्त्वपूर्ण है। इस कानून को तोड़ने का मतलब है कानून तोड़नेवालों को कठोर कानूनी दंड। ये रीति-रिवाज एवं परंपराएँ अलग-अलग सामुदायिक समूहों एवं क्षेत्र के अनुसार अलग-अलग होती हैं, जो इस कानून एवं न्याय-पद्धति के मुख्य स्रोत हैं। आर्चर अपने संतालपरगना के डिप्टी कमिश्नर के कार्यकाल (दिसंबर 1942 से जून 1945) तक संताल आदिवासियों के निकट सान्निध्य में रहे। इस क्रम में उन्हें संतालों के मामलों का निपटारा करना था। यह उनके लिए

पहला अवसर था, यह जानने का कि अंग्रेजों के वैधानिक कानूनों (इंडियन पेनल कोड, सिविल क्रिमिनल प्रासेडयूर कोड) एवं संतालों के उनके पारंपरिक कानूनों के अनुसरण के बीच किस प्रकार के द्वंद्व हैं। उनके पहले के कई अधिकारियों ने संतालों के पारंपरिक कानूनों के ऊपर ब्रिटिश कानून एवं न्यायिक व्यवस्था थोपे जाने की प्रक्रिया को खतरनाक बताया तथा आदिवासी व्यवस्था के क्षरण की प्रक्रिया को भय से देखा है। जिसके कारण कई आदिवासी क्षेत्रों को पूरी तरह से सुरक्षित करने की कोशिश की गई। आदिवासी क्षेत्रों में आदिवासियों को त्वरित न्याय दिलाने के लिए न्यायिक एवं प्रशासनिक अधिकारी मिलकर काम करें तथा मामले के निस्पादन से पूर्व आदिवासियों को सहभागी बनाते हुए उनसे परामर्श लें, इसके लिए एक पृथक् प्रशासनिक पद्धति प्रारंभ की गई। लेकिन यह प्रयोग एक टापू की तरह हो गया एवं कहीं भी आदिवासी, अंग्रेजी शासन-व्यवस्था एवं न्यायिक व्यवस्था के साथ विलीन हो गए।

1930 ई. के मध्य में कई प्रशासनिक अधिकारियों एवं मावनशास्त्रियों ने आदिवासी एवं अंग्रेजी, दोहरी न्याय-व्यवस्था पर टिप्पणी करते हुए आदिवासी कानूनों की वकालत की। यह आदिवासी व्यवस्था एवं कानून की स्वाधीनता की मान्यता थी, जिससे आदिवासियों के अपने हितों के लिए अच्छी प्रशासनिक व्यवस्था कायम हो सकती थी। यही बात संताल कानूनों को संहिताबद्ध करने के पीछे डाली गई। साथ ही यह आशा व्यक्त की गई थी कि आदिवासी व्यवस्था की यह मान्यता अदालतों को संताल कानून को समझने एवं आदिवासियों को शामिल कर आदिवासी पारंपरिक कानूनों के आलोक में मामलों का निपटारा करने में अदालतों की मदद करेगी। संताल परगना जाँच समिति ने अपनी रिपोर्ट (1937) में साधारण तौर पर एक ऐसे तरीके की अनुशंसा की, जिसमें संताल परगना मैनुअल को अध्ययन करते हुए, अदालत के नियमनों को एक साथ लाते हुए, आत्मनियंत्रित काश्तकारी अधिनियम बनाए जाने का सुझाव दिया गया। आर्चर की जाँच का मकसद था कि संताल अदालतों में संताल कानून की बात होनी चाहिए, इसके बिना संताल मामलों में न्याय देना संभव नहीं है।

परंतु जैसे-जैसे कानूनी प्रक्रियाएँ देश में बढ़ती गईं, इन पारंपरिक एवं रीति-रिवाजों से संबंधित कानूनों की शक्ति घटती गई। भारतीय कानून-तंत्र के विकसित होने की प्रक्रिया में बड़े पैमाने पर विधेयक एवं पूर्ववर्ती न्याय-व्यवस्था के कारण आंशिक रूप से पारंपरिक कानूनों का उल्लंघन हो गया तथा आंशिक तौर पर कानून के कारगर प्रभावों के ऊपर कठोर सीमाएँ बना देने के कारण पारंपरिक

कानून बाधित हुए। यद्यपि भारतीय कानून में एक सिद्धांत मान्य था कि जो कानून विधायिका के द्वारा नहीं बनाया गया है, उसके मूल स्रोत पारंपरिक प्रचलित कानूनों में हैं। कानून लिखित विधान के द्वारा अथवा अलिखित सामान्य पारंपरिक कानून होता था। पूर्ववर्ती न्याय सिर्फ विधि के कानूनी स्रोत पर बिलकुल आधारित नहीं था, बल्कि यह पारंपरिक प्रचलित कानूनों के प्रमाणों पर, जहाँ से सामान्य कानून चलते हैं पर आधारित था। देश का सामान्य कानून और सामान्य पारंपरिक प्रचलित कानून दोनों एक-दूसरे के पर्यायवाची अभिव्यक्ति हैं। हम यह आत्मविश्वास के साथ कह सकते हैं कि किसी भी समय किसी भी विषय पर ठोस अथवा वास्तविक सच्चाई को विचारों में अभिव्यक्त नहीं किया जाता है एवं भारतवर्ष के प्राचीन कानूनी इतिहास में बड़े पैमाने पर सामान्य विधि को ही प्रिवि कौंसिल, सुप्रीम कोर्ट एवं अन्य न्याायिक संस्थाओं ने बनाया तथा लागू किया, बल्कि समूदायों द्वारा स्थापित पारंपरिक प्रचलनों से ही उन्होंने प्राप्त किया।

आदिवासी कस्टमरी लॉ की मान्यता संविधान की धारा 13(3)(a) के तहत दी गई है। झारखंड में छोटानागपुर काश्तकारी अधिनियम (1908), विकिंसन रूल्स (1837), संताल परगना काश्तकारी अधिनियम (1949), साहूकार अधिनियम, विल्किनसन रूल्स, सिलिंग ऐक्ट आदि महत्त्वपूर्ण अधिनियमों के माध्यम से आदिवासी कस्टमरी लॉ को कानूनी मान्यता प्रदान करते हुए राजस्व की शक्तियाँ प्रदान की गई हैं। अनुसूचित क्षेत्रों में बंदोबस्ती, खनन पटट्ा, खुंटकटट्ी, भुंईहरी तथा कोड़कर अधिकार को कानूनी मान्यता दी गई है। इतना ही नहीं, आदिवासियों की हड़पी गई जमीन वापसी के कठोर कानून भी बनाए गए हैं। गाँव में आदिवासियों की पारंपरिक स्वशासी समाज-व्यवस्था को जीवित करने तथा समाज को सशक्त बनाने के उद्‌देश्य से आजादी के बाद पंचायती राज कानून के तहत विशेष पंचायत-व्यवस्था का प्रावधान किया गया। जंगलों के संसाधनों पर पारंपरिक अधिकार सुरक्षित बनाने के लिए वन अधिकार कानून को मान्यता दी गई। इन सभी कानूनी प्रावधानों का आधार पूर्णतः आदिवासियों की पारंपरिक व्यवस्था अथवा कस्टमरी लॉ को ही बनाया गया। ये सभी कानून संविधान की पाँचवीं अनुसूची के प्रावधानों एवं उसके तहत परिभाषित मूल भावनाओं से जुड़े हैं।

आदिवासी स्वशासी समाज-व्यवस्था में परिवर्तन की शुरुआत

झारखंड में मुगलों के प्रवेश के पूर्व आदिवासी अपनी समाज-व्यवस्था के साथ शांतिपूर्वक जीवन व्यतीत कर रहे थे। इस समय तक छोटानागपुर एक स्वतंत्र

राज्य बना रहा। जैसे-जैसे विदेशियों का आगमन शुरू हुआ, आदिवासी समाज-व्यवस्था पर प्रतिकूल प्रभाव भी उत्पन्न होने लगा। सर्वप्रथम मुगलों के झारखंड राज्य में प्रवेश करते ही 1585 ई. में छोटानागपुर का राजा मुगल शासक अकबर का करदाता बनाया गया। मुसलमान इतिहासकारों के लिए छोटानागपुर का इलाका झाड़खंड, यानी जंगल प्रदेश के नाम से जाना जाता था। इस काल में इस प्रदेश में झुंड-के-झुंड परदेशियों का आगमन हुआ, जिनके द्वारा इस प्रदेश में दलाल वर्ग का सृजन हुआ। गाँवों में समाज-व्यवस्था के विघटन की शुरुआत हो गई। 1765 ई. में शाह आलम II द्वारा ईस्ट इंडिया कंपनी को बंगाल, बिहार और उड़ीसा की दिवानी मिली। 1770 ई. में पहली बार अंग्रेजों ने पलामू के रास्ते छोटानागपुर में प्रवेश किया। उन्होंने मुगलकाल में प्रारंभ की गई कर-व्यवस्था को और पुख्ता बनाने की पहल की। इस तरह झारखंड अंग्रेज राज्य के अंतर्गत कर चुकानेवाला जिला बन गया। 1780 ई. में झारखंड राज्य के वर्तमान हजारीबाग, चतरा, गिरीडीह, धनबाद, पलामू, गढ़वा जिले; बिहार के मुंगेर, बाँका, जमुई तथा बंगाल राज्य के पुरूलिया जिले को मिलाकर रामगढ़ हिल ट्रैक्ट के रूप में एक नए जिले का गठन किया गया। इस अवधि में झारखंड में आदिवासी व्यवस्था पूरी तरह अस्त-व्यस्त हो गई और झारखंड के लोग अशांत हो गए। अंग्रेजों द्वारा आदिवासियों की जमीनों पर थोपी गई कर-व्यवस्था एवं प्रशासनिक और कानून-व्यवस्था के कारण आदिवासियों में भारी विद्रोह हुआ। पूरे क्षेत्र में लगातार एक के बाद एक, सैकड़ों विद्रोह हुए, जिनके कारण अंग्रेज शासकों की आँखें खुलीं और 1831-32 ई. के कोल विद्रोह के बाद 1833 ई. के रेगुलेशन 13 के तहत आदिवासी इलाके के शासन प्रणाली में व्यापक परिवर्तन लाए गए, छोटानागपुर में लागू सामान्य कानून-व्यवस्था को समाप्त कर दिया गया। ईस्ट इंडिया कंपनी के अप्रत्यक्ष शासन का अंत हो गया।

साउथ वेस्टर्न फ्रंटियर एजेंसी की स्थापना (1834)

छोटानागपुर के हिस्से को रामगढ़ हिल ट्रैक्ट से अलग कर अलग नॉन रेगुलेशन प्रॉविंस की स्थापना की गई, जिसे साउथ वेस्टर्न फ्रंटियर एजेंसी के नाम से ज़ाना गया। लोहरदगा में न्यायालय की स्थापना की गई और इस न्यायालय को 12,500 वर्ग किलोमीटर क्षेत्र में न्याय-व्यवस्था के संचालन का केंद्र बनाया गया। इस शासन के तहत कानूनी न्याय की प्रथा लाई गई और सरकारी खर्च पर पुलिस स्टेशनों की व्यवस्था की गई। जमींदारों को भी पुलिस स्टेशन स्थापित करने एवं पुलिस अधिकारी नियुक्त करने का अधिकार दिया गया। लेकिन अंग्रेजों की इस

व्यवस्था से प्रशासन में कोई खास बदलाव नहीं आया, बल्कि आदिवासियों के ऊपर शोषण की प्रक्रिया जोर से बढ़ती गई। जमींदारों द्वारा गलत तरीके से आदिवासी जमीन लूटने का काम तेजी से बढ़ता गया। अंग्रेजों को कानून-व्यवस्था लागू करने में सबसे बड़ी कठिनाई यह हो रही थी कि वे यह बता नहीं पा रहे थे कि कौन जमीन आदिवासियों की है और कौन जमीन जमींदारों की। इस परिस्थिति में बाहर से आए दलालों ने जमीन लूटना जारी रखा।

इस प्रकार 1834 ई. में शासन के जो तरीके अपनाए गए वे उतने कारगर साबित नहीं हुए। इसके विपरीत जमींदारों की स्थिति इतनी मजबूत हो गई कि डाल्टन को लिखना पड़ा कि साउथ वेस्टर्न एजेंसी के शासनकाल में किसानों की जमीन के स्वामित्व संबंधी बड़े उपद्रव हुए।

कोल्हान अलग गवर्नमेंट इस्टेट

1837 ई. में कोल विद्रोह को दबाने के खयाल से एवं सिंहभूम के लोगों को पूरी तरह से नियंत्रण में लाने के लिए ब्रिटिश सेना ने सिंहभूम पर हमला किया, जिसके सेनापति थे कैप्टेन विल्किनसन। विजयी होने के बाद विल्किनसन ने 'हो' आदिवासी लोगों के लिए एक अलग प्रशासनिक इकाई का गठन किया। इसे कोल्हान गवर्नमेंट इस्टेट का नाम दिया। इसके पहले उपायुक्त टिकेल बनाए गए। कोल्हान में अच्छी प्रशासनिक व्यवस्था के लिए विल्किनसन ने टिकेल को 31 नियमों की सूची दी, इन्हीं नियमों को विल्किनसन रूल्स कहा जाता है। पहली बार इस नियम के तहत मानकी मुंडा के साथ गाँव के लोगों की सक्रिय भागीदारी सुनिश्चित करने के उद्देश्य से आदिवासी पारंपरिक स्वशासी संस्थाओं को मान्यता दी गई। ये नियम अब भी जारी हैं।

1842 ई. में लोहरदगा जिले से प्रशासनिक मुख्यालय को स्थानांतरित कर राँची लाया गया, जो उस समय किसुनपुर कहलाता था। कैप्टेन विल्किनसन उस समय अलकिसुन साहेब के नाम से विख्यात थे। उन्हीं के नाम से वर्तमान राँची किसुनपुर कहलाता था। तत्पश्चात् पूरे छोटानागपुर की न्याय-व्यवस्था के संचालन का केंद्र राँची बन गया।

रिकॉर्ड ऑफ राइट्स

1854 ई. में मिस्टर रिकेट ने अपनी रिपोर्ट में यह प्रस्ताव किया कि रिकॉर्ड ऑफ राइट्स तैयार किया जाए और जमींदारी प्रथा को समाप्त किया जाए। रिकेट की रिपोर्ट के फलस्वरूप 1854 ई. के अधिनियम 20 के द्वारा प्रशासन का रूप

बदल दिया गया। साउथ वेस्टर्न एजेंसी को समाप्त कर संपूर्ण छोटानागपुर को नॉन रेगुलेशन प्रॉविंस के रूप में बंगाल के लेफ्टिनेंट के अधीन कर दिया गया। सामान्य दीवानी और राजस्व अदालत खोले गए। एक कमिश्नर की नियुक्ति हुई, जिसके अधीन लोहरदगा, हजारीबाग, मानभूम और सिंहभूम जिले रखे गए। इस क्षेत्र का नाम छोटानागपुर रखा गया। 1858 ई. में लाला लोकनाथ शाही को सभी भुंईहरी जमीन की रिकॉर्ड ऑफ राइट्स बनाने का निर्देश दिया गया। यह कार्य उतना सफल नहीं रहा, क्योंकि यह कुछ क्षेत्रों तक ही सीमित था। 1869 ई. में छोटानागपुर टेन्योर ऐक्ट और भुंईहरी सर्वे तथा सेटेलमेंट ऐक्ट के फलस्वरूप एक विशेष कमिश्नर की नियुक्ति हुई, ताकि वे भुंईहरी और मझियस जमीन का सर्वेक्षण करें और उसकी सीमा निर्धारित करें। यह सर्वेक्षण कार्य 1869 से 1880 ई. तक चला। लेकिन इन सर्वे सेटेलमेंट के माध्यम से भी यहाँ के उराँव, मुंडाओं को बड़े पैमाने पर अपनी जमीन से हाथ धोना पड़ा, क्योंकि सर्वे सेटेलमेंट में मुंडा क्षेत्र के बहुत बड़े इलाके को छोड़ दिया गया, जिसके कारण अतिक्रमण और झगड़ों के लिए दरवाजा खुला रह गया।

दामिन-इ-कोह और संताल विद्रोह

ब्रिटिश शासक क्लीवलैंड ने संतालपरगना के पहाड़ी और पहाड़ की तराईवाले भू-भाग को दामिन-इ-कोह का नाम दिया। भागलपुर, मुर्शिदाबाद और बीरभूम के बीच राजमहल, दुमका, गोड्डा एवं पाकुड़ के हिस्से को मिलाकर 1366 वर्ग किलोमीटर क्षेत्र की सीमा रेखा को (1824-1833 में) दामिन-इ-कोह के रूप में चिह्नित किया गया। प्रारंभ में यह क्षेत्र पहाड़िया लोगों के लिए आरक्षित था। 1818 ई. में भागलपुर के ज्वॉइंट मजिस्ट्रेट सुदरलैंड को इस क्षेत्र के शासन-प्रशासन की जाँच की जिम्मेदारी सौंपी गई। 1819 ई. में सुदरलैंड ने सरकार को अपनी अनुशंसा देते हुए पहाड़ और पहाड़ की तराइयों में निवास करनेवाले पहाड़िया लोगों को उनकी जमीन पर मालिकाना हक देने की बात कही थी। 17 जुलाई, 1823 में सरकार ने यह घोषणा की थी कि पहाड़िया सरकार के प्रत्यक्ष रैयत होंगे और उन पर जमींदारों का हस्तक्षेप नहीं होगा। अंग्रेजों ने यह भी घोषणा की थी कि पहाड़िया पहाड़ों से नीचे आएँ और जंगलों को काटकर खेती के लायक बनाएँ। यदि वे ऐसा करते हैं तो सरकार उनकी जमीनों को स्वतंत्र कर उन्हें कर मुक्त कर देगी, लेकिन पहाड़िया उसके लिए तैयार नहीं हुए।

राजस्व प्राप्ति के दृष्टिकोण से अंग्रेजों ने कटक, धालभूमगढ़, मानभूम,

छोटानागपुर, हजारीबाग, पलामू, मेदिनीपुर, बरंकुड़ा से संतालों को दामिन-इ-कोह में आकर जंगलों को साफ कर जमीन बनाने के लिए प्रोत्साहित किया। संताल बड़ी संख्या में आकर दामिन-इ-कोह में बस गए। उन्होंने जंगल काटकर खेती के लायक बनाया। 1838 ई. में पहली बार संतालों द्वारा तैयार की गई जमीन पर सलाना 2000 रुपए की लगान निर्धारित की गई। तब उनमें गाँवों की कुल संख्या मात्र 40 थी। लेकिन 1851 ई. तक संतालों की संख्या बढ़कर 1473 हो गई। जैसे-जैसे संतालों की जनसंख्या बढ़ने लगी, वैसे-वैसे उनकी लगान बढ़कर 2000 रुपए से 43,918 रुपए हो गई तथा 1854 ई. में 58,033 हो गई। 1857-58 ई. में उनकी जमीनों की पहली बार बंदोबस्ती की गई।

अंग्रेजों द्वारा संतालों की जमीनों की बंदोबस्ती करना एवं उन जमीनों पर मनमाने ढंग से लागू की जानेवाली कर-व्यवस्था ही 1855-57 ई. तक होनेवाले संताल विद्रोह का कारण था। संताल विद्रोह संताल इतिहास की ऐसी घटना है, जो ब्रिटिश चेतना का अभिन्न अंग बन गया। यह आंदोलन भी संतालों की जमीन पर लगातार लगान की राशि बढ़ाए जाने, साहूकारों द्वारा संतालों की भूमि जबरन छीनने, अदालतों से संतालों को न्याय-व्यवस्था नहीं मिल पाने तथा पुलिस द्वारा आदिवासियों पर लूट एवं अत्याचार करने के कारण भड़का। इस विद्रोह में करीब 10,000 संताल शहीद हुए। विद्रोह के कुचल दिए जाने के बाद संताल लोगों के कष्टों की जानकारी शुरू हुई। इसका परिणाम यह हुआ कि 1855 ई. के 37वें अधिनियम के अनुसार संताल क्षेत्रों को एक अलग नॉन रेगुलेशन जिला घोषित किया गया। जिसका नाम संताल परगना पड़ा।

सर्वे सेटेलमेंट, 1902 एवं छोटानागपुर काश्तकारी अधिनियम, 1903

आदिवासी असंतोष का बहुत बड़ा कारण था बेठ बेगारी प्रथा। इस प्रथा के अनुसार एक रैयत को अपने जमींदार मालिक के लिए बिना मजदूरी पाए खटना था। दूसरा कारण था रैयत के ऊपर लगाए गए कर। ये कर किसी माल के रूप में देय थे। अनुसूचित जिला अधिनियम XIV, 1874 के तहत छोटानागपुर को आदिवासी इलाका घोषित किया गया। इन क्षेत्रों में आदिवासियों की जरूरतों को ध्यान में रखते हुए कानून में बदलाव किए गए। इस अधिनियम के द्वारा कार्यपालिका को यह अधिकार दिया गया कि वह अनुसूचित क्षेत्रों में उस क्षेत्र के लोगों की आवश्यकताओं के अनुरूप नियम-अधिनियम में परिवर्तन कर सकती है। 1897 ई. में छोटानागपुर कंप्यूटेशन को स्वीकृति मिली और इस ऐक्ट के द्वारा इस प्रकार

के कर को भूमि संबंधी सेवाओं के बदले नकद भुगतान के रूप में बदल दिया गया। 1902 ई. में पुनः सर्वे सेटेलमेंट का कार्य शुरू किया गया, क्योंकि 1858 ई. में किए गए सर्वेक्षण में मुंडा क्षेत्र को पूरी तरह से छोड़ दिया गया था, जिसके कारण मुंडाओं में भारी असंतोष था। इसी असंतोष के कारण बिरसा मुंडा के नेतृत्व में पूरे मुंडा क्षेत्र में अंग्रेजों के खिलाफ उलगुलान का बिगुल फूँका गया। 1895 ई. से 1900 ई. तक उलगुलान के कारण मुंडाओं को उनकी जमीन पर अधिकार दिए जाने की पहल हुई और रिकॉर्ड ऑफ राइट्स बनाने का काम शुरू किया गया। यह सर्वे 1910 ई. तक चला। पुनः भूमि विवाद के स्थायी तौर पर निपटारे के लिए 1903 ई. में छोटानागपुर काश्तकारी अधिनियम पारित किया गया एवं 1908 ई. में इसे लागू किया गया। इस अधिनियम के द्वारा सदियों से चला आ रहा भूमि विवाद समाप्त हो गया। इस अधिनियम के द्वारा खुंटकटीदार और मुंडारी खुंटकटीदार दखलदारी को कानूनी मान्यता दी गई। इस अधिनियम के द्वारा ऐसी चीजों को सुरक्षित किया गया, जिस पर मुंडाओं का दावा था कि ये हमारी समाज-व्यवस्था की मूल चीजें हैं।

परंतु आदिवासियों के अस्तित्व की लड़ाई यहीं समाप्त नहीं हुई। 1912 ई. में बिहार राज्य को बंगाल से अलग कर दिया गया और झारखंड के कुछ हिस्से को बंगाल के अधीन कर लिया गया। झारखंड के निवासी इस बँटवारे को अपने सांस्कृतिक पहचान के बँटवारे के रूप में देखते हैं। क्योंकि अंग्रेजी शासनकाल में बिहार, बंगाल, उड़ीसा और केंद्रीय प्राविंस के आदिवासी बहुल इलाकों को साउथ वेस्ट फ्रंटियर एजेंसी के रूप में एक प्रशासनिक इकाई के रूप में चिह्नित किया गया था, जो बाद में वृहद् झारखंड के रूप में एक प्रशासनिक इकाई की माँग का आधार बना। जिस प्रकार मुंडाओं के बीच बिरसा आंदोलन था, उसी प्रकार उराँवों ने भी 1914 ई. में जतरा टाना भगत के नेतृत्व में एक धार्मिक आंदोलन की शुरुआत की थी। यह आंदोलन भी अन्यायपूर्ण शोषण प्रणाली, जमींदारों और अंग्रेजी सरकार के खिलाफ मुक्ति के लिए चलाया गया।

आदिवासी इलाकों के अधिनियम में सुधार

उसके बाद कानून ने पिछड़े इलाकों के प्रशासन एवं सीमांकन में महत्त्वपूर्ण कार्य किया तथा 1874 ई. के अनुसूचित प्रदेश अधिनियम में सुधार करते हुए गवर्नर जनरल-इन-कौंसिल को यह अधिकार प्रदान किया कि वे किसी भी भू-भाग को पिछड़ा क्षेत्र घोषित कर सकते हैं। राज्य के सचिव के अनुमोदन के बाद गवर्नर जनरल यह निर्देश दे सकता है कि भारत सरकार अधिनियम पिछड़े क्षेत्र में

उपयुक्त परिवर्तन के बाद उस रूप में लागू होंगे, जैसा कि अधिसूचित किया जाएगा। गवर्नर जनरल राज्य के गवर्नर को उसी अनुरूप राज्य के कानून के परिप्रेक्ष्य में निर्देश जारी करने के लिए अधिकृत कर सकेगा। 1919 ई. में भारत सरकार अधिनियम के तहत पिछड़े क्षेत्रों को दो भागों में बाँटा गया, (1) पूर्णतः वर्जित इलाके, (2) आंशिक वर्जित इलाके। इन इलाकों में सामान्य कानून अपने आप लागू नहीं होता था। उन पर सामान्य कानून को जरूरी फेरबदल के साथ या जैसा का तैसा लागू करने की जिम्मेदारी गवर्नर को सौंपी गई। छोटानागपुर को पिछड़े इलाकों की दूसरी श्रेणी में रखा गया एवं इसे भारत अधिनियम कानून, 1935 का हिस्सा बनाया गया तथा जिन आंशिक वर्जित क्षेत्रों को मंत्रिमंडलीय अधिकार में छोड़ दिया गया था, उन्हें गवर्नर के शक्ति के अधीन कर दिया गया।

1946 ई. में ही केंद्रीय एसेंबली में संविधान बनाने के बारे में कारवाई शुरू हो गई। उस एसेंबली को ही सबने संविधान सभा मान लिया, इसी संविधान सभा ने संविधान बनाया और उसे अंगीकार किया। परंतु इस बात से इनकार नहीं किया जा सकता है कि कुछ इलाकों की परिस्थितियाँ इतनी अलग हों कि उनके लिए विशेष व्यवस्था करना जरूरी हो। आदिवासी इलाकों के लिए तो आजादी के पहले ही अलग व्यवस्था कर दी गई थी। इसीलिए संविधान सभा ने आदिवासी इलाकों के लिए कुछ विशेष प्रावधान करने का फैसला किया। यही प्रशासनिक व्यवस्था भारत के संविधान की पाँचवीं अनुसूची के तहत झारखंड के अनुसूचित आदिवासी क्षेत्रों में की गई।

झारखंड में पाँचवीं अनुसूची के क्षेत्र

वर्तमान में देश के 9 राज्यों आंध्र प्रदेश, झारखंड, गुजरात, हिमाचल प्रदेश, महाराष्ट्र, मध्य प्रदेश, छत्तीसगढ़, उड़ीसा एवं राजस्थान राज्य पाँचवीं अनुसूची क्षेत्र के रूप में अधिसूचित हैं। झारखंड राज्य में प्रशासनिक एवं विकास के दृष्टिकोण से दो तरह के क्षेत्र हैं। एक सामान्य क्षेत्र, दूसरा अनुसूचित क्षेत्र। अनुसूचित क्षेत्र उन क्षेत्रों को कहा जाता है, जो संविधान के अनुच्छेद 244(1) के अंतर्गत पाँचवीं अनुसूची की कंडिका 4(1) में संसद् की सलाह पर राष्ट्रपति के द्वारा अधिसूचित है।

इन क्षेत्रों को अधिनियम/अनुसूचित क्षेत्र (पार्ट) (क) राज्यों/आदेश 1977 के तहत अनुसूचित किया गया है, जो निम्नलिखित हैं, राँची, लोहरदगा, गुमला, सिमडेगा, पूर्वी सिंहभूम, पं. सिंहभूम, सरायकेला-खारसवाँ, लातेहार, गढ़वा जिला का भंडरिया प्रखंड, दुमका, साहेबगंज, पाकुड़, जामताड़ा तथा गोड्डा जिले के

सुंदरपहाड़ी एवं बोआरीजोर प्रखंड आदि शामिल हैं। पुनः भारत सरकार की अधिसूचना दिनांक 11 अप्रैल, 2007 के तहत अनुसूचित क्षेत्र को पुनः परिभाषित करते हुए उपरोक्त जिलों की सूची में पलामू की सतबरवा ब्लॉक की राब्दा और बकोरिया पंचायत को अनुसुचित क्षेत्र की सूची में डाल दिया गया। इस तरह झारखंड के 22 जिलों में 12 जिले पूर्णरूप से तथा तीन जिले गढ़वा और गोड्डा तथा पलामू आंशिक रूप से अनुसूचित क्षेत्र में शामिल हैं। विकास के दृष्टिकोण से अनुसूचित क्षेत्रों में आदिवासी जनसमुदायों के जीवन-शैली के अनुरूप उनके सामाजिक, सांस्कृतिक और आर्थिक विकास के लिए विशेष प्रकार की योजनाएँ चलाई जाती हैं, जिनके लिए केंद्र सरकार योजनाओं को प्राधिकृत करती है तथा उन योजनाओं के लिए विशेष वित्तीय प्रावधान भी किए गए हैं।

□

अध्याय-4

आदिवासी विकास एवं उसका प्रशासन

संवैधानिक प्रावधान

अनुसूचित जनजातियों की सुरक्षा तथा विकास के लिए भारतीय संविधान के अंतर्गत अनेक प्रावधान हैं। संविधान के अनुच्छेद 15(4), 16(4), 19(5), 23, 29, 46, 164, 330, 332, 334, 335, 338, 339, 339(1) तथा 371 के अंतर्गत अनुसूचित जनजातियों के लिए सुरक्षा के प्रावधान हैं। इसके अलावा संविधान की पाँचवीं अनुसूची के तहत भी अनुसूचित जनजातियों के लिए सुरक्षा के प्रावधान हैं। अनुसूचित जनजातियों के विकास से संबंधित प्रावधान मुख्य रूप से संविधान के अनुच्छेद 275(1) तथा 339(2) में अंतर्निहित है।

अनुसूचित जनजातियों के विकास से संबंधित प्रावधान

कुछ राज्यों के लिए केंद्र सरकार के द्वारा अनुदान धारा 275(1) का प्रथम उपबंध, भारत सरकार के अनुमोदन से किसी भी राज्य सरकार द्वारा, अपने क्षेत्र में अनुसूचित जनजातियों के कल्याण हेतु अनुसूचित क्षेत्र के प्रशासनिक स्तर को राज्य के अन्य क्षेत्रों के सामान्य प्रशासन स्तर तक ऊपर उठाने के लिए, संचालित विकास योजनाओं के व्यय की पूर्ति के लिए अनुदान का प्रावधान करता है। इस अनुच्छेद के अंतर्गत इन राज्यों को विशेष केंद्रीय सहायता किए जाने का प्रावधान है, जहाँ अनुसूचित जनजाति निवास करती है।

अनुच्छेद 339(2) के अंतर्गत केंद्रीय कार्यपालिका द्वारा राज्यों को अनुसूचित जनजाति कल्याण से संबंधित निर्देश जारी करने का प्रावधान है। यह केंद्रीय कार्यपालिका को राज्य में अनुसूचित जनजाति के कल्याण के लिए विनिर्दिष्ट ऐसी

योजनाएँ बनाने तथा कार्यान्वयन करने संबंधी दिशा-निर्देश जारी करने का अधिकार प्रदान करता है।

प्रथम पंचवर्षीय योजना में पूर्व के अलगाववादी अथवा आदिवासियों के बीच किसी प्रकार के हस्तक्षेप नहीं किए जाने की नीति को अस्वीकार कर दिया गया। योजनाओं में आदिवासियों को उनके संसाधनों को विकसित करने के लिए सहयोग दिए जाने की जरूरत को सकारात्मक नीति के रूप में अधिक महत्त्व दिया गया, तथा एक उत्पादक आर्थिक जीवन की शुरुआत हो और वे अपने परिश्रम के फल का लाभ ले सकें। जहाँ तक उनके धार्मिक जीवन का सवाल है, आदिवासियों को उनकी अपनी इच्छा पर छोड़ दिया गया। आदिवासियों में अशिक्षा के बावजूद बड़े पैमाने पर सहकारिता समितियों की शुरुआत सामाजिक कार्यकर्ताओं द्वारा की गई। सहकारिता गतिविधियाँ पूरे आदिवासी क्षेत्रों में योजनाबद्ध तरीके से प्रारंभ की गई। प्रथम पंचवर्षीय योजना, आदिवासी क्षेत्रों में संचार माध्यम, पेयजल आपूर्ति, वनों पर आधारित अर्थव्यवस्था एवं कृषि विकास पर केंद्रित की गईं। इस उद्देश्य की पूर्ति के लिए स्वतंत्रता के तुरंत बाद प्रथम अनुसूचित जाति, अनुसूचित जनजाति कमिश्नर की नियुक्ति की गई। तत्पश्चात् पिछड़ा वर्ग आयोग काका कालेलकर की अध्यक्षता में अस्तित्व में आया। आयोग ने शिक्षा एवं सामाजिक-आर्थिक स्तर पर विकास को सर्वप्रथम पहली प्राथमिकता दिए जाने को आवश्यक बताया, ताकि आदिवासी जल्द-से-जल्द गैर-आदिवासियों के साथ घुल-मिल जाएँ। अनुसूचित जातियों एवं अनुसूचित जनजाति कमिश्नर की नियुक्ति के बाद दो बातें हुईं, प्रथम कि संविधान एवं केंद्र सरकार के बीच संबंध स्थापित हुआ। दूसरा यह कि केंद्र सरकार एवं राज्य सरकारों के बीच संबंध स्थापित हुआ। आदिवासियों के योजनाबद्ध विकास के लिए आदिवासी समस्याओं को जानना आवश्यक था, इसीलिए आदिवासी समस्याओं को जानने के लिए सर्वप्रथम 1953 ई. में आदिवासी शोध संस्थान प्रारंभ करने का निर्णय लिया गया। इस निर्णय से आदिवासियों के विकास कार्यक्रमों एवं आदिवासियों के विकास के लिए योजनाओं को जानने में काफी मदद मिली।

इसके पूर्व संयुक्त राज्य अमरीका ने यह आमंत्रण दिया कि वह भारत सरकार द्वारा गाँवों के विकास के लिए किसी भी प्रकार की पहल के लिए आर्थिक सहायता देने को तैयार है। इसके आधार पर भारत सरकार संयुक्त राज्य तकनीकी सहयोग समझौता पर 1952 ई. में हस्ताक्षर किए गए। इस समझौते के तहत प्रथम वैज्ञानिक एवं योजनाबद्ध सामुदायिक विकास कार्यक्रम की शुरुआत भारत के राष्ट्रपति ने 2 अक्तूबर, 1952 को की। इसके साथ ही सामुदायिक विकास प्रखंडों के निर्माण की

शुरुआत 150 से 200 वर्ग किलामीटर क्षेत्र एवं 60–70 हजार आबादीवाले क्षेत्रों के साथ हुई। सामुदायिक विकास प्रखंडों के माध्यम से आदिवासी इलाकों में कृषि विकास कार्यक्रम को तेज किया गया। पूरे देश में सिर्फ आठ आदिवासी इलाकों को सामुदायिक विकास के लिए चुना गया, जिसमें बिहार के अंतर्गत संतालपरगना को भी चयनित किया गया। यद्यपि प्रथम योजना में आदिवासी क्षेत्रों में आदिवासियों की स्वास्थ्य, शिक्षा, कला एवं हस्तशिल्प को विकसित करने का निर्णय लिया गया। परंतु आदिवासी क्षेत्रों में सूदखोरों एवं जमींदारों के शोषण को रोकने के लिए सहकारिता आंदोलन की शुरुआत की गई। इस सहकारिता आंदोलन की शुरुआत होने से कई संस्थाएँ कृषि विकास के लिए शुरू हुईं, क्योंकि आदिवासियों का मुख्य आर्थिक आधार कृषि है। बिहार में ग्रेन गोला की स्थापना बीज कोश के रूप में हुई। प्रथम पंचवर्षीय योजना में 312 बहुद्देशीय सहकारी समितियाँ बिहार, बंगाल एवं उड़ीसा में स्थापित की गईं तथा 350 ग्रेन गोला इन क्षेत्रों में प्रारंभ किए गए।

दूसरी पंचवर्षीय योजना में 40 बहुद्देशीय पायलट परियोजना प्रारंभ की गई। इस पायलट परियोजना में आदिवासी जीवन के सभी पहलुओं को समाहित किया गया। इसके अलावा परिवर्तित कृषि के बदले स्थायी कृषि का विकास, जन स्वास्थ्य एवं चिकित्सा सुविधाओं, कला एवं हस्तशिल्प का विकास, सहकारी संगठनों को संगठित करना तथा सामुदायिक कल्याण केंद्र की स्थापना को बढ़ावा दिया गया। तृतीय पंचवर्षीय योजना में पायलट परियोजना को आदिवासी विकास प्रखंड का नामकरण दिया गया। सामुदायिक विकास प्रखंड की तर्ज पर आदिवासी विकास प्रखंड की स्थापना की गई। आदिवासी विकास प्रखंड ऐसे आदिवासी आबादी की बहुलतावाले क्षेत्रों में प्रारंभ किए गए, जिनकी आबादी कम-से-कम 25000 हो। ऐसा इसीलिए किया गया कि आदिवासी इलाके दूर-दराज एवं पहाड़ी क्षेत्रों में अवस्थित हैं। तृतीय पंचवर्षीय योजना में 300 आदिवासी विकास प्रखंड, प्रारंभ करने का लक्ष्य रखा गया। लेकिन इस योजना के तहत 415 आदिवासी विकास प्रखंड बनाए गए। 1975 ई. तक वेरियर एल्विन की रिपोर्ट के मुताबिक कुछ परिवर्तन करते हुए 504 आदिवासी विकास प्रखंड बनाए गए, जिनमें 63 प्रखंड बिहार में थे। तृतीय पंचवर्षीय योजना से पूर्व आदिवासियों के विकास के लिए परिष्कृत नीतियाँ बनाई गईं। योजनाबद्ध परियोजना कमेटी के द्वारा समाज कल्याण तथा पिछड़े वर्गों के कल्याण के लिए एक अध्ययन दल बनाया गया। विशेष बहुद्देशीय आदिवासी प्रखंडों के लिए बनी कमेटी (SMPT) ने आदिवासियों को अलग रखने की नीति को अस्वीकार कर दिया। इस संबंध में अधिकांश लोगों का

यह मानना था कि जहाँ भारतवर्ष एवं भारतवर्ष की अधिकांश आबादी तेजी से विकसित हो रही है, वहीं आदिवासी एवं आदिवासी क्षेत्र अलग-थलग रहने को मजबूर हैं। अतः तृतीय पंचवर्षीय योजना ने यह स्वीकार किया कि आदिवासियों को उनकी बुद्धिमत्ता के अनुसार उन्हें उचित सम्मान एवं उनकी कला संस्कृति का समर्थन करते हुए विकास करने का मौका दिया जाना चाहिए। विशेष कमेटी (SMPT) के सुझावों के आलोक में कल्याण योजनाओं को ऐसे आदिवासी क्षेत्रों में विस्तार किया गया जहाँ आदिवासियों की जनसंख्या दो तिहाई तक थी।

अनुसूचित क्षेत्र एवं आदिवासी आयोग की नियुक्ति 1961 ई. में की गई। आयोग ने उपरोक्त कमेटी के आदिवासी प्रखंडों के विस्तार के सुझावों को स्वीकार कर लिया तथा जंगल, जमीन, उत्पाद एवं विनिमय पर विशेष ध्यान देने की बात कही गई। चतुर्थ पंचवर्षीय योजना में आदिवासी विकास प्रखंडों का विस्तार नहीं किया जा सका। पाँचवीं पंचवर्षीय परियोजना में देश के आदिवासियों की स्थिति का गहराई से आकलन करने के पश्चात् एक नए अध्याय की शुरुआत हुई। 1969 ई. में शीलू आओ कमेटी ने अपनी जाँच में पाया कि आदिवासी विकास प्रखंडों में योजनाओं को अत्यधिक सीमित कर दिया गया है तथा इनका स्थानीय जरूरतों से कोई सरोकार नहीं था। इसीलिए इसका लाभ अधिकांश लोगों तक नहीं पहुँच पाता था। जिसके कारण आदिवासी क्षेत्रों एवं अन्य क्षेत्रों के बीच विकास के स्तर पर काफी असमानताएँ बढ़ गईं। शिक्षा के स्तर के आकलन से यह पता चलता है कि 1947 ई. में भारतवर्ष में शिक्षा 14 प्रतिशत थी, जबकि आदिवासियों में शिक्षा का स्तर मात्र 3 प्रतिशत था। पुनः 1971 ई. में भारतवर्ष में शिक्षा का स्तर जहाँ 34 प्रतिशत था, वहीं आदिवासियों के बीच यह मात्र 11 प्रतिशत था। अतः इस काल में आदिवासियों एवं अन्य आबादी के बीच तुलनात्मक रूप से शिक्षा में व्यापक असमानता पाई गई।

इस परिस्थिति के आलोक में भारत सरकार ने वृहद् नीतिगत निर्णय लिया एवं आदिवासी समुदायों तथा आदिवासी क्षेत्रों में वृहद रूप से ध्यान केंद्रित किया। केंद्र के मंत्रालयों की विशेष जिम्मेदारी विशेष रूप से कृषि विकास, स्वास्थ्य एवं शिक्षा के विकास के तहत परिभाषित की गई। केंद्र सरकार की आदिवासी क्षेत्रों के प्रति विशेष जिम्मवारियाँ थीं, इसीलिए केंद्र सरकार के तहत हर मंत्रालय ने अपने कार्यों की सीमाओं के अंतर्गत विशेष जिम्मेदारियाँ लीं। इस तरह से आदिवासी क्षेत्रों के विकास के लिए मंत्रालयों को एक नई दिशा दी गई।

आदिवासियों के लिए विकास की यह नई रूपरेखा तत्कालीन प्रधानमंत्री स्व.

श्रीमती इंदिरा गांधी के व्यक्तिगत रुचि से प्रेरित हुई। उन्होंने जून 1974 में आदिवासी विकास के लिए व्यापक नीतिगत ढाँचा प्रदान किया, जिससे इन क्षेत्रों के विकास के लिए विकास की रूपरेखा एवं कार्यक्रम तैयार करने के लिए मार्गदर्शन प्राप्त हुआ एवं आदिवासी उपयोजना की शुरुआत हुई। उन्होंने स्पष्ट कहा कि संस्थाओं को अपने अडिग रवैए, प्रक्रियाओं एवं संस्थागत ढाँचे में परिवर्तन लाना चाहिए। प्रशासनिक तंत्र को आदिवासियों के बीच सरल प्रशासनिक तंत्र की व्यवस्था करनी चाहिए। इस तरह आदिवासी विकास के यथोचित पहल के लिए आदिवासियों को दो भागों में बाँटा गया। पहला, जहाँ आदिवासी जनसंख्या की बहुलता है तथा दूसरा, जहाँ आदिवासी बिखरी हुई स्थिति में हैं। जहाँ आदिवासी 50 प्रतिशत से अधिक संख्या में हैं वहाँ यह माना गया कि सामान्य आधारभूत संरचना का विकास आदिवासी समुदाय के लिए लाभकारी होगा। वैसे क्षेत्रों में, जहाँ आदिवासी बिखरी हुई स्थिति में हैं, वहाँ आधारभूत संरचना के विकास के बदले सामुदायिक विकास पर आधारित कार्यक्रम बनाए गए। इस प्रकार सभी अनुसूचित क्षेत्रों एवं अन्य आदिवासी, क्षेत्रों में 50 प्रतिशत से अधिक जनसंख्यावाले क्षेत्रों को चिह्नित किया गया। आदिवासी विकास प्रखंड को जनगणना के लिए निचली इकाई बनाया गया एवं क्षेत्र के विकास की अवधारणा के साथ आदिवासी समुदाय के विकास को केंद्रित किया गया।

आदिवासी उपयोजना का मुख्य मकसद था सभी प्रकार के शोषण से आदिवासियों को मुक्त करना, सामाजिक-आर्थिक विकास की प्रक्रियाओं को तेज करना, आदिवासियों की आंतरिक शक्ति को बनाना तथा उनके संस्थाओं की क्षमता को विकसित करना। अनुसूचित क्षेत्रों एवं आदिवासियों के विकास के लिए समेकित क्षेत्र योजनाएँ प्रारंभ की गई। यही प्रशासनिक व्यवस्था छठी पंचवर्षीय योजना में भी की गई। छठी पंचवर्षीय योजना इस उद्देश्य के साथ आगे बढ़ाई गई कि आदिवासी क्षेत्रों का विस्तार आदिवासी उपयोजना के लिए किया जाए एवं वैसे क्षेत्रों को चिह्नित किया जाए, जहाँ 10000 की आबादी में आदिवासी जनसंख्या 50 प्रतिशत अथवा उससे अधिक हो। छठी पंचवर्षीय योजना में यह अनुमान लगाया गया कि इसके माध्यम से 73 प्रतिशत आदिवासी समुदायों को योजना से जोड़ा गया।

यदि आदिवासी विकास के लिए खर्च की गई राशि का आकलन किया जाए तो प्रथम पंचवर्षीय योजना में आदिवासी कल्याण के लिए 20 करोड़ रुपयों का उपबंध किया गया था, जो द्वितीय पंचवर्षीय योजना में बढ़कर 43 करोड़ हो गया। उसी प्रकार तृतीय, चतुर्थ पंचवर्षीय योजना में क्रमशः 54 करोड़ एवं 32.50 करोड़

रुपयों का उपबंध किया गया। पाँचवीं पंचवर्षीय योजना में आदिवासी उपयोजना की शुरुआत हुई और केंद्रीय सहायता के रूप (1978-83)में 350 करोड़ रुपए प्रदान किए गए। हालाँकि सभी योजनाओं में वास्तविक राशि में वृद्धि हुई, परंतु कुल योजना व्यय में आदिवासी विकास की प्रतिशत घटती गई। आदिवासी विकास में चारों पंचवर्षीय योजनाओं में कुल योजना व्यय का क्रमश: 1.04 प्रतिशत, 0.96 प्रतिशत, 0.75 प्रतिशत तथा 0.5 प्रतिशत रहा (जनजातीय समाजशास्त्र, उमेश कुमार वर्मा, 2008, पृ. 280)। बिहार सरकार का कहना था कि आर्थिक संसाधनों में कमी के कारण योजना व्यय के आकार में कटौती की गई है। इस प्रकार चतुर्थ पंचवर्षीय योजना तक आदिवासी विकास कार्यक्रम पूरी तरह विफल रहा।

योजनाओं के दृष्टिकोण से पाँचवीं पंचवर्षीय योजना में कई महत्त्वपूर्ण बदलाव किए गए। स्व. प्रो. एल.पी. विद्यार्थी की अध्यक्षता में बनी टास्क फोर्स और प्रो. एस.सी. दुबे की अध्यक्षता में बनी कमेटी की अनुशंसाओं को पाँचवीं योजना में आदिवासी विकास का आधार बनाया गया। जिसके तहत आदिवासी उपयोजना की शुरुआत हुई। आठवीं योजना में छठी एवं सप्तमी पंचवर्षीय योजना की अवधारणा को जारी रखने एवं कमजोर वर्गों पर विशेष ध्यान देने पर बल दिया गया।

जनजातीय उपयोजना एवं इसके मुख्य उद्देश्य

1. जनजातीय क्षेत्रों एवं अन्य क्षेत्रों के बीच विकास के अंतर को कम करना।
2. अनुसूचित जनजातियों के जीवन स्तर को ऊपर उठाना।

जनजातीय उपयोजना को लचीला रखा गया तथा प्रत्येक राज्य में स्थानीय परिस्थितियों के अनुकूल इसे रूपांतरित किया गया।

जनजातीय उपयोजना का प्रशासनिक ढाँचा

1972 ई. में बिहार के आदिवासी क्षेत्रों के प्रशासन के लिए छोटानागपुर-संताल परगना विकास प्राधिकार की स्थापना की गई। 1978 ई. में पुन: संताल परगना को अलग करते हुए संताल परगना विकास प्राधिकार की स्थापना की गई। आदिवासी उपयोजना क्षेत्र को विकास के लिए 14 समेकित आदिवासी विकास परियोजनाओं में बाँटा गया, जिसे बिहार में मेसो परियोजना के रूप में जाना गया। बाकी आदिवासी क्षेत्रों के लिए जो अनुसूचित क्षेत्र से बाहर थे, उन्हें माडा अर्थात् मोडिफाइड एरिया डेवलपमेंट कार्यक्रम के अंतर्गत लाया गया। माडा क्षेत्रों का प्रशासन उपयोजना क्षेत्र अथवा अनुसूचित क्षेत्र बाहर के प्रशासन से भिन्न नहीं है। यह सिर्फ उपयोजना क्षेत्र के कार्यक्रमों एवं उनके लिए उपलब्ध कराई गई राशि के

रूप में भिन्न है। क्षेत्रीय विकास आयुक्त को आदिवासी विकास कार्यक्रमों की देखरेख के लिए नियुक्त किया गया एवं 29 विकास प्रक्षेत्रों, कृषि, उद्योग, लघु सिंचाई, स्वास्थ्य इत्यादि के लिए अतिरिक्त सचिवों की नियुक्ति शाखा सचिवालय राँची में की गई तथा लगभग सभी उपयोजना क्षेत्रों से संबंधित स्थानांतरित प्रक्षेत्रों की योजनाओं के लिए स्वीकृति आदेश शाखा सचिवालय से निर्गत किए जाते थे।

इसके अतिरिक्त कल्याण विभाग के अंतर्गत आदिवासी कल्याण आयुक्त के चार पदों का सृजन 1978 ई. में आदिवासी हितों की देखरेख एवं कल्याण विभाग के अंतर्गत स्थानांतरित प्रक्षेत्रों से संबंधित योजनाओं के लिए राँची मुख्यालय में किया गया। इनमें पिछड़ी जातियों के कल्याण, समाज कल्याण, मोडिफाइंड एरिया डेवलपमेंट एजेंसी एवं आदिम जनजाति कल्याण शामिल हैं। यद्यपि उपयोजना क्षेत्र के सभी कार्यक्रमों का पर्यवेक्षण एवं समन्वय क्षेत्रीय विकास आयुक्त करते थे, लेकिन प्राथमिक स्तर पर कार्यक्रमों का सुत्रण एवं पर्यवेक्षण आदिवासी विकास आयुक्तों के द्वारा किया जाता था।

जिला स्तर पर कार्यक्रमों के देखरेख की जिम्मेदारी उपायुक्तों को दी गई है, जबकि आदिवासी कार्यक्रमों के क्रियान्वयन का कार्य मेसो पदाधिकारियों के जिम्मे दिया गया है। जैसा कि पूर्व में यह बताया जा चुका है कि बिहार में पूरे उपयोजना क्षेत्र को 14 मेसो क्षेत्रों में बाँटा गया है, जिसमें 112 प्रखंड आते हैं, राज्य बनने के बाद प्रखंडों की संख्या में वृद्धि हो गई है तथा उनकी आबादी 87.56 लाख थी, जो 1995 ई. तक 58.11 लाख हो गई। संतालपरगना में पूरे उपयोजना क्षेत्र को 4 मेसो क्षेत्र में विभक्त किया गया है। इसके अतिरिक्त उपयोजना कार्यक्रमों के तहत शामिल किए गए उपयोजना क्षेत्र के बाहर के आदिवासी क्षेत्रों में करीब 2,21,085 आदिवासियों को 50 प्रतिशत आबादीवाले क्षेत्र के रूप में 10 माडा क्षेत्र के रूप में चिह्नित किया गया है।

झारखंड आंदोलन के अंतरिम समझौते के रूप में झारखंड क्षेत्र स्वशासी विकास प्राधिकार का गठन 9 अगस्त, 1995 को हुआ। यद्यपि इस स्वशासी परिषद् का गठन झारखंड राज्य के अंतरिम विकल्प के रूप में हुआ। परंतु यह व्यवस्था बिहार सरकार द्वारा आदिवासी उपयोजना के क्रियान्वयन हेतु अनुसूचित क्षेत्रों अथवा उपयोजना क्षेत्रों के लिए हस्तांतरित 29 प्रक्षेत्रों के लिए दी गई व्यवस्था ही थी, जो पूर्व से ही बिहार के छोटानागपुर, संतालपरगना क्षेत्र में लागू की जा चुकी थी। अंतर सिर्फ इतना था कि प्रशासनिक व्यवस्था के ऊपर एक विधायी व्यवस्था बना दी गई थी, जिसमें अध्यक्ष, उपाध्यक्ष एवं कार्यकारी पार्षदों के साथ कुल 162

सदस्य थे। यद्यपि इस विधायी व्यवस्था को बिहार सरकार ने अधिकारों एवं कार्यक्रमों के प्रभावी क्रियान्वयन से बहुत हद तक वंचित कर रखा था।

1999 ई. में भारत सरकार के सामाजिक न्याय एवं सशक्तीकरण मंत्रालय को बाँटकर आदिवासी मंत्रालय का गठन भारत के सबसे उपेक्षित समाज आदिवासियों के समन्वित एवं योजनाबद्ध तरीके से समेकित सामाजिक, आर्थिक विकास के उद्देश्य से किया गया। इस मंत्रालय के गठन से पूर्व आदिवासी विकास कार्यक्रमों को अलग-अलग मंत्रालयों के जरिए क्रियान्वित किया जाता था। स्वतंत्रता से लेकर 1985 ई. तक यह गृह मंत्रालय के अधीन एक आदिवासी डिवीजन के रूप में कार्यरत था। सितंबर 1985 से मई 1998 तक कल्याण मंत्रालय के अंतर्गत था। मई 1998 से सितंबर 1999 तक सामाजिक न्याय एवं सशक्तीकरण मंत्रालय के अधीन था। तत्पश्चात् आदिवासी मंत्रालय के रूप में 1999 ई. में गठित किया गया।

आदिवासी मंत्रालय आदिवासियों के संपूर्ण नीतियों, योजनाओं एवं कार्यक्रमों के समन्वय के लिए सबसे प्रमुख मंत्रालय है। यहाँ तक आदिवासी मंत्रालय के द्वारा जो कार्यक्रम बनाए गए हैं, वे भारत सरकार के (Allocation of Buisness) ऐक्ट 1961 के अनुसार हैं, जो निम्नलिखित हैं—

(1) आदिवासियों के लिए सामाजिक सुरक्षा एवं सामाजिक बीमा।

(2) आदिवासी विकास योजना, परियोजना सूत्रीकरण, मूल्यांकन, परिगणना एवं प्रशिक्षण।

(3) आदिवासी कल्याण के लिए स्वयंसेवी क्रियाकलापों को प्रोत्साहन।

(4) अनुसूचित जनजातियों के लिए छात्रवृत्ति।

(5) वन भूमि पर अपनी जीविका पानेवाले अनुसूचित जनजातियों से संबंधित सभी बातें एवं विधेयक।

(6) (क) अनुसूचित क्षेत्र।

(ख) अनुसूचित क्षेत्रों के लिए राज्यपालों द्वारा बनाए गए नियम।

(7) (क) आदिवासियों के प्रशासन एवं आदिवासियों के कल्याण के बारे में रिपोर्ट करने के लिए आयोग।

(ख) किसी भी राज्य में आदिवासियों के कल्याण के लिए आवश्यक परियोजनाओं के क्रियान्वयन एवं रूपरेखा बनाने के लिए निर्देश जारी करना।

(8) अनुसूचित जनजातियों के लिए राष्ट्रीय आयोग।

(9) सिविल राइट्स ऐक्ट, 1955 (22,1955) की सुरक्षा एवं अनुसूचित

जाति तथा अनुसूचित जनजाति अत्याचार निवारण ऐक्ट 1989, जहाँ तक आदिवासियों के संबंध में आपराधिक न्याय प्रशासन को छोड़कर का क्रियान्वयन।

आदिवासी मंत्रालय केंद्रीय मंत्री के पूर्ण दिशा-निर्देश पर कार्यरत है। केंद्रीय मंत्री की सहायता के लिए एक केंद्रीय राज्यमंत्री होते हैं। मंत्रालय का कामकाज देखने के लिए एक सचिव एवं दो संयुक्त सचिव, एक उप महानिदेशक तथा एक अर्थशास्त्रीय सलाहकार होते हैं। संयुक्त सचिव एवं वित्तीय सलाहकार मंत्रालय को वित्तीय मामलों में मदद करते हैं। मुख्य लेखाकार लेखा संबंधी मामलों को नियंत्रित करते हैं। मंत्रालय शाखाओं एवं इकाइयों में संगठित है। आदिवासी मामलों के मंत्रालय को 130 कर्मियों की स्वीकृति प्राप्त है।

मंत्रालय की स्थापना एवं सामान्य प्रशासनिक मामले तथा राष्ट्रीय अनुसूचित जनजाति आयोग के मंत्रालय से स्वीकृति देने का कार्य प्रशासनिक शाखा के द्वारा होता है। इसके अलावा केंद्रीय स्टाफिंग योजना के तहत नियुक्त अधिकारियों की स्थापना से संबंधित मामले तथा इस मंत्रालय के ex cadre पदों के विरुद्ध तथा अन्य केंद्रीय सेवाओं के पदों की देखभाल प्रशासनिक इकाई करता है।

इस प्रकार हम देखते हैं कि आदिवासियों को सामान्य आबादी के साथ घुल-मिलकर रखने एवं उनके लिए विकास के ढाँचे में अलग से व्यवस्था किए जाने के लिए आजादी के बाद कई प्रयास किए गए, ताकि आदिवासी अन्य समुदायों की तुलना में विकास कर सकें। आदिवासी विकास के लिए एक सशक्त प्रशासन तंत्र की स्थापना करते हुए विकास कार्यक्रमों का सूत्रण किया गया। परंतु आजादी के 65 वर्षों के बाद भी आदिवासियों का उपेक्षित विकास संविधान की भावनाओं के अनुरूप एवं आदिवासियों की अपनी सांस्कृतिक विरासत एवं प्रतिभाओं के अनुरूप नहीं हुई। इसके कारणों पर हम आगे चर्चा करेंगे।

□

अध्याय-5

संविधान के अनुच्छेद 339 के तहत आदिवासी मामलों की विशेष समीक्षा

1950 ई. में राष्ट्रपति ने कई इलाकों को अनुसूचित क्षेत्र घोषित किया। जो क्षेत्र पहले से वर्जित अथवा आंशिक रूप से वर्जित थे, उन्हें आमतौर पर अनुसूचित क्षेत्रों में शामिल किया गया, परंतु कुछ राज्य सरकारों की नीतियों के कारण कई इलाके अनुसूचित क्षेत्रों में शामिल होने से वंचित रह गए। इसके कारण आदिवासी इलाकों में असंतोष गहराता चला गया। जगह-जगह खुले विद्रोह की नौबत आ गई। इस हालात को देखते हुए सत्तर के दशक में आदिवासी इलाकों की स्थिति का गहराई से अध्ययन करने का निर्णय लिया गया। संविधान के अनुच्छेद 339 के तहत आदिवासी मामलों की विशेष समीक्षा का प्रावधान है। इसके तहत एक संवैधानिक आयोग गठित किया जा सकता है। संविधान की इस व्यवस्था के अनुसार संविधान के 10 साल पूरा होने के पहले एक आयोग गठित करना अनिवार्य था। इसीलिए सन् 1960 में एक आयोग गठित हुआ, जिसका नाम था 'अनुसूचित क्षेत्र एवं अनुसूचित जनजाति आयोग'। इसके अध्यक्ष यू.एन. डेबर थे, इसलिए इसे 'डेबर आयोग' भी कहा गया। आयोग के जरिए आदिवासी इलाकों की स्थिति का गहराई से अध्ययन किया गया और उसके आधार पर व्यापक कार्य योजना बनाई गई। नई रणनीति के तहत मोटे तौर पर एक ओर पाँचवीं अनुसूची के प्रावधानों का उपयोग कर कानून, प्रशासन और संस्थाओं को समाज की आवश्यकताओं के संगत बनाना था। दूसरी ओर नए स्वास्थ्य संस्थागत आधार पर आदिवासी उपयोजना के माध्यम से ऐसे विकास की शुरुआत करनी थी, जिसका केंद्रबिंदु आदिवासी बचा रहे।

ठोस स्वशासी समाज व्यवस्था के तहत काम करता रहा। गौरतलब है कि इस पूरी स्वशासी व्यवस्था को मुगलकालीन शासन एवं ब्रिटिश हुकूमत की दमनकारी नीति के पश्चात् भी पूरी तरह नष्ट नहीं किया जा सका। सच तो यह है कि अंग्रेजी काल में, जो भी औपचारिक संस्थाएँ आदिवासी इलाकों में बनी, वे आजादी के समय तक भी घुसपैठिए की तरह बनी रही और आदिवासी समाज ने कभी इन व्यवस्थाओं को अंगीकार नहीं किया, बल्कि हमेशा अपनी व्यवस्था के लिए संघर्षरत रहे। कुल मिलाकर आदिवासी समाज-व्यवस्था के भीतर बाहरी हस्तक्षेप का मामला हमेशा एक गंभीर मुद्दा बना रहा, जिसे आजादी के बाद भी समझाने की कोशिश की जाती रही।

आदिवासी मुक्ति आंदोलन और संघर्ष की बुनियाद पर ही आजादी के बाद संविधान निर्माण के क्रम में ये चर्चाएँ सामने आईं और संविधान के अंतर्गत उन तमाम सवालों को परिभाषित करने का काम शुरू किया गया। यद्यपि कई महत्त्वपूर्ण बातों को संविधान की सामान्य अधिकारों के बीच विलय कर दिया तथापि आदिवासियों के अलग अस्तित्व एवं उनकी सामाजिक, सांस्कृतिक परंपराओं, उन्हें प्रचलित कानूनों, कस्टमरी कानूनों को मान्यता देते हुए उन्हें कई प्रकार से सुरक्षित रखने की पहल अवश्य की गई है। गवर्नमेंट ऑफ इंडिया ऐक्ट, 1870 के अस्तित्व में आने के साथ ही छोटानागपुर सहित देश के नॉन रेगुलेटेड आदिवासी इलाकों में आदिवासी हितों की रक्षा के लिए कई कानूनी समाधान ढूँढ़ने की कोशिश की गई।

यह प्रक्रिया आज भी संविधान की धारा 244(1) के अंतर्गत तथा पाँचवीं अनुसूची के तहत झारखंड के आदिवासी इलाके में लागू है। अनुसूची आदिवासियों की हजारों वर्षों की ऐतिहासिक संघर्षपूर्ण पृष्ठभूमि पर बना संवैधानिक अधिकार है। इस संवैधानिक अधिकार की अवहेलना न सिर्फ आदिवासियों को अधिकारों से वंचित करने की कोशिश है, बल्कि भारत के संविधान की अवमानना है। इस समग्र दृष्टिकोण से संविधान की पाँचवीं अनुसूची आदिवासी समाज के सामाजिक, सांस्कृतिक पहचान की रक्षा का मजबूत कवच है। हम इस संवैधानिक अधिकार की प्रासंगिकता को अलग-अलग संदर्भों में प्रस्तुत कर इसकी व्यापकता को समझ सकते हैं। इस योजना को क्रियान्वित करने के लिए सबसे पहले तो सभी आदिवासी बहुल क्षेत्रों को रेखांकित करना जरूरी था। उसके बाद जो क्षेत्र पाँचवीं अनुसूची में शामिल होने से छूट गए थे, उन्हें पाँचवीं अनुसूची में शामिल करना था। उसके लिए 1976 ई. में संविधान संशोधन किया गया। सभी आदिवासी इलाकों को

अनुसूचित करने की प्रक्रिया शुरू की गई।

डेबर आयोग की अनुशंसा के तहत आदिवासी इलाकों के लिए उपविकास योजना तो बनी, लेकिन संवैधानिक संशोधनों के बावजूद प्रशासनिक व्यवस्था में कोई सुधार नहीं किया गया। यहाँ तक कि आदिवासी बहुल इलाकों को पाँचवीं अनुसूची में शामिल करने का काम भी शुरू किया गया, जिसे 1978 ई. के बाद आधा-अधूरा छोड़ दिया गया।

इस प्रकार हम पाते हैं कि अंग्रेजों ने आदिवासी आंदोलनों के कारण आदिवासी इलाकों के प्रशासन के लिए आदिवासी परंपराओं, रीति-रिवाजों और सदियों से प्रचलित सामाजिक विधि-विधानों के मुताबिक कई प्रशासनिक एवं कानूनी फेर-बदल किए। अंग्रेजों ने आदिवासी इलाकों में पुलिस और फौज की कारवाइयों को नियंत्रित करते हुए आदिवासी समाज में शांति-व्यवस्था कायम करने के लिए उनकी परंपराओं, रीति-रिवाजों तथा उनकी जीवन-शैली में किसी प्रकार का हस्तक्षेप नहीं करने की नीति पर काम करते हुए पूरे क्षेत्र को नॉन रेगुलेटेड क्षेत्र के रूप में घोषित किया था एवं आदिवासियों के हित में कई ऐसे कानून बनाए, जो आज भी प्रासंगिक हैं और आदिवासियों की सुरक्षा के लिए महत्त्वपूर्ण हैं।

आदिवासी इलाकों की ऐतिहासिक पृष्ठभूमि हजारों वर्षों के सामाजिक, सांस्कृतिक संघर्ष का इतिहास है। 5वीं सदी से 18वीं सदी तक लिखित इतिहास यह प्रमाणित करता है कि आदिवासी समाज ने हजारों वर्षों के जीवनकाल में अपने सामाजिक सुरक्षा के लिए एक सशक्त समाज-व्यवस्था एवं आत्मनिर्भर अर्थव्यवस्था की नींव डाली। यही विशिष्ट व्यवस्था उनकी अस्मिता का प्रतीक है।

डेबर कमीशन (1960)

संविधान की धारा 339 के प्रावधानों के तहत राष्ट्रपति को संविधान की घोषणा के दस वर्ष पूरा होने पर अनुसूचित क्षेत्रों के प्रशासन एवं अनुसूचित जनजातियों के कल्याण के बारे जानकारी प्राप्त करने के लिए आयोग गठन करने का आदेश दे सकते हैं। यह आदेश आयोग की संरचना, उनकी शक्तियाँ तथा कार्यप्रणाली को भी परिभाषित कर सकती है तथा इस आयोग में वैसी आनुषंगिक अथवा सहायक व्यवस्था भी होगी, जिसे राष्ट्रपति चाहते हों या आवश्यक समझते हों।

संविधान की इस धारा में निहित अनुदेश के अनुरूप कार्य करने के लिए राष्ट्रपति द्वारा अनुसूचित क्षेत्र एवं अनुसूचित जनजाति आयोग के नाम पर भारत सरकार के गृह विभाग की आदेश संख्या 11/6/59 एस.सी.टी. IV दिनांक 28

अप्रैल, 1960 के द्वारा आयोग का गठन किया गया। इसके अध्यक्ष के रूप में श्री यू.एन. डेबर तथा इसके 11 सदस्यों की नियुक्ति की गई, जिसमें आदिवासी प्रतिनिधि के रूप में जयपाल सिंह मुंडा तथा सुबोध हांसदा भी सदस्य चुने गए। इसके अलावा आदिवासियों पर विशेष शोध करनेवाले विशेषज्ञ डॉ. वेरियर एल्विन भी इस आयोग के सदस्य बनाए गए। इस दृष्टिकोण से डेबर आयोग की अनुशंसाएँ आदिवासी विकास की नीति-निर्धारण के दृष्टिकोण से अति महत्त्वपूर्ण हैं।

इस आयोग के संदर्भ

(1) भारत की संविधान की पाँचवीं अनुसूची के अंतर्गत अनुसूचित क्षेत्र के अनुशासन के संबंध में विशेषकर—

(क) आदिवासी सलाहकार परिषद् के क्रियाकलापों एवं गतिविधियों

(ख) अनुसूचित क्षेत्रों के लिए उपयुक्त कानून तथा पाँचवीं अनुसूची के पैरा (5) के अंतर्गत शक्तियों के संबंध में राज्यपालों के द्वारा किए गए कार्यों

(ग) किसी भी क्षेत्र अथवा क्षेत्र के हिस्से को अनुसूचित क्षेत्र घोषित करने अथवा अनुसूचित क्षेत्र का हिस्सा बनने से रोकने के लिए अपनाए गए सिद्धांतों

(2) राज्य में अनुसूचित जाति के कल्याण, विशेषकर अनुसूचित जनजातियों के कल्याण के संबंध में विकास योजनाओं के उद्‌देश्य, प्राथमिकताओं या विस्तृत कार्यों के परिप्रेक्ष्य में किसी प्रकार के सुधार की आवश्यकता है अथवा नहीं एवं

(3) अनुसूचित क्षेत्रों के प्रशासन एवं राज्य में समुचित जनजातीय कल्याण से संबंधित अन्य बातें, जो आयोग को जाँच एवं संसूचित करने के लिए निर्देशित हों, के बारे में राष्ट्रपति को जानकारी देना।

आयोग की अनुशंसाएँ

अनुसूचित क्षेत्र— देश में अनुसूचित क्षेत्र मुख्यत: दो स्पष्ट उद्‌देश्यों को लेकर बनाए गए हैं। पहला, आदिवासियों को बिना किसी अड़चन के उनके अधिकारों के उपभोग में सहयोग करना और दूसरा, क्षेत्र का विकास तथा अनुसूचित जनजातियों के बीच आर्थिक, शैक्षणिक एवं सामाजिक प्रगति को प्रोत्साहित करना। इस योजना में आदिवासियों की भूमि संबंधी हितों की रक्षा, सूदखोरों के द्वारा शोषण से सुरक्षा एवं भूमि आवंटन में प्राथमिकता देना सबसे प्रमुख बातें हैं। संविधान में राज्यपाल

को इसकी शक्तियाँ दी गई हैं कि वे आदिवासियों की सुरक्षा के लिए नियम बनाएँगे, परंतु इन शक्तियों का बहुत कम उपयोग किया गया। यह परिस्थिति राज्यपाल को कानून बनाने की शक्तियों, कुछ संशय एवं यथोचित निर्देश की कमी के कारण बनी। यह महसूस किया गया कि केंद्र सरकार की ओर से बिना किसी स्पष्ट निर्देश के राज्य सरकार नियम एवं कानून बनाने के अभिप्राय एवं सामान्य विकास योजनाओं में उसके महत्त्व को नहीं समझ पाएँगी। अत: राज्य सरकार को यह सुझाव दिया जा सकता है कि वे पाँचवीं अनुसूची के पैरा (5) के संपूर्ण प्रावधानों को उन्हें दिए गए समय के दरम्यान पूरी तरह इस्तेमाल करें। इस प्रकार विधायिका को इस बीच होनेवाली क्षति तथा इसकी भरपाई के लिए क्या कदम उठाए जाने चाहिए उसके लिए प्रोत्साहित करना चाहिए। केंद्र सरकार इसके लिए एक समय सीमा निर्धारित करे तथा राज्य सरकार को इस बात के लिए कहे कि संविधान के प्रावधानों के अंतर्गत आवश्यक विधेयक बनाने का कार्य दिए गए समय सीमा के अंतर्गत करे। विकास कार्यक्रमों के लिए क्या रास्ते अपनाए जाएँ, क्या प्राथमिकताएँ होंगी तथा उसके लागू करने के क्या तरीके अपनाएँ जा सकते हैं इनमें भी संशय की स्थिति है, परंतु इन खामियों के बावजूद शिक्षा, स्वास्थ्य एवं सामुदायिक विकास में पर्याप्त प्रगति हुई है तथा इसका प्रभाव आदिवासियों पर पड़ा है।

विकास के आँकड़े जिला स्तर पर संधारित किए जाते हैं और जब तक अनुसूचित क्षेत्र अपने आप में एक जिला के रूप में नहीं होता है, तब तक इन क्षेत्रों में वित्तीय लक्ष्य की तसवीर उभरकर सामने नहीं आ सकती। अत: यह आवश्यक है कि राज्य सरकार अनुसूचित क्षेत्रों के लिए विकास के खर्च को, प्राप्त किए गए भौतिक एवं वित्तीय लक्ष्य के साथ में अलग से संधारित करे।

पाँचवीं अनुसूची के अंतर्गत राज्यपाल की शक्तियाँ

राज्यपाल द्वारा राष्ट्रपति को भेजे जानेवाले रिपोर्ट के प्रावधान के पीछे यह इरादा था कि केंद्र सरकार राज्यपालों को आदिवासियों के प्रति उत्तरदायी बनाएँ। यह सिर्फ एक माध्यम है, जिसके जरिए आगे की कारवाई की जा सकेगी। केंद्र सरकार द्वारा औपचारिक तौर पर इस रिपोर्ट की विषय-वस्तुओं के बारे में किसी प्रकार का निर्देश जारी नहीं किया गया है। इसके परिणामस्वरूप राज्य सरकार अपने को एक विभागीय रिपोर्ट तक ही सीमित रखती है। फलस्वरूप इस कानून का मुख्य मकसद पूरा नहीं हो पाया। इस रिपोर्ट को बनाने के लिए ढेर सारी सामग्रियाँ उपलब्ध हैं। इन सामग्रियों का उचित इस्तेमाल किए जाने से आदिवासी

क्षेत्रों की स्थिति पर एक समन्वित तसवीर प्राप्त हो सकती है। इस रिपोर्ट को तैयार करने की जिम्मेदारी आदिवासी कल्याण निदेशालय पर नहीं छोड़ी जानी चाहिए। परंतु यह सचिवालय का दायित्व है कि निदेशालय एवं कार्यस्थल पर कार्य करनेवाले कर्मियों से आँकड़े प्राप्त करें। इस रिपोर्ट में विधानसभा के सदस्यों, आदिवासी सलाहकार परिषद् के सदस्यों, गैर-सरकारी संगठनों तथा अनुसूचित जनजाति एवं अनुसूचित जाति आयुक्तों के विचारों का भी समावेश होना चाहिए। आदिवासी क्षेत्र के वास्तविक हालात, उस क्षेत्र में रहनेवाले तथा उनके ऊपर कार्य करनेवाले विभिन्न लोगों की प्रतिक्रियाओं का पुनरावलोकन कर सकता है। इस प्रकार राज्य सरकार तथा राष्ट्रपति को सतर्कता से तैयार की दस्तावेज मिल सकेगी एवं यह वास्तव में केंद्र सरकार के प्रयोग में आ सकेगी।

इस रिपोर्ट की तैयारी का काम मुख्य सचिव द्वारा अपने हाथ में लेकर बेहतर ढंग से किया जा सकता है, जिनके पास कुछ लोग साल में कम-से-कम दो महीनों तक इस कार्य में सहायता कर सकते हैं। रिपोर्ट तैयार होने के बाद इसे स्थायी रूप से मंत्रिमंडल में भेजा जाना चाहिए, तत्पश्चात् राज्यपाल एवं उनके माध्यम से राष्ट्रपति को भेजा जाना चाहिए।

आदिवासी परामर्शदात्री समिति को भी अपने कुछ महत्त्वपूर्ण सुझाव देने एवं उन सुझावों को रिपोर्ट में शामिल करने के लिए आमंत्रित किया जाना चाहिए। संसद् अथवा राज्य सरकार द्वारा पारित आदिवासी विधेयकों के संभावित प्रभावों पर विचार करने के लिए राज्य में किसी प्रकार का शासनतंत्र नहीं है। बीते दस सालों में, जो भी विधेयक लाए गए हैं उनके माध्यम से अद्‌भुत आर्थिक एवं सामाजिक परिवर्तन सामने आए हैं। बिना किसी शासनतंत्र के उस कानून को लागू करने से आदिवासियों के ऊपर हम किसी प्रकार के परिवर्तन का परिणाम नहीं देख सकते। अत: यह अनुशंसा की जाती है कि—

(क) राज्य स्तर पर विधि विभाग में एक इकाई बनाई जाए, जो (1) सामाजिक मामले, (2) काश्तकारी अधिनियम के साथ-साथ जमीन पर अधिकार, (3) तथा भूमि के आवंटन एवं ग्रामीण उद्‌देश्य से जमीन का निर्धारण, (4) निजी पैसे उधार देने, और ग्राम पंचायत की स्थापना के साथ ही गाँव के प्रबंधन से संबंधित केंद्र एवं राज्य के कानून का अध्ययन करे एवं इन विषयों पर आदिवासियों के अधिकारों की सुरक्षा के संबंध में बदलाव का सुझाव दे। यह कार्य समय की बरबादी के बिना किया जाना चाहिए।

(ख) आदिवासियों के हित, जिसे पुनर्जीवित करने तथा भूतलक्षी प्रभाव से विधायिका के सहयोग की आवश्यकता है, राज्य में किस हद तक प्रभावित हुए हैं, उसे जाँचने के लिए हर राज्य में एक सर्वेक्षण किया जाना चाहिए।

(ग) पाँचवीं अनुसूची में विनिर्दिष्ट मामलों के लिए केंद्र सरकार राज्य सरकार के साथ मिलकर एक योग्य एवं स्पष्ट नीति बनाने की आवश्यक पहल करे।

(घ) आदिवासियों को जमीन आवंटित करने के मामले में केंद्र सरकार राज्य सरकार से विचारोपरांत एक योग्य एवं स्पष्ट नीति बनाने के लिए प्रारंभिक कदम उठाए।

आदिवासी परामर्शदात्री परिषद्

पंजाब, बिहार एवं अन्य राज्यों में मुख्यमंत्री, आदिवासी परामर्शदात्री समिति के अध्यक्ष होते हैं। यह व्यवस्था काफी सहायक साबित हुई है। आदिवासी परामर्शदात्री समिति में ऐसा व्यक्ति होना चाहिए, जिसका संबंधित विभाग के परे भी प्रभाव हो, ताकि यह उम्मीद की जा सके कि वह सभी विभागों की समस्याओं का निपटारा कर सके।

चूँकि सिर्फ पाँच गैर-आदिवासी सदस्य आदिवासी परामर्शदात्री समिति में नियुक्त किए जा सकते हैं। अधिकारियों की तरफ से सिर्फ एक प्रतिनिधि होने चाहिए, ताकि गैर-अधिकारियों को नामित किए जाने की गुंजाइश बची रहे। राज्य के मुख्य सचिव यदि सदस्य होते हैं तो यह काफी होगा। वह पूरे प्रशासन के समन्वय हेतु मध्यस्थ के रूप में अन्य विभागों के सचिवों एवं विभागाध्यक्षों को मार्गदर्शन देने एवं उनके नियंत्रण में सक्षम होंगे।

यह अपेक्षा की जाती है कि जो गैर-आदिवासी परिषद् के सदस्य हैं वे क्षेत्र में कार्य करनेवाले हों। परिषद् विचार-विमर्श के लिए एक सामान्य मंच हो तथा उनके प्रोत्साहन का स्रोत बने। बिहार, मध्य प्रदेश, उड़ीसा की तरह जिन राज्यों में आदिवासियों की जनसंख्या ज्यादा है, वहाँ आदिवासी विधायकों के प्रतिनिधित्व के बारे में सावधानी बरतनी चाहिए। राज्य सरकार को यह सुनिश्चित करने की कोशिश करनी चाहिए कि हर प्रकार के विचारों को प्रतिनिधित्व मिले। ऐसे राज्यों, जहाँ परिषद् में कई अधिकारी शामिल होते हैं तथा गैर-सरकारी संस्थाओं का प्रतिनिधित्व सिर्फ नाममात्र के लिए हो, वैसे राज्यों में परिषद् की संरचना से

संबंधित नियमों में परिवर्तन करना चाहिए।

परिषद् की काररवाई नियमावली में संशोधन करना चाहिए, ताकि परिषद् के सदस्य अनुसूचित जनजातियों के कल्याण से संबंधित अथवा अनुसूचित क्षेत्र के विकास के मसले को विचार-विमर्श के लिए लाने की पहल कर सकें। प्राय: सभी राज्यों में आदिवासी परामर्शदात्री समिति को तृतीय पंचवर्षीय योजना के मसौदे पर बहस का अवसर दिया गया। योजना की प्रगति पर वार्षिक बहस, आदिवासियों में विकास के प्रति अधिक-से-अधिक चेतना जागरूक करने के अलावा योजनाबद्ध तरीके से आगे बढ़ने की इच्छा पैदा करने में सहायक होगा। साथ-ही-साथ यह बहस उन्हें योजनाओं को सफल बनाने में अपनी जिम्मेदारी को समझने की शक्ति प्रदान करेगा।

विधेयक के बारे में परामर्श करने की जरूरत है। एक ही प्रकार के कानून हो सकते हैं, जो विस्तृत विमर्श की इजाजत नहीं देते, वहीं पर कुछ दूसरे हैं, जो पाँचवीं अनुसूची के अंतर्गत विमर्श का अधिकार देते हैं। आदिवासी विकास प्रखंडों एवं विकास प्रक्रिया के अन्य क्षेत्रों में किए गए कार्यों की सामयिक पुनरीक्षण होनी चाहिए। आदिवासी परामर्शदात्री परिषद् के सदस्यों को राज्य का भ्रमण करने एवं महत्त्वपूर्ण परियोजनाओं को देखने के लिए सुविधा मुहैया कराया जाना चाहिए।

परिषद् के पास सचिव के साथ एक कर्मचारी हो, जो इन कार्यों को तदनुरूप क्रियान्वित करे।

सभी राज्यों तथा केंद्रशासित प्रदेशों में, जहाँ अनुसूचित क्षेत्र हैं अथवा नहीं, आदिवासी परामर्शदात्री समिति होनी चाहिए, जो अनुसूचित जनजातियों की सुरक्षा एवं विकास पर सुझाव दे।

अनुसूचित क्षेत्रों के लिए मानदंड

अनुसूचित क्षेत्र तय करने के लिए उनके मानदंड को पाँचवीं अनुसूची के उद्देश्यों के संगत होनी चाहिए। जो हैं—(1) आदिवासियों की सुरक्षा। (2) अनुसूचित क्षेत्र में प्रशासनिक स्तर को ऊँचा उठाना। अनुसूचित क्षेत्रों के मानदंड तय करने के लिए वैसे पहलू निश्चित रूप से होने चाहिए, जो अनुसूचित क्षेत्रों के उद्देश्यों को प्रोत्साहित करते हैं।

सबसे प्रमुख पहलू है आदिवासी समुदाय की जनसंख्या। जो क्षेत्र अनुसूचित क्षेत्र के लिए प्रस्तावित है, वहाँ आदिवासियों की जनसंख्या 50 प्रतिशत से कम नहीं होनी चाहिए। यह विशेषकर आवश्यक है, जब आदिवासियों की सुरक्षा एवं बड़े पैमाने पर विकास के लिए गहनता से कार्य करने के बारे में विचार किया जाता है।

क्षेत्र की सुदृढ़ता एक महत्त्वपूर्ण विचारणीय बिंदु है, क्योंकि अनुसूचीकरण में विशेष प्रशासन की बात शामिल है। उप तहसील इसकी इकाई होनी चाहिए। जहाँ आदिवासी विकास प्रखंड है, वहाँ उप तहसील का आकार प्रखंड के समकक्ष होना चाहिए। कहीं भी उप तहसील का गठन होना चाहिए, जो सुविधापूर्वक विकास प्रखंड में तब्दील किया जा सके। क्षेत्र को अविकसित होना चाहिए। जहाँ अविकसित होने की अवस्था के आकलन के लिए परीक्षण की संभावना बनी रहे। उदाहरण के लिए, कुल भूमि की उपलब्धता के विरुद्ध खेती की गई भूमि एवं खेती नहीं की जानेवाली भूमि का क्षेत्र, सिंचाई का विस्तार, क्षेत्र में सड़कों की लंबाई, साक्षरता का प्रतिशत एवं औषधालयों की संख्या। उस पूरे क्षेत्र की कुल आबादी की तुलना में इस क्षेत्र में रहनेवाले आदिवासियों के बीच असमानता स्पष्ट देखी जा सके। ऐसे क्षेत्र जहाँ परिवर्तित खेती आज भी प्रचलित है अथवा उनके पास प्रति व्यक्ति प्रतिवर्ष 50 एकड़ से कम भूमि हो, प्रति व्यक्ति प्रतिवर्ष आय भारतवर्ष के प्रति व्यक्ति प्रतिवर्ष आय से आधी से भी कम हो एवं रोजगार की स्थिति भी अत्यंत खराब हो कि हर व्यक्ति को साल भर में 200 दिनों से अधिक रोजगार नहीं मिलता हो, वैसे क्षेत्रों को पाँचवीं अनुसूची के मानदंड को पूरा करने के महत्त्वपूर्ण तत्त्व के रूप में गणना की जानी चाहिए।

ये चार तत्त्व हैं—

1. क्षेत्र की आबादी में आदिवासियों की प्रबलता,
2. सुदृढ़ता एवं योग्य आकार,
3. क्षेत्र के कम विकसित होने की प्रकृति तथा
4. आर्थिक मानदंड पर स्पष्ट रूप से परिलक्षित असमानता किसी भी क्षेत्र को पाँचवीं अनुसूची के रूप में घोषित करने के लिए स्थायी रूप से विद्यमान हो।

अन्य कारण जैसे आदिम अथवा विशिष्ट जीवन-शैली अथवा परिवर्तित खेती का प्रचलन, जो उस क्षेत्र की नहीं, अपितु लोगों की परिस्थिति से संबंधित है, वे उपरोक्त मानदंड के अंतर्गत समाहित किए जाने चाहिए।

अनुसूचित क्षेत्रों के प्रयोजनार्थ राज्य एवं केंद्रशासित प्रदेशों के बीच कोई भिन्नता नहीं होनी चाहिए।

किसी भी क्षेत्र को, जो वर्तमान में अनुसूचित क्षेत्र है, सरकार के द्वारा विद्यमान आँकड़ों की जाँच किए बिना एवं संतुष्ट हुए बिना कि ये आँकड़े विकास के कुछ स्तर को पूरा करते हैं एवं आर्थिक तथा शैक्षणिक रूप से विकसित हो गए हों एवं

स्वास्थ्य, सिंचाई तथा जनसेवा के उस सीमा तक पहुँच चुके हैं, जहाँ यह अनुसूची में नहीं रह सकते, तभी उन क्षेत्रों को अनुसूची से हटाया जा सकता है। आयोग के दृष्टिकोण से कोई भी क्षेत्र अब तक उस स्थिति में नहीं पहुँच पाया है, जहाँ उसे अनुसूचित क्षेत्र से वंचित करने का निर्णय लिया जा सके।

भारत के संविधान लागू होने के बाद हुए परिवर्तन के आलोक में हम यह महसूस करते हैं कि यह प्रश्न करने की जरूरत ही नहीं है कि आदिवासी क्षेत्र, जो अनुसूचित क्षेत्र के रूप में घोषित किए जा चुके हैं, उन्हें अनुसूचित क्षेत्र से वंचित किया जाए अथवा नहीं। पाँचवीं अनुसूची को लाभकारी युक्ति के रूप में विचार किया गया था एवं इस उद्देश्य को वैकल्पिक पहल के द्वारा पूरा किया जा सकता है। इसके तहत सरकार द्वारा ऐसी योजनाएँ ली जाएँ, जो अनुसूचित जनजातियों को सुरक्षित एवं तय समय सीमा में आदिवासी क्षेत्र के विकास को सुनिश्चित कर सके।

राज्य सरकारों को संपूर्ण अनुसूचित एवं गैर-अनुसूचित क्षेत्र में, जंगल और जमीन पर आदिवासी अधिकारों की सुरक्षा, सूदखोरों एवं महाजनों के शोषण से रक्षा के लिए सामान्य कानून बनाना चाहिए। इस कानून पर लंबित अधिनियम, पाँचवीं अनुसूची के पैरा 5(2) के तहत राज्यपाल के विधायी शक्तियों का उपयोग, अनुसूचित क्षेत्र के निमित बनाए गए अधिनियमों को अमल में लाने के लिए करना चाहिए। साथ-ही-साथ सभी आदिवासी क्षेत्रों को आदिवासी प्रखंडों के रूप में वर्गीकृत करना चाहिए, ताकि अधिक-से-अधिक आदिवासी आबादी को गहन विकास योजनाओं के अंतर्गत लाया जा सके। इन प्रखंडों को निम्नलिखित क्रियाकलापों पर अपना ध्यान केंद्रित करना चाहिए—आर्थिक विकास, शिक्षा, स्वास्थ्य एवं जनसंचार इनका विशेष लक्ष्य होना चाहिए। सभी आदिवासी प्रखंडों में लक्ष्य के पूरा होने एवं आदिवासी सुरक्षा के लिए बनाए गए कानून के पारित होने तथा इसके क्रियान्वयन से पाँचवीं अनुसूची के लक्ष्य को पूरा किया जा सकेगा एवं सुविधापूर्वक समस्याओं का निराकरण किया जा सकेगा।

यदि सरकार इस कार्यक्रम को स्वीकार करने में असमर्थ होती है तो वैसे क्षेत्रों को, जो जाँच के बाद हमारे द्वारा सुझाए गए मानदंड पर अनुसूचित क्षेत्र के लिए संतोषप्रद पाए जाते हैं, उन्हें जटिलताओं के बाद भी अनुसूचित क्षेत्र के रूप में घोषित करने के अलावा कोई विकल्प नहीं है।

संविधान की धारा 275 तथा राज्यों की जिम्मेदारियाँ

संविधान की धारा 275 के तहत सहायता अनुदान आदिवासियों सहित सभी

समुदायों के सामान्य विकास कार्यक्रमों को चलाए जाने की मंशा के तहत दी जाती है। आंध्र प्रदेश सरकार ने अपने मातहत सभी विभागीय प्रमुखों को यह निर्देश दिया है कि सभी विभागों के कुल उपबंध की तीन प्रतिशत राशि तृतीय पंचवर्षीय योजना के तहत अनुसूचित जनजाति के कल्याण के लिए सुरक्षित रख दिया जाए। दूसरे राज्यों को भी इसी प्रकार के निर्देश के मसले को अमल में लाना चाहिए।

सहायता अनुदान की राशि को जनसंख्या के आधार पर आवंटित करना न्यायोचित नहीं होगा। इसके बारे में संदेह नहीं कि आबादी का मापदंड सुरक्षित एवं आसान है। लेकिन चूँकि यह अनुदान क्षेत्र के विकास की मंशा से भी दिया जाता है, इसीलिए किसी क्षेत्र के अविकसित परिस्थिति एवं वर्तमान समस्याओं का आकलन किया जाना चाहिए। धारा 275 के तहत राशि के आवंटन में निम्नलिखित मानदंडों का अनुसरण किया जाना चाहिए—

(क) जनसंख्या,

(ख) राज्यों द्वारा अनुसूचित जनजातियों कि कल्याण की प्रक्रियाओं में प्राप्त विकास का स्तर एवं अनुसूचित क्षेत्रों का प्रशासनिक स्तर,

(ग) राज्य की आर्थिक स्थिति तथा

(घ) इन तीन कारण के अलावा उत्तर तथा उत्तर-पूर्वी क्षेत्रों के सीमावर्ती राज्यों, जो अंतरराष्ट्रीय परिस्थितियों में होनेवाले परिवर्तन के कारण, आर्थिक एवं व्यापारिक रूप से उजड़ जाने की गंभीर परिस्थिति का सामना करते हैं, उन्हें भी वैसे क्षेत्र के आदिवासियों के कल्याण के लिए राशि का उपबंध करते समय ध्यान देना चाहिए। राज्यों को राशि आवंटित करने के बाद केंद्र सरकार के पास ऐसा कोई सक्षम तंत्र नहीं है, जो यह सुनिश्चित करे कि जिस मंशा से राशि दी गई उसके अनुरूप उसका खर्च हो रहा है अथवा नहीं। अतः यह सुझाव दिया गया कि प्रस्तावित आदिवासी कल्याण विभाग को गृह मंत्रालय के अंतर्गत रखा जाए, जिसमें राज्य सरकार, केंद्रशासित प्रदेशों तथा गैर-सरकारी संस्थाओं को आवंटित राशि के लेखा की देखभाल के लिए एक लेखा सेल का विशेष प्रावधान हो।

चूँकि सहायता अनुदान राशि आदिवासी क्षेत्रों के लिए उसके आस-पास के क्षेत्रों के समकक्ष विकसित होने की मंशा से दिए जाते हैं, जो बड़ी राशि, जो उस वित्तीय वर्ष के अंत में अमान्य अथवा खर्च होने से वंचित रह जाती है उसके पुनः उसी प्रयोजन के लिए आवंटित किया जाना चाहिए। केंद्रीय स्तर पर पुनः आवंटन

के लिए तंत्र अपर्याप्त है। अत: समस्या के लिए निम्नलिखित विकल्प दिए गए हैं—

(क) एक प्रक्रिया ऐसी बनाई जानी चाहिए, जिससे किसी वित्तीय वर्ष के लिए अनुमोदित राशि यदि अगले वर्ष के खर्च के लिए भी बच जाती है तो प्रशासन उसे अगले 12 महीने में योजना को पूरा करे।

(ख) केंद्रीय सड़क सुरक्षा कोष की तरह आदिवासी कल्याण कोष की स्थापना हो, जो लैप्स न हो।

(ग) वित्तीय वर्ष को अप्रैल से मार्च के बदले जुलाई से जून तक होना चाहिए।

इस कोष को बजट एवं लेखा में अलग से दर्ज किया जाना चाहिए, ताकि विभिन्न मदों में खर्च का ब्योरा अगले वर्ष पुन: आवंटित की जानेवाली बची हुई राशि का आँकड़ा आसानी से प्राप्त किया जा सके।

राज्य सरकार इस मामले में काफी विलंब करती है, क्योंकि केंद्र सरकार द्वारा किसी भी योजना को वार्षिक योजना में शामिल किए जाने के पूर्वानुमान पर अनुमादित कर दिए जाने के बाद भी राज्य सरकार के वित्त विभाग इस योजना की जाँच करती रहती है। अत: राज्य सरकार को ऐसी योग्य प्रक्रिया अपनानी चाहिए, जो वित्त विभाग को ऐसी परिस्थिति से रोके कि बजट उपबंध में बढ़ोतरी पाँच प्रतिशत से अधिक न हो।

राज्य सरकार को छह माह की प्रगति रिपोर्ट छह माह बीत जाने के तीन माह के भीतर भेज देनी चाहिए तथा यह भविष्य में अनुदान दिए जाने के लिए एक शर्त होनी चाहिए।

धारा 275 ऐसा विचार नहीं रखती कि वह राज्य सरकार, केंद्र सरकार को ऋण दे रही है अथवा रिजर्व बैंक आदिवासियों के कृषि, उद्योग, किसी व्यापार में पुन: स्थापित होने अथवा गृह निर्माण के लिए राज्य सरकार को ऋण दे।

यह अनुशंसा की गई है कि कल्याण योजनाओं में कार्य क्षेत्र में तथा मुख्यालय में लगनेवाले अतिरिक्त कर्मचारियों की नियुक्ति तथा उनका प्रशिक्षण भी राज्यों को दी जानेवाली अनुदान कोष से की जाए।

अनुसूचित जनजातियों के कल्याण से संबंधित संवैधानिक कर्तव्यों के आलोक में अनुसूचित जनजातियों के कल्याण कार्यक्रमों को सामान्य जनकल्याण के कार्यक्रमों से अलग रखा जाना चाहिए तथा उन योजनाओं को वार्षिक योजनाओं की चर्चा के क्रम में उच्च प्राथमिकता दी जानी चाहिए।

अनुसूचित जनजातियों के कल्याण तथा अनुसूचित क्षेत्रों में प्रशासनिक स्तर

को ऊँचा उठाए जाने की जिम्मेदारी राज्य सरकार की है। हम ऐसा महसूस करते हैं कि राज्य सरकार को अपने रवैए में बदलाव लाना चाहिए। उन्हें उत्साहपूर्वक एवं उदारता के साथ कंधे से कंधा मिलाकर कार्य करने के लिए सामने आना चाहिए।

आर्थिक विकास, स्वास्थ्य, पेयजल आपूर्ति, अधिकारियों का प्रशिक्षण, शोध एवं मूल्यांकन जैसे उच्च प्राथमिकतावाली योजनाओं को केंद्रीय सेक्टर में रखा जाना चाहिए तथा शिक्षा एवं आवास को राजकीय सेक्टर में रखा जाना चाहिए।

मूल्यांकन

प्रथम एवं द्वितीय पंचवर्षीय विकास योजनाओं के गुणात्मक विकास की उपलब्धियाँ भी सीमित हैं। यह सिर्फ कार्यों के बिखराव एवं योजनाबद्ध पहल की कमी के कारण हुआ। योजनाओं में गुणात्मक विकास योजनाबद्ध पहल से वर्ष में 300 कार्य दिवस का सृजन तथा वर्ष भर भोजन की प्राप्ति हो सकती थी। जब तक जमीन, जंगल, पशुधन, कुटीर एवं ग्रामोद्योग पर आधारित आय के स्रोतों को प्रोत्साहित नहीं किया जाता, तब तक बड़ी मात्रा में आदिवासियों की आर्थिक समस्या का समाधान नहीं किया जा सकता। अन्य शब्दों में हम यह कह सकते हैं कि आदिवासी क्षेत्रों में उपरोक्त चारों रोजगार के संसाधनों के तकनीकी विकास एवं समेकित पहल से ही आदिवासियों का विकास संभव है।

शिक्षा ने आदिवासियों के मन:स्थिति पर गहरा प्रभाव डाला है। भारतवर्ष में ऐसी कोई जगह नहीं है, जहाँ प्राथमिक विद्यालय एवं उच्च विद्यालय की माँग नहीं है। मलेरिया के नियंत्रण एवं उन्मूलन में शिक्षा का बहुत बड़ा योगदान रहा है। अन्य रोग टी.बी. को अच्छे ढंग से नियंत्रित किया जा रहा है। आदिवासी क्षेत्रों में आवागमन अच्छे ढंग से विकसित नहीं हो पाई है। विकास योजनाओं ने जनमानस में मिश्रित छाप छोड़ी है। कुछ राज्य सरकारों के भौतिक एवं वित्तीय लक्ष्यों में चिंताजनक कमी आई है। विशेषकर मध्य प्रदेश में जिसने इस चिंताजनक स्थिति का कारण बताया है। एक प्रमुख कारण जो राज्य सरकार ने बताया कि आदिवासी कल्याण एक बड़े विषय-वस्तु 'समाजसेवा' के रूप में चिह्नित किया गया है। इसीलिए वे आदिवासी कल्याण को उच्च प्राथमिकता देने के मामले में उलझन में हैं। अत: यह अनुशंसा की जाती है कि आदिवासी कल्याण को समाज कल्याण से अलग रखा जाए तथा इसे महत्त्व एवं प्राथकिता दी जाए।

कुछ आदिवासी क्षेत्रों में रोजगार के लिए कार्यावधि तीन से चार महीने से अधिक नहीं होती है। आसान जिलों में भी यह आठ से नौ महीने से अधिक नहीं

होती। जब बर्फ गिरने लगती है अथवा बारिश प्रारंभ होती है, तब कोई कार्य संभव नहीं हो पाता है। अतः वित्तीय नियमों को इस विशेष परिस्थिति को ध्यान में रखना चाहिए। राज्य में उत्पन्न होनेवाली कमियों से एक अति महत्त्वपूर्ण शिक्षा हमें मिलती है कि आदिवासी क्षेत्रों में होनेवाले खर्चों एवं उपलब्धियों पर लगातार ध्यान दिया जाना चाहिए। इसीलिए हमेशा समय पूर्व ही निर्णय लेना चाहिए। केंद्र सरकार के स्तर पर इन महत्त्वपूर्ण सवालों के ऊपर वार्षिक योजनाओं के मूल्यांकन के वक्त सामयिक जाँच किया जाना चाहिए। यह जाँच केंद्र सरकार को आवश्यकता के अनुरूप आगे बढ़ने में सहायक होगा।

जमीन एवं आदिवासी–भूमि से बेदखल पर रोक

जमीन को प्रभावित करनेवाले सभी कानूनों एवं अधिनियम की जाँच सभी राज्यों एवं केंद्रशासित प्रदेशों में इस उद्देश्य से किया जाना चाहिए कि आदिवासियों की जमीन गैर–आदिवासियों को हस्तांतरित किए जाने की गतिविधि पर तुरंत रोक लगे। इन मामलों में यह आवश्यक हो सकता है कि वर्तमान कानूनों में तेजी से संशोधन किया जाए। यदि इसमें अधिक समय लगे तो राज्यपाल पाँचवीं अनुसूची के तहत दिए अधिकारों का प्रयोग कर बिना विलंब किए आवश्यक नियमन सुनिश्चित करें।

उपायुक्त के आदेश के बिना यदि किसी भी आदिवासी के द्वारा गैर–आदिवासी के नाम बिक्री, गिरवी, किसी भी इकरारनामा के माध्यम से लीज अथवा दान से हस्तांतरित आदिवासी जमीन को प्रभावित करता हो तो ऐसे हस्तांतरण पर प्रतिबंध लगाया जाना चाहिए। राज्यपाल को आदिवासी परामर्शदात्री परिषद् से सलाह लेकर नियम बनाना चाहिए एवं यह आदेश जारी करे कि उपायुक्त अथवा कलक्टर क्षेत्र में विद्यमान परिस्थिति की जाँच के बाद ही हस्तांतरण की अनुमति प्रदान करे।···

उपायुक्त अथवा कलक्टर द्वारा दिए गए आदेश के विरुद्ध किसी भी तरह का सूट फाइल अथवा आवेदन पर रोक लगाया जाना चाहिए। तथा सभी प्रकार के हस्तांतरण, दान एवं लीज, या किसी प्रकार के इकरारनामा, जो बिना उपायुक्त अथवा कलक्टर के पूर्व अनुमति के किए गए हैं, पर संज्ञान लेने एवं किसी प्रकार का आदेश पारित करने की काररवाई से अदालत को बाहर रखा जाना चाहिए।

उपायुक्त अथवा कलेक्टर suo-mottov अथवा पीड़ित आदिवासी जमीन धारक के मामले में 12 वर्षों के अंदर कभी जाँच आरंभ कर सकता है एवं क्षति–पूर्ति अथवा बिना क्षतिपूर्ति के जमीन वापसी करने का अधिकार है। इस व्यवस्था

को 26 जनवरी, 1950 के तत्काल प्रभाव से लागू माना जाना चाहिए। इस व्यवस्था को क्रियान्वित किए जाने के लिए पर्याप्त तंत्र विकसित किया जाना चाहिए। सभी जमीनों को राज्य सरकार के अधीन समर्पित करना चाहिए, जो आदिवासियों की जमीन को एक ट्रस्टी की तरह रखेगा।

गैर-सरकारी एजेंसियों को आदिवासियों को कानून और नियमों के संबंध, जो उनके हित के लिए बनाए गए हैं, के बारे में शिक्षित बनाना चाहिए तथा उन्हें आवश्यक आर्थिक एवं कानूनी सहायता मुहैया करानी चाहिए।

औद्योगिकीरण का प्रभाव

किसी परियोजना के कारण विस्थापित होने की संभावनाओं के मद्‌देनजर पुनर्वास को भी परियोजना का हिस्सा बनाया जाना चाहिए, तथा उसके लिए पर्याप्त वित्तीय प्रावधान हो, जो परियोजना के खर्च में शामिल हो।

उनके पुनर्वास के लिए वैकल्पिक जगह का चुनाव करने के क्रम में अधिग्रहण से संबंधित विभागों को आदिवासियों एवं उनके प्रतिनिधियों से परामर्श लेना चाहिए। यदि पड़ोस में ऐसी जमीन उपलब्ध हो, जिसमें खेती न होती हो तो खेती लायक जमीन का अधिगृहण किसी परियोजना के लिए नहीं किया जाना चाहिए।

मुआवजा देने में यदि घर के बदले घर और जमीन के बदले जमीन का सिद्धांत अपनाया जाता है, तब यदि आवंटित जमीन की कीमत किसी योजना के लिए अधिग्रहीत जमीन की कीमत से कम हो तब उस कीमत में अंतर की राशि का भुगतान नकद किया जाना चाहिए।

विकास परियोजना के कारण जो प्रभावित होंगे, उन्हें परियोजना के कार्यों में रोजगार की प्राथमिकता दी जानी चाहिए, बशर्ते जहाँ आवश्यक हो, वहाँ तकनीकी योग्यता होनी चाहिए।

भूमि आवंटन

अनुसूचित क्षेत्र एवं ऐसे क्षेत्र जहाँ आदिवासियों की जनसंख्या की बहुलता हो भूमि के आवंटन में आदिवासियों को पहली प्राथमिकता दी जानी चाहिए। अन्य क्षेत्रों में उन्हें अनुसूचित जातियों के साथ प्राथमिकता सूची में रखा जाना चाहिए।

अनुसूचित क्षेत्र एवं वैसे क्षेत्र, जहाँ आदिवासी पर्याप्त संख्या में हैं, वहाँ बेकार पड़ी खेती लायक भूमि के आवंटन के लिए निरंतर योजना बनाई जानी चाहिए। खेती लायक बेकार पड़ी जमीन का कुछ हिस्सा राज्य के भविष्य की जरूरत के लिए, सामान्य जनता अथवा ग्रामीणों के लिए रखा जाना चाहिए तथा

अन्य जमीनें, बिना किसी विलंब के आवंटित किए जाने चाहिए। सिर्फ उतने ही परिवारों को शामिल किया जाना चाहिए, जितने लोगों की जीविका उस जमीन से चल सके।

भूमि आवंटन की योजना के साथ निम्नलिखित सुविधाएँ भी लाभुकों को दी जानी चाहिए—

(क) सिंचाई।

(ख) ऋण सरकारी नीतियों के हिसाब से नहीं, बल्कि आदिवासियों की जरूरत के हिसाब से जैसे—क्षेत्र की साफ-सफाई के लिए, घर बनाने, कुआँ खोदने के लिए तथा आनेवाली फसल तक अपनी भरण-पोषण के लिए।

(ग) आवास—आदिवासियों की रुचि-परंपराओं को ध्यान में रखा जाना चाहिए। उन्हें अपने आस-पास उपलब्ध सामग्रियों से आवास बनाने की अनुमति होनी चाहिए।

जमीन पर सीलिंग कानून लगाए जाने के फलस्वरूप प्राप्त अतिरिक्त भूमि प्राथमिकता के आधार पर आदिवासियों को दिया जाना चाहिए।

अतिरिक्त खेती लायक बेकार भूमि को आवंटित करते समय आदिवासी सहकारी समितियों को प्राथमिकता दिए जाने की बात आ सकती है, परंतु भूमि को किसी भी ऐसी परिस्थिति से नहीं जोड़ा जाना चाहिए।

रिकॉर्ड ऑफ राइट्स

जहाँ तक आदिवासियों का सवाल है रिकॉर्ड ऑफ राइट्स तैयार करने का कार्य यथाशीघ्र किया जाना चाहिए। चूँकि आदिवासी जमीन के कई प्रकार की पेचीदगियों के प्रति अनपढ़ और अनभिज्ञ होते हैं। इसीलिए रिकॉर्ड ऑफ राइट्स बनाने की क्रिया में कानूनी पहलुओं से ज्यादा मानवीय दृष्टिकोण अपनाया जाना चाहिए तथा आदिवासी परंपराओं एवं रीति-रिवाजों पर पूरा ध्यान रखना चाहिए। जब तक यह परिस्थिति नहीं दिखाई पड़ती कि कोई भी जमीन गैर-कानूनी ढंग से अधिगृहीत की गई है। किसी भी भूमि पर दखल ही प्रथम दृष्ट्या यह प्रमाणित करता है कि उक्त भूखंड को आदिवासी के पक्ष में दर्ज किया जा सकता है।

वन नीति

1952 ई. में लिये गए वन नीति के प्रस्ताव पर पुनर्विचार किया जाना चाहिए तथा खेती के लिए वन भूमि को छोड़े जाने, सुरक्षित वनों के बाह्य भाग से ग्रामीणों

की जरूरत की आपूर्ति, वनग्राम,चारागाह एवं परिवर्तित खेती इत्यादि के मामले, जो निकाल दिए गए थे, उन पर पुनर्विचार किया जाना चाहिए। सरकार को आदिवासियों के जंगल पर अधिकार के संबंध में आजादी के पूर्व की स्थिति भी उसे स्वीकार करना चाहिए। ग्राम समुदाय की जरूरतों को ध्यान में रखा जाना चाहिए और वन क्षेत्रों में आदिवासी गाँवों के बारे में वर्तमान क्रियाकलापों को संशोधित करना चाहिए। सरकार को वन में निवास करनेवालों एवं वन विकास कार्यक्रमों के बीच से बिचौलियों को निकालने की पहल करनी चाहिए, ताकि वनों का दोहन न हो पाए। किसी भी परिस्थिति में एकाधिकार की व्यवस्था समाप्त होनी चाहिए। वन ग्राम में बसनेवालों को भूमि अधिकार का पट्टा दिया जाना चाहिए। इन आदिवासियों को न्यूनतम मजदूरी दर से नीचे के मजदूरी दर में काम नहीं कराना चाहिए। इन गाँवों को पेयजल आपूर्ति, शिक्षा, स्वास्थ्य जैसी सभी जनसुविधाएँ दी जानी चाहिए। वन ग्राम में ऋण की सुविधा, राज्य सरकार तथा सहकारी समितियों के द्वारा दी जानी चाहिए। जंगल पर व्यक्तिगत अधिकार को देश के वैसे क्षेत्र में अविलंब समाप्त कर देना चाहिए, जहाँ अब तक इसे समाप्त नहीं किया गया है। वन विभाग को सरकार की शाखा के रूप में इस कार्यभार को मानना चाहिए, इस जिम्मेदारी के साथ कि यह आदिवासियों की खुशहाली के साथ-साथ वन विकास में भी सहभागी बन सके।

क्रियान्वयन के संबंध में

वन ग्राम के संबंध में सरकार द्वारा लिये गए नीतिगत निर्णय को क्रियान्वित करने की पहल होनी चाहिए। इस संबंध में वन विभाग, राजस्व विभाग एवं विकास प्राधिकारों के बीच समन्वय होना चाहिए। वन ग्रामों का प्रबंधन ग्राम पंचायत में निहित होना चाहिए तथा इन ग्रामों से प्राप्त राजस्व ग्राम पंचायत को जाना चाहिए।

वनरोपण के लिए सुरक्षित उपयोगी क्षेत्रों को स्थानीय पंचायतों को दे देना चाहिए तथा वन विभाग आवश्यक तकनीकी दिशा निर्देश दे। पंचायत सिर्फ अपनी ही प्रबंधन नहीं सँभाले, बल्कि उन्हें किसी भी अनुपात में वन उत्पाद संबंधी कार्यों को निर्दिष्ट करने का अधिकार देना चाहिए, बशर्ते कि यह वन विभाग के नियम-अधिनियम के अनुरूप हो और इससे गाँव के लोगों का फायदा हो।

वन विभाग को वनक्षेत्रों में, विशेषकर वैसे क्षेत्रों में, जहाँ वनरोपण चल रहा हो, उन्नत किस्म की घास को प्रोत्साहित करना चाहिए तथा सूखी घास एवं साईलेज

बनाने में सहयोगी भी बनना चाहिए। चरागाह के लिए शुल्क लागू करना चाहिए।

वन विभाग, ठेकेदार एवं बिचौलियों से संबंधित कर्मचारियों के लिए सावधानीपूर्वक न्यूनतम मजदूरी लागू करना चाहिए।

वन विभाग, कृषि विभाग, उद्योग एवं अन्य विभागों के साथ मिलकर एक समय सारिणी तैयार करे, ताकि आदिवासियों को साल भर कार्य दिया जा सके। ऐसे कार्यों में वन विभाग में फॉरेस्ट गार्ड के रूप में जंगलों की सुरक्षा, जंगलों का संरक्षण, पुनर्जीवन तथा वन उत्पादों के दोहन का कार्य दिए जा सकते हैं। इसमें भूमि उपयोगिता की योजनाएँ, वन उत्पादों को जमा करना, लघु वन उत्पादों का प्रसंस्करण तथा वन उत्पादों का दोहन इत्यादि कार्यों को भी शामिल किया जाना चाहिए।

जंगलों के अंदर एवं उसकी सीमाओं में बसे आदिवासियों को स्थायी मजदूरों के समूहों में संगठित होना चाहिए, ताकि जंगल में होनेवाले कार्यों में उचित तरीके से मजदूरी मिल सके।

वन विभाग को वन मजदूर सहयोग समितियाँ बनाने में सहायता करनी चाहिए। इन समितियों द्वारा पूरे वन क्षेत्र का कार्य पूर्ण करने में लगनेवाले समय का निर्धारण किया जाना चाहिए, तथा इन्हें वन उत्पाद संग्रह एवं वनों के दोहन का कार्य दिया जाना चाहिए।

राज्य सरकारों को आंध्र प्रदेश के मॉडल की तरह, आवश्यकतानुसार उसमें परिवर्तन लाते हुए आदिवासी अर्थव्यवस्था को मजबूत करने एवं उसके विकास के लिए, विशेषकर लघु वन उत्पादों के क्रय, सदस्यों की जरूरतों की आपूर्ति, वन उत्पादों का प्रसंस्करण एवं वर्गीकरण, पूर्व के उधार को समाप्त करने तथा कृषि एवं अन्य उत्पादों के उपार्जन, आपूर्ति एवं वितरण हेतु एजेंट की तरह कार्य करने के लिए एक सहकारी वित्तीय एवं विकास निगम का गठन करना चाहिए। सहकारी समितियों के माध्यम से इस कार्यक्रम में सभी आदिवासी क्षेत्रों को समाहित किया जाना चाहिए, जिसे केंद्रीय संस्थान के एजेंट के रूप में कार्य करना चाहिए।

कृषि

आदिवासी क्षेत्रों में छोटे-छोटे जमीन होने, टुकड़ों में बँटे होने, मिट्टी की कम गुणवत्ता तथा खेती की प्रारंभिक प्रक्रिया के कारण कृषि उत्पादन प्रभावित होती है। आदिवासियों के लिए कृषि में सुधार हेतु समेकित कृषि की उन्हीं सिद्धांतों को अपनाने की जरूरत है, जो देश के अन्य भागों में अपनाई गई हैं। यह सिर्फ

जमीन की सुरक्षा, सिंचाई, वैज्ञानिक परिवर्तित खेती, मिट्टी संरक्षण तथा पशुधन के प्रोत्साहन से ही की जा सकती है।

आदिवासी क्षेत्रों में परिवर्तित खेती एक मुख्य समस्या है। हर कोई यह स्वीकार करता है कि परिवर्तित खेती आदर्श तरीका नहीं है। उस प्रक्रिया को पूरी तरह बदलने में लंबा समय लगेगा।

परिवर्तित खेती एक मिश्रित समस्या है। कुछ समस्याएँ जमीन की भौतिक व्यवस्था से जुड़ी हैं एवं कुछ आंशिक रूप से सामाजिक रीति-रिवाजों, परंपराओं एवं मान्यताओं से जुड़ी हैं। जल्दबाजी में किसी प्रकार का विचलन जटिलता उत्पन्न कर सकती है।

इस समस्या का आकर्षक समाधान यह है कि परिवर्तित खेती को मेड़वाली खेती में परिवर्तित कर दिया जाए। जहाँ पहाड़ के ढलान को लेकर समस्या नहीं है और मिट्टी की गहराई पर्याप्त है, वहाँ सुधार की अति उत्तम संभावनाएँ हैं। आदिवासी क्षेत्रों में कई जगहों पर यह सुधार का कार्य उत्साह के साथ प्रारंभ किया गया है। इसमें प्रारंभ में भारी आर्थिक खर्च होते हैं।

परिवर्तित खेती को वैज्ञानिक तरीके से संचालित करने के लिए अति तर्कसंगत नीति बनाया जाना चाहिए, ताकि इसकी खामियों को कम किया जा सके तथा मिट्टी की उर्वरकता को बढ़ाई जा सके। इस प्रयोजन के लिए हम प्रत्येक वैसे क्षेत्रों में शोध का कार्य प्रारंभ किए जाने की अनुशंसा करते हैं, जहाँ बड़े पैमाने पर परिवर्तित खेती विद्यमान है। यह अति खर्चीला एवं बड़ा कार्यक्रम है।

परिवर्तित खेती की जगह से लोगों को उसके निचले क्षेत्र में स्थानांतरित करना व्यावहारिक नहीं लगता कि निकट भविष्य में इसके परिणाम प्राप्त हों। इसके लिए कम-से-कम 50 वर्षों का समय लगेगा।

किसी भूमि पर नई बस्तियाँ बसाए जाने की योजना हेतु हम यह सुझाव देना चाहते हैं कि बसाए जानेवाली परिवारों की संख्या कम होने पर भी निम्नलिखित बिंदुओं पर विशेष ध्यान दिया जाना चाहिए—

1. वहाँ पर्याप्त मात्रा में जमीन होनी चाहिए, यह उचित तरीके से चिह्नित होनी चाहिए एवं सबके मालिकाना हक संबंधित दस्तावेज दिए जाने चाहिए।
2. सिंचाई की सुविधा हो एवं यह उन्हें उपलब्ध कराया जाना चाहिए।
3. उस क्षेत्र के वाशिंदा होने की स्वीकृति के तुरंत बाद ही उन्हें उनकी जरूरत के मुताबिक जमीनों की साफ-सफाई, घर बनाने, कुआँ खोदने,

संपर्क, सड़कें तथा सिंचाई के कार्यों में रोजगार दिया जाना चाहिए।

4. मजदूरी दर कानून सम्मत हों। उनके बीच कोई ठेकेदार न हो, न ही ऐसा कोई प्रश्न सामने आए कि किसी व्यक्ति से ऐसी कोई आशा करे कि वह तदर्थ अथवा ऋण के आधार पर कार्य करे।
5. उनके खेतों में कार्य प्रारंभ करने से लेकर फसल होने तक उन्हें बैल-गाड़ियों, बीजों एवं रखरखाव अथवा देखभाल हेतु भत्ता दिया जाना चाहिए।
6. मिट्टी, मौसम एवं सिंचाई पर आधारित बागवानी को प्रोत्साहित करना चाहिए।
7. बसाई गई बस्तियों को हर तरह से आत्मनिर्भर होना चाहिए। वहाँ पेयजल, स्कूल एवं सहकारी समितियों की उचित व्यवस्था होनी चाहिए।

वह भू-भाग, जहाँ आदिवासी खेती करते हैं, उबड़-खाबड़ है। लगातार खेती किए जाने से वहाँ बड़े पैमाने पर भू-रक्षण होते हैं एवं मिट्टी की उर्वरा शक्ति कम हो जाती है। यह प्रक्रिया हवा चलने, बर्फ, पहाड़ों में विनाशकारी पानी के प्रभाव से बढ़ जाती है। इन क्षेत्रों में बड़े एवं वैज्ञानिक पैमाने पर भू-रक्षण अतिआवश्यक है।

भू-रक्षण हेतु निम्नलिखित सुझाव दिए जाते हैं—

1. प्रत्येक आदिवासी विकास प्रखंड में भू-संरक्षण के साथ-साथ ढलान के विपरीत मिट्टी की लाइन तैयार करना, छोटे-छोटे नालों को बंद करना, समतलीकरण तथा खेतों में मेड़ तैयार करने के लिए चरणबद्ध कार्यक्रम बनाना।
2. योजना बनाने में आदिवासी बहुल क्षेत्रों को प्राथमिकता देनी चाहिए।
3. भू-संरक्षण कार्यक्रम के लिए व्यक्तिगत एवं सामुदायिक तौर पर आर्थिक मदद देना चाहिए। आदिवासियों का सहयोग सिर्फ श्रम क रूप में होना चाहिए।
4. वनरोपण कार्य भी साथ-साथ होना चाहिए। यदि आवश्यकता हो तो स्थानीय समस्याओं पर निम्नलिखित बातों को जानने के लिए शोध किया जाना चाहिए—
   (क) स्थानीय इलाके के अनुरूप घास एवं दलहन में वृद्धि करना।
   (ख) नालों अथवा जलमार्गों के सुधार के लिए उपयुक्त तकनीक अपनाना।
   (ग) मिट्टी कटाव से सुरक्षा के लिए उपयुक्त फल वृक्षशोध के

बाद मिट्टी की सुरक्षा के लिए चयनित लाभदायक घास, दलहन तथा फल वृक्षों की सरकारी नर्सरी में वृद्धि करना, तत्पश्चात् आदिवासियों के बीच निःशुल्क वितरण।

5. उन क्षेत्रों में जहाँ वर्षा के जल का अभाव है, सिंचाई के लिए कुओं का निर्माण करना।
6. जिन योजनाओं में आदिवासी राशि के खर्च से दूसरों को लाभ होता हो, वैसी योजनाओं को स्वीकृति नहीं देना।

चूँकि आनेवाले समय में कृषि ही आदिवासी अर्थव्यवस्था का मुख्य सहारा होगा। चूँकि उनकी जमीनें छोटी-छोटी हैं, खेती ही उनकी अर्थव्यवस्था के विकास का एकमात्र रास्ता होगा, वैसी परिस्थिति में सिंचाई के बिना साधन खेती संभव नहीं है।

आदिवासी विकास प्रखंडों में सिंचाई की समस्या के समाधान के लिए निम्नलिखित पहल किए जा सकते हैं—

(1) सबसे पहले आदिवासी जमीनों एवं संभावित सिंचाई संसाधनों का सर्वेक्षण किया जाना चाहिए।

(2) सिंचाई की वैसी योजनाओं को उच्च प्राथमिकता दी जानी चाहिए, जो आदिवासी एवं अन्य अविकसित समूहों पर सिंचाई सुनिश्चित करे।

(3) वैसी योजनाएँ, जो जमीन की सिंचाई कर सकते हैं, परंतु वह आदिवासियों की नहीं हैं, वे इस शर्त पर ली जानी चाहिए, यदि वह भूमि अन्य के द्वारा आदिवासियों से अधिगृहीत की गई हो तो वह भूमि वापस पुनः आदिवासियों को आवंटित करते हुए फिर सारी भूमि की सिंचाई की जाए।

(4) वैसे क्षेत्र जहाँ सिंचाई संभव नहीं है, यदि वहाँ पहले से ही सिंचित भूमि है, जो पूर्व में आदिवासियों की थी, उसे पुनः बाँट दिया जाना चाहिए।

(5) सिंचाई की माँग सार्वभौमिक है। जहाँ उपलब्धि का संबंध लोगों की आवश्यकता से नहीं जुड़ पाया है, यह अनुशंसा की जाती है कि—

(क) प्रत्येक राज्य में मध्य एवं लघु सिंचाई योजनाओं के सर्वेक्षण एवं क्रियान्वयन के लिए एक विशेष प्रमंडल की स्थापना की जानी चाहिए।

(ख) राज्य सरकार को आदिवासी क्षेत्रों में मध्यम एवं लघु सिंचाई

के कार्यों के लिए लक्ष्य निर्धारित करना चाहिए तथा इन योजनाओं के लिए सामान्य बजट में से पर्याप्त राशि सुरक्षित करनी चाहिए।

(ग) राशि के वापस हो जाने के संबंध में नियमों की समीक्षा कर उसमें परिवर्तन किया जाना चाहिए। राशि की वापसी के मसले को लोगों की परिस्थिति के आलोक में तय किया जाना चाहिए।

(घ) सभी सिंचाई के संसाधनों के जलाशयों एवं दीवारों की मरम्मत कर विकसित किया जाना चाहिए।

(ङ) सिंचाई कुओं का निर्माण पूरी तरह से आर्थिक सहयोग के रूप में किया जाना चाहिए।

(च) नहरों का विकास एवं विस्तार, बिजली की स्थापना एवं डीजल पंप तथा परसियन चक्र और चापा नलों की खुदाई, जहाँ संभव हो वहाँ किया जाना चाहिए।

(छ) आदिवासी क्षेत्रों में बागवानी एवं नगदी फसलों की काफी संभावनाएँ हैं। बागवानी को प्रोत्साहित करने के लिए कुछ अनुशंसा की जाती हैं—

(क) वन विभाग के अंतर्गत वर्गीकृत वैसी उपयुक्त जमीनें, जहाँ उपलब्ध हों, जहाँ वृक्ष न हों उसे व्यक्तिगत अथवा पंचायतों को बागवानी के लिए हस्तांतरित कर देनी चाहिए।

(ख) जमीन के धारक को वृक्षों एवं फलों पर पूर्ण अधिकार होना चाहिए।

(ग) बीज, पौधे एवं उर्वरक की आपूर्ति की व्यवस्था करनी चाहिए।

(घ) पौधों की सुरक्षा के लिए कीटनाशक एवं मशीनों की भी आपूर्ति की व्यवस्था होनी चाहिए।

(ङ) वन विभाग द्वारा निःशुल्क तकनीकी मार्गदर्शन दिया जाना चाहिए।

(च) जहाँ आवश्यक हो वहाँ संरक्षण इकाइयाँ स्थापित की जानी चाहिए।

(छ) परिवहन एवं बाजार की सुविधा भी दी जानी चाहिए।

आदिवासियों को सिंचाई की व्यवस्था होते ही महत्त्वपूर्ण जरूरत बैलगाड़ी की होती है। प्रत्येक क्षेत्र में उपयुक्त पशु प्रजनन फार्म के स्थापना की जरूरत होती है। इन प्रयोजनों के लिए प्रत्येक क्षेत्र में किस नस्ल के जानवरों की आवश्यकता है वह तय किया जाना चाहिए। भारतीय कृषि अनुसंधान परिषद् एवं कृषि एवं खाद्य मंत्रालय से इन सवालों पर जाँच के लिए कहा जा सकता है।

पशुपालन के विकास के लिए निम्नलिखित उपाय किए जाने का सुझाव दिया जाता है—

(1) आदिवासी प्रखंडों की एजेंसियों को सर्वेक्षण एवं विकास कार्यों में मार्गदर्शन एवं निर्देशन के लिए पशुपालन की उपयुक्त इकाइयों की स्थापना की जानी चाहिएं।

(2) प्रत्येक क्षेत्र में सुखी नस्लों के विकास के लिए केंद्रक पशु फार्म की स्थापना की जानी चाहिए।

(3) आदिवासी एवं अन्य लोगों के खान-पान की आवश्यकता का सर्वेक्षण, उन आवश्यकताओं को पूरा करने की संभावनाओं का आकलन तथा इसके लिए क्या किए जा सकते हैं, उसकी समीक्षा की जानी चाहिए।

(4) उन क्षेत्रों में पशुधन की सुरक्षा और विकास के लिए पशु स्वास्थ्य सेवा बहाल किया जाना चाहिए।

(5) आदिवासी क्षेत्रों में प्रजनन, भोजन एवं जंगली घास-पात को समाप्त करने की व्यवस्था होनी चाहिए।

(6) नस्लों के विकास तथा उसकी आर्थिक उपयोगिता की जानकारी के विस्तार के लिए वृहत् पैमाने पर प्रशिक्षण की व्यवस्था करना चाहिए।

(7) आदिवासी छात्रों के लिए सर्टिफिकेट, डिप्लोमा एवं डिग्री पाठ्यक्रमों का प्रशिक्षण दिया जाना चाहिए।

ग्रामीण एवं कुटीर उद्योग

कृषि की कम सशक्तता के कारण आदिवासियों के निचले जीवन स्तर एवं उनके फैलाव की समस्याओं को ग्रामीण एवं कुटीर उद्योगें के विकास के माध्यम से कम किया जा सकता है। कुटीर उद्योग आदिवासियों के सृजनात्मक गुणों को विकास कर उन्हें लाभदायक रोजगार प्रदान कर सकता है तथा कच्चे माल को प्रसंस्कृत वस्तु के रूप में परिवर्तित करने का मार्ग दिखा सकता है।

ग्रामीण एवं कुटीर उद्योग की महत्त्वपूर्ण समस्या है उचित निर्देशन एवं बड़े

पैमाने पर संगठन। संगठन एवं स्पष्ट नीति की कमी के कारण ग्रामीण एवं कुटीर उद्योग के विस्तार के लिए अधिकांशत: ऊपरी तौर पर ही पहल संभव हो पाता है। जिन उद्योगों के अच्छे बाजार हैं, उसकी संभावनाओं की बहुत कम प्रारंभिक सर्वेक्षण किए गए हैं।

आदिवासी क्षेत्रों में ग्रामीण उद्योगों को तीन वर्गों में बाँटा गया है—

(क) उपभोक्ता सामग्रियों का उद्योग,

(ख) प्रसंस्करण उद्योग तथा

(ग) हस्तशिल्प तथा कलाकृतियाँ।

उपभोक्ता सामग्रियों के उद्योग के बारे में हम सबसे पहले बात करते हैं तो आदिवासी गाँवों में बनाई गई वस्तुओं का बहुत अधिक बाजार नहीं है। उसी प्रकार हस्तशिल्प एवं कलाकृतियों के लिए भी जो बाह्य बाजार पर निर्भर है, सशक्त बाजार के सर्वेक्षण अथवा आकलन की आवश्यकता है। जहाँ ऐसे उद्योगों के अच्छे भविष्य की संभावना है, वहाँ मार्गदर्शी योजना पर्याप्त वित्तीय निवेश एवं प्रशिक्षण सुविधा के साथ प्रारंभ किया जा सकता है। यद्यपि प्रसंस्करण उद्योगों का भविष्य काफी उज्ज्वल है तथा ऐसे उद्योगों को संगठित करने की पहल की गई है, जैसे—आंध्र प्रदेश में विज्ञापनवाली पत्तियाँ, झाड़ू, टोकरियाँ तथा कई वृहत् एवं लघु वन उत्पाद।

जहाँ कच्चे माल एवं उनका बाह्य एवं भीतरी बाजार उपलब्ध हो वहाँ यह सिद्धांत अपनाया जाना चाहिए कि वहाँ की वस्तुएँ कच्चे माल के रूप में न जाएँ, बशर्ते कि उनके मूल्य अलाभकारी एवं घाटे के न हों एवं उसके परिवहन एवं तकनीकी समस्याएँ आदिवासी क्षेत्रों में प्रशासन के नियंत्रण के बाहर न हो।

वैसे तो तीनों प्रकार के उद्योगों के लिए प्रभावी संगठन की आवश्यकता मूलभूत बात है। इस परिस्थिति में प्रशासनीय बदलाव तभी हो सकता है, जब कोई संगठन सर्वेक्षण, अध्ययन एवं मार्गदर्शन के लिए पूरी तरह से समर्पित होकर कार्य करे।

यह स्पष्ट है कि खादी ग्रामोद्योग एवं अखिल भारतीय हस्तशिल्प बोर्ड बड़े हिस्से की जिम्मेदारी निभाने के लिए उपयुक्त एजेंसी हैं। बाकी कार्य ऐसे संगठनों के द्वारा कराए जा सकते हैं, जो उनके द्वारा दिए गए सुझावों के अनुसार प्रतिरूपित हैं।

इन उद्योगों को हर राज्य के प्रतिष्ठानों से जोड़ा जाना चाहिए, जिसका प्रतिनिधित्व ऐसी इकाई करे, जो कार्यक्षेत्र में सक्रिय एजेंसी को मार्गदर्शन देने, तकनीकी सहायता, प्रशिक्षण की सुविधा एवं आर्थिक सहायता के मामले में सहयोग

करे। कल्याण विभाग को राज्य बोर्ड की सहायता से एक कार्यक्षेत्र संगठन की स्थापना करनी चाहिए।

कुटीर उद्योगों के लिए काफी संख्या में उत्पादन एवं प्रशिक्षण केंद्र स्थापित किए गए हैं। कुछ स्थानों पर आदिवासी विकास प्रखंडों द्वारा खोले गए केंद्रों में भी आदिवासियों की अपेक्षा अन्य युवा काफी संख्या में हैं। यह देखा गया है कि क्षेत्र की आवश्यकता के नजरिए से तथा लोगों की मनोभावना के अनुसार आदिवासियों का चयन सावधानीपूर्वक नहीं किया गया है।

आदिवासी क्षेत्रों में चर्म उद्योग की शुरुआत नहीं होनी चाहिए, चूँकि आदिवासियों के बीच इसे एक सामाजिक बुराई के रूप में माना जाता है। पाठ्यक्रम समाप्त होने के बाद प्रशिक्षुओं के पुनर्वास के लिए की गई आगे की काररवाई के बारे में संतोषजनक दस्तावेजों का रख-रखाव नहीं किया गया।

कुटीर उद्योग के विस्तार के लिए असम, नेफा, नागालैंड, बिहार इत्यादि में संभावनाएँ व्याप्त हैं। उड़ीसा में हस्तकरघा, सूत कताई, बाँस के कार्य तथा रस्सी बनाने के कार्यों में काफी संभावनाएँ हैं। लाहौल तथा स्पीती एवं हिमाचल प्रदेश सभी प्रकार के ऊनी कपड़े की आपूर्ति कर सकते हैं, यदि उन्हें उद्योगों के रख-रखाव के लिए पर्याप्त मात्रा में उनकी आपूर्ति की जाती है।

मध्य प्रदेश तथा उड़ीसा भारतीय परिदृश्य में बीड़ी उत्पादन में अग्रणी हैं। आदिवासियों द्वारा क्यों तंबाकू प्रसंस्करण एवं बीड़ी उत्पादन नहीं किया जा रहा है, इसका कोई कारण नहीं है। पायलट योजनाएँ ली जानी चाहिए।

सामुदायिक विकास एवं आदिवासी विकास प्रखंड

जहाँ तक आदिवासी विकास प्रखंडों द्वारा आदिवासी क्षेत्रों को शामिल करने की बात है, चयनित क्षेत्रों में 66.6 प्रतिशत आदिवासी आबादी जो गृह मंत्रालय द्वारा निर्धारित किए गए हैं, वह बिलकुल निरंकुश है तथा पक्षपात को बढ़ावा देगा। विशेष आदिवासी बहुद्देशीय प्रखंड के लिए बनाई गई समिति ने इस संबंध में, जो मूल प्रस्ताव दिया था, वह ठोस था। वैसे सभी क्षेत्र जहाँ अनुसूचित जनजाति की आबादी की बहुलता है उसे आदिवासी विकास प्रखंड में शामिल करने के प्रयोजन से एक समूह में एकत्रित कर देना चाहिए तथा आर्थिक विकास, शिक्षा, स्वास्थ्य एवं संचार व्यवस्था के स्तर को पड़ोसी क्षेत्र की तुलना में उन्नत करने के लिए पहल की जानी चाहिए। इसीलिए आदिवासी क्षेत्रों के दायरे के बारे में पुनरीक्षण किया जाना चाहिए एवं आवश्यकता अनुरूप पुनर्समूहीकरण किया जाना चाहिए।

सामुदायिक विकास मंत्रालय एवं गृह मंत्रालय को इसके विस्तृत ब्योरा तैयार करने के लिए कार्य करना चाहिए। वैसी परिस्थिति में आदिवासी प्रखंड की परिधि 150 से 200 वर्ग मील होनी चाहिए तथा उसकी आबादी अनुमानत: 20000 हो। जहाँ इसकी सीमा पार हो गई है, वहाँ उस प्रखंड को पुनर्गठित करना चाहिए।

आदिवासी विकास प्रखंडों के लिए भी पूर्व विस्तारित अवस्था होनी चाहिए।

योजना बजट की शब्दावली को कुछ दूसरे शब्दावली में परिवर्तित होनी चाहिए, जो लचीला हो। यह आदर्श बजट अथवा निरूपित बजट भी कहा जा सकता है। प्रत्येक प्रखंड के लिए, प्रखंड विकास समिति द्वारा स्थानीय आदिवासी प्रखंड के अधिकारियों के परामर्श से यह बजट बनाया जाना चाहिए। कलक्टर उन्हें मार्गदर्शन दे सकता है, जो उन्हें उपयुक्त लगे।

प्रखंड कार्यक्रम के अंतर्गत शिक्षा के लिए उपलब्ध राशि का प्रशासकीय प्रबंधन शिक्षा विभाग द्वारा किया जाना चाहिए। राज्य सरकार को आदिवासी क्षेत्रों के सापेक्ष पिछड़ेपन को ध्यान में रखते हुए सामान्य राजस्व में से और अधिक राशि का निर्धारण शिक्षा के खर्च के लिए करना चाहिए।

प्रखंड के क्रियाकलापों की घोषणा करने से पूर्व क्षेत्र का प्रारंभिक सर्वेक्षण कराना अति आवश्यक है। राज्य सरकार को इस सर्वेक्षण के आधार पर जिला विकास समिति से सलाह कर कुछ महत्त्वपूर्ण विषयों, जैसे—आर्थिक विकास, संचार, स्वास्थ्य, शिक्षा तथा पेयजल आपूर्ति इत्यादि के लिए सामान्य प्राथमिकता इंगित करना चाहिए। राज्य सरकार द्वारा प्राथमिकताओं पर दिए गए सुझाव, योजना के कर्मचारियों एवं स्थानीय लोगों के लिए मार्गदर्शन होगा। यद्यपि वे उन प्राथमिकताओं के क्रम को बदलने के लिए अपना विचार दे सकते हैं। ऐसा करते समय योजनाओं की पुनरावृत्ति को रोकने के लिए सावधानी बरतनी चाहिए। कुछ चयनित योजनाओं, जिसकी जरूरतों की मान्यता हो, उससे संबंधित बातों पर महत्त्व दिया जाए। आर्थिक विकास से संबंधित योजनाओं में उसके रोजगार के सृजनशीलता की शर्तों पर महत्त्व दिया जाना चाहिए। कृषि, पशुपालन, वन तथा उद्योगों के क्षेत्र में समेकित विकास का कार्यक्रम लिया जाना चाहिए।

योजना के कर्मचारियों को सक्रिय करने तथा उन्हें जरूरी सहायता उपलब्ध करने तथा प्रखंड विकास समिति को सुझाव के माध्यम से इस कार्यक्रम के सफल क्रियान्वयन की जिम्मेदारी कलक्टर की होनी चाहिए। सभी योजनाओं के लिए कलक्टर को यह शक्ति प्रदत्त होनी चाहिए कि वह राज्य सरकार की ओर से सभी योजनाओं के लिए अनुमोदन देने में सहमत हो सके अथवा योजना में किसी प्रकार

के परिवर्तन आदेश दे सके।

आदिवासी विकास प्रखंड से एक वन प्रसार पदाधिकारी जुड़ा होना चाहिए। ग्रामसेवक की जिम्मवारी संतुलित होने चाहिए। वह इस स्थिति में हो कि खेती के मौसम में कम-से-कम 15 दिनों में एक बार हर गाँव का परिभ्रमण कर सके। एक ग्रामसेवक के लिए स्थानीय भाषा की जानकारी होना अतिआवश्यक योग्यता होनी चाहिए।

कर्मचारियों के क्रमिक पहचान बनाने के दृष्टिकोण से एक प्रखंड को न्यूनतम कर्मचारियों से प्रारंभ करना चाहिए, जैसे—योजना कार्यपालक पदाधिकारी, कृषि प्रसार पदाधिकारी, मृदा संरक्षण पदाधिकारी, चिकित्सा पदाधिकारी तथा सहायक अभियंता।

कार्यक्रम की रूपरेखा के अनुसार प्रगति होने पर पशुपालन के लिए पशुचिकित्सा पदाधिकारी इत्यादि की नियुक्ति की जा सकती है।

ऋणग्रस्तता की समस्या

ऋणग्रस्तता का विस्तार एवं वसूली गई मद की दर के विश्वसनीय आँकड़े नहीं होने के कारण इस समस्या की विकरालता का अंदाजा नहीं लगाया जा सकता, न ही उसके प्रस्तावित निदान को सुनिश्चित किया जा सकता है। इसीलिए हम सुझाव देना चाहेंगे कि पहले कदम के रूप में राज्य सरकार द्वारा तुरंत आदिवासी क्षेत्रों में ऋणग्रस्तता की मात्रा, वर्तमान में लागू कानून-व्यवस्था के उल्लंघन की प्रवृत्ति तथा ऋण लेन-देन में शोषक तत्त्वों की सीमा जाँचने के लिए एक सैंपल सर्वे कराया जाना चाहिए।

यह भी आवश्यक है कि राज्य सरकार, वहाँ विद्यमान बंधुआ मजदूरी पर एक जाँच प्रारंभ कराए। बंधुआ मजदूरों को मौखिक, रूढ़िगत, प्रचलित अथवा लिखित इकरारनामा के द्वारा ऋणग्रस्तता की स्थिति में तुरंत विधेयक पारित किया जाना चाहिए एवं इकरारनामा को समाप्त करते हुए, ऋण को समाप्त कर मजदूरों को मुक्त कराना चाहिए। ऋण के जीवित रहने की समस्या से आदिवासी महाजनों के खिलाफ खड़े होने की स्थिति में नहीं रहेगा। इस तरह के एक इकरारनामा की घोषणा होनी चाहिए कि यह न केवल गैरकानूनी है, बल्कि गंभीर दंडनीय अपराध है।

जब आयोग उनके ऋण के संबंध में अलग से कुछ नहीं करना चाहता हो एवं आदिवासी, जिससे संचालित होते हैं उसके अक्षम हो जाने की स्थिति में ऋण देनेवालों को लाइसेंस के माध्यम से प्रभावी रूप से नियंत्रित करने एवं प्रमाणित

लेखा-पुस्तिका तथा इसकी सामयिक जाँच के द्वारा अपने को जिम्मेवार बनाने की कारखाई की अपेक्षा की जाती है।

पुराने ऋण के संबंध में आयोग निम्नलिखित उपाय किए जाने की अनुशंसा करती है—

1. विधेयक के द्वारा ऋणदाता को सभी आदिवासी ऋण लेनेवालों के विरुद्ध सभी दावों को समय सीमा के अंदर दाखिल करने के लिए कहा जाना चाहिए। तत्पश्चात् कारखाई करने का अधिकार प्राप्त करना चाहिए एवं ऋण को समाप्त माना जाना चाहिए।
2. ऋणदाता को उसके सभी बही-खातों अथवा अन्य सभी प्रमाणों को उपस्थित करने को कहा जाना चाहिए एवं उसे उसके दावे को न्यायालय में जमा करना चाहिए।
3. दावे के साथ अदालत में जमा नहीं किए जानेवाले लेखा-बही दस्तावेज अथवा किसी प्रकार का लिखित प्रमाण बाद में सबूत के तौर पर स्वीकार नहीं किए जाने चाहिए।
4. ऋण एवं उसकी प्राप्त राशि को प्रमाणित करने की जवाबदेही ऋणदाता की होनी चाहिए। बिना किसी बही-खाते के, जो व्यापार के क्रम में निरंतर रखे जाते हैं, मौखिक सबूत को पर्याप्त नहीं माना जाना चाहिए। आदिवासियों के मामले में सिर्फ लिखित प्रतिज्ञा को पर्याप्त प्रमाण नहीं माना जाना चाहिए।
5. सूद की दर निर्धारित होनी चाहिए। सभी भुगतान पहले सूद के विरुद्ध दर्ज होने चाहिए तब बाकी भुगतान ऋण के विरुद्ध। दाम-दुपट का सिद्धांत लागू किया जाना चाहिए। लेखा आसान सूद के आधार पर तैयार किया जाना चाहिए, न कि कंपाउंड सूद के आधार पर। जहाँ ऐसा कोई प्रावधान है वहाँ कंपाउंड सूद की दर सलाना दर के आधार पर तय किया जाना चाहिए। यदि ऐसी लेखा तैयार करने पर ऋण लेनेवालों के द्वारा भुगतान की गई राशि ऋण एवं सूद की राशि से अधिक हो जाती है तो ऐसी परिस्थिति में ऋणदाता के पक्ष में अधिक राशि को ध्यान में रखकर एक निर्णय पारित किया जाना चाहिए। सरकार द्वारा अपने कोष से इस ऋण को समाप्त करने की जिम्मेदारी नहीं ली जानी चाहिए।
6. ऋणदाता के नाम बकाया कोई भी राशि का भुगतान किश्तों में आसान सूद के आधार पर किया जाना चाहिए। उधार लेने से न केवल अपनी, बल्कि

अपने आनेवाली पीढ़ी को होनेवाली क्षति के बारे में गैर-सरकारी संस्थाओं को आदिवासियों को शिक्षित बनाने की जिम्मेदारी लेनी चाहिए।

सहकारिता

यदि सहकारिता आंदोलन को आदिवासी क्षेत्रों में बढ़ाना है तो इसे निम्नलिखित बातों से संबंधित होना चाहिए—

1. बकाए ऋण की समाप्ति,
2. आदिवासियों की रोजमर्रा की जरूरतों के साथ गैर-उत्पादन आवश्यकताएँ तथा
3. विकास की आवश्यकताएँ।

बकाए ऋण के संबंध में ऋण को निम्न स्तर में ले जाने एवं किश्तों में भुगतान का सुझाव दिया जा चुका है। वर्तमान जरूरतों के सवाल पर केंद्र सरकार को आदिवासी क्षेत्र में विद्यमान सभी प्रकार के शोषण को समाप्त करने के दृष्टिकोण से पर्याप्त वैकल्पिक ऋण के प्रावधानों पर दृढ़ निर्णय लेना चाहिए। जब तक आदिवासी आर्थिक कार्यों में आधुनिक दुनिया की तरह अनुभव प्राप्त नहीं करते एवं परिपक्व नहीं हो जाते, उन्हें सामाजिक प्रयोजनों के लिए ऋण की व्यवस्था की जानी चाहिए।

कोपरेटिव सोसाइटी ऐक्ट में ऐसा कोई प्रावधान अथवा नियम नहीं है, जो सामाजिक रीति-रिवाजों अथवा अन्य दायित्वों के लिए पैसे उधार लेने से रोकता हो। जैसे-जैसे आदिवासियों की आर्थिक स्थिति मजबूत होगी, ऋण लेने की प्रक्रिया धीरे-धीरे रुक जाएगी। विभिन्न राज्यों से प्राप्त स्थितियों के आलोक में उत्पादक एवं गैर-उत्पादक ऋण का अनुपात सावधानीपूर्वक निश्चित किया जा सकता है। यह पहल क्यों सफल नहीं हो पा रहा है, इसका कोई कारण नजर नहीं आता, बावजूद इसके कि सहकारी संस्थाओं के पास उत्पादों का प्रभावी अधिकार है।

आदिवासियों की जरूरतों को पूरा करने के लिए सहकारी नियमों को संशोधित करना होगा। जो आदिवासी सदस्य के रूप में जमीन का साझा मालिक है अथवा उनके मुखिया के नाम जमीन हो, वैसे लोगों के मामले में जिनकी जमीनें जमानत के रूप में बंधक रखी गई हैं अथवा जो रैयत के रूप में उस जमीन पर खेती कर रहे हैं, जो पूर्व में कभी उनकी अपनी जमीनें थीं, उन्हें ऋण के पैसे उनके उत्पाद की जमानत पर दिए जा सकते हैं। सहकारी समितियों को यह प्रभावी अधिकार दिए जाने चाहिए।

आदिवासियों की ओर से ग्रेन गोला की माँग काफी मजबूती से उठाई जाती

रही है। यह अत्यंत आवश्यक है कि ग्रेन गोला की संख्या बढ़ाई जाए एवं उनमें से हरेक के कार्य क्षेत्र को कम कर दिया जाए। साथ-ही-साथ ग्रेन गोला के भंडार को पर्याप्त रूप से बढ़ाई जाए, ताकि सदस्यों की संपूर्ण आवश्यकताओं को पूरा किया जा सके, जो वर्तमान में आंशिक रूप से ग्रेन गोला पर एवं आंशिक रूप से अन्य स्रोतों से अपनी जरूरतों को पूरा करते हैं, साधारणतया पैसे उधार लेनेवाले। योजना को प्रभावी बनाने के लिए समय-समय पर उचित जाँच एवं निरीक्षण कार्य करने की जरूरत है। यह आशा की जाती है कि ग्रेन गोला को ऋण के रूप में पैसे देने के लिए नकद शाखा के रूप में विकसित होना चाहिए।

सहकारी ऋण समिति ने वर्तमान में, जो सहकारी समितियाँ हैं उन्हें पुनः सशक्त बनाने के लिए प्रबंधन, लेखा एवं लिपिकीय सेवा से जुड़े लोगों, संगठन के स्वरूप तथा सरकार की भागीदारी पर प्रशिक्षण इत्यादि कई तरीके सुझाए हैं। इन अनुशंसाओं को सुविधाजनक परिवर्तन के साथ आदिवासी क्षेत्र में सहकारिता आंदोलन विकसित करने के लिए अपनाया जा सकता है। कृषि ऋण की नीति के तहत आदिवासी अर्थव्यवस्था पर पहल करते हुए भारतीय रिजर्व बैंक में एक अलग विभाग होना चाहिए। रिजर्व बैंक ऑफ इंडिया में विभाग की स्थापना सन् 1935 में की जा चुकी है।

प्रत्येक राज्य में सहकारिता तंत्र के प्रसार के लिए प्रोत्साहन एवं प्रायोजक एजेंसी होनी चाहिए। प्रायोजित करनेवाली निकाय को आदिवासी उत्पाद एवं वस्तुएँ क्रय करने का काम अपने जिम्मे लेते हुए क्षेत्र में बिचौलियों को हटाने के उद्देश्य से उनकी जरूरत के अनुरूप बेचने एवं उन्हें ऋण प्रदान करने का काम शुरू करना चाहिए। प्रायोजकों एवं सरकार के बीच संबंध को सरकार के द्वारा निरूपित किया जा सकता है। परंतु शुरुआती अवस्था में संगठन, व्यापार एवं वित्तीय जिम्मेदारी सरकार के ऊपर होनी चाहिए।

सामान्यतया आदिवासियों को एवं विशेष रूप से समिति के सदस्यों को सहकारिता की शिक्षा दी जानी चाहिए।

प्रत्येक गाँव में एक सहकारी संस्था हो, जिसमें कम-से-कम हर परिवार का एक सदस्य समिति का सदस्य हो।

संस्था को आर्थिक विकास के सभी क्षेत्रों को आर्थिक विकास के समेकित कार्यक्रम के हिस्से के रूप में समाविष्ट करना चाहिए, जैसे—कृषि, पशुपालन, वन एवं उपभोगता सामग्रियों के प्रसंस्करण साथ-ही-साथ अन्य ग्रामीण उद्योगों एवं हस्तशिल्प इत्यादि।

सदस्यों के उत्पाद में प्रभावी परिवर्तन लाने के लिए सहकारी संस्था के कानून को संशोधित करना चाहिए।

सदस्यों को न्यूनतम ऋण उनकी जमीन पर फसल उगाने की क्षमता के आधार पर निर्धारित किया जाना चाहिए, न कि उनकी जमीन के क्षेत्रफल अथवा किराए के आकलन के गुणन के आधार पर।

ऋण को बाजार के साथ जोड़ने के लिए कदम उठाए जाने चाहिए। आदिवासी क्षेत्रों को ध्यान में रखते हुए ऋण की प्रक्रिया सरल होनी चाहिए।

सामाजिक जिम्मेदारियों को पूरा करने के लिए विशेषकर भूमिहीन आदिवासियों के लिए ऋण की माँग को पूरा करने के लिए एक बचत कोष बनानी चाहिए। वैसे क्षेत्रों में जहाँ नष्ट होनेवाली वस्तुओं, जैसे फल इत्यादि के भंडारण एवं बाजार की समस्या हो वहाँ बाजार समितियों को प्रसंस्करण एवं संरक्षण इकाइयों की स्थापना करनी चाहिए।

यह देखना चाहिए कि अमीर अथवा प्रभावी वर्ग के लोग सहकारी संस्थाओं पर हावी न हों तथा मुनाफे पर एकाधिकार न कर लें।

शैक्षणिक विकास

आदिवासी बच्चों की शिक्षा गैर-आदिवासी बच्चों की शिक्षा के समकक्ष पहुँचाना शिक्षा मंत्रालय से संबंधित है। वैचारिक स्तर पर गृह मंत्रालय को भी शामिल होना चाहिए। हमारा सुझाव है कि समितियों का एक बोर्ड की स्थापना होनी चाहिए, जो उपरोक्त सवालों पर अध्ययन करे तथा प्रभावी एवं अबाधित तरीके से कार्य सुनिश्चित करने के लिए प्रक्रियाओं का सूत्रीकरण करे। आदिवासी क्षेत्रों में एक तरीका, एक नीति एवं संचालन की एक दिशा होनी चाहिए। चूँकि प्राथमिक एवं माध्यमिक शिक्षा राज्य सरकार की जिम्मेदारी है, अतः उन्हें पूरी जिम्मेदारी लेनी चाहिए।

विद्यालयों को मान्यता देने एवं उन्हें सहायता अनुदान देने में राज्य सरकार को अपने आप में संतुष्ट होना चाहिए कि कोई भी संस्था, जो सहायता अनुदान प्राप्त कर रहे हैं अथवा उन्हें मान्यता दी गई है, वे शिक्षकों की नियुक्ति के मामले में अथवा छात्रों के नामांकन में जाति, धर्म अथवा समुदाय के नाम पर पक्षपात न करता हो।

हम यह अनुभव करते हैं कि छोटे गाँवों में, जो बस्तियों से थोड़े बड़े हैं एवं दूरस्थ हैं स्कूल अथवा छात्रावास स्थापित करने में कठिनाई होती हैं। कभी भी एक

जगह पर 30 से ज्यादा स्कूल जानेवाले बच्चे नहीं मिलते। अतः स्कूल कभी गाँव से एक मील से ज्यादा दूरी पर अवस्थित नहीं होनी चाहिए। किसी भी परिस्थिति में एक बच्चे को स्कूल जाने के लिए 2 मील से ऊपर पैदल चलने की आवश्यकता नहीं होनी चाहिए। अन्य मामले में स्कूल के साथ छात्रावास भी जुड़ा होना चाहिए।

अवकाश एवं छुट्टियाँ स्थानीय स्तर पर खेती-बारी, वन से संबंधित क्रियाकलापों एवं सामाजिक पर्व-त्योहारों के साथ मेल खाने चाहिए। विद्यालय का समय एवं पढ़ाई की अवधि तय करते समय लोगों की जरूरतों का खयाल रखा जाना चाहिए। शिल्पकला एवं तकनीकी पर आधारित शिक्षा को महत्त्व दिया जाना चाहिए तथा जहाँ तक संभव हो आवासीय विद्यालय के विचार को प्रोत्साहन देना चाहिए। चित्रांकन एवं कला की पढ़ाई विद्यालय के पाठ्यक्रम का हिस्सा होना चाहिए। आदिवासी बच्चों का विद्यालय के क्रियाकलापों के द्वारा अपनी सृजनशीलता की इच्छा को संतुष्ट करने का पूरा अवसर दिया जाना चाहिए।

लोकगीतों, लोककथाओं एवं पहेलियों की पढ़ाई को दरकिनार नहीं किया जाना चाहिए। पाठ्यक्रम के हिस्से के रूप में आदिवासी खेल तथा धनुर्विद्या के साथ-साथ आदिवासी संगीत एवं नृत्य का आयोजन किया जाना चाहिए।

प्राथमिक शिक्षा समाप्त हो जाने के बाद भी आदिवासियों को आगे के अध्ययन के लिए रात्रि पाठशाला के रूप में सुविधाएँ मुहैया करानी होगी।

यह आवश्यक है कि सामान्य विद्यालय, बेसिक स्कूलों एवं दूसरे स्कूलों के बीच भेदभाव को यथासंभव कम किया जाना चाहिए। किसी भी परिस्थिति में एक अनुसूचित जनजाति के विद्यार्थी को इस स्थिति में नहीं रखना चाहिए कि वह ऊँचे स्तर पर प्रवेश नहीं पा सके, क्योंकि उसने अलग तरह के स्कूल से पढ़ाई की है।

प्राथमिक विद्यालयों के उपस्कर में निरंतर वृद्धि होनी चाहिए। पढ़ाई में घरेलू वातावरण का प्रभाव डालने के दृष्टिकोण से क्लास रूम में स्थानीय वनस्पतियों, पक्षियों एवं पशुओं के चित्रों का प्रदर्शन किया जाना चाहिए। विद्यालय का ढाँचा एवं साज-सज्जा आदिवासी शैली में होना चाहिए। क्लास रूम ऐसा हो कि हमेशा प्रसन्नता का अनुभव हो। क्लास रूम को जर्जर नहीं होना चाहिए।

तकनीकी शिक्षा के लिए पर्याप्त विस्तार होना चाहिए। पाठ्यक्रम में सर्टिफिकेट पाठ्यक्रम, डिप्लोमा एवं डिग्री पाठ्यक्रम तथा कृषि अभियंत्रण को शामिल किया जाना चाहिए। जहाँ तक संभव हो प्रत्येक जिले में एक तकनीकी शिक्षा केंद्र होना चाहिए। सर्टिफिकेट कोर्स का विस्तार एक अतिमहत्त्वपूर्ण आवश्यकता है। बालकों के लिए सिंचाई पंप के मोटर मैकेनिक, मोटर ड्राइवर एवं फिटर की कार्यशाला

प्रशिक्षण की व्यवस्था की जानी चाहिए। इनके कारीगरों एवं कार्यशाला जैसे पाठ्यक्रमों की माँग है, जो चलाने में काफी सस्ती है तथा प्रशिक्षित कारीगरों को बड़े पैमाने पर रोजगार प्रदान करेगी।

स्कूलों में पढ़ाई के माध्यम के संबंध में प्रथम दो वर्षों में स्कूल के पाठ आदिवासी बोली में मौखिक रूप से दिया जाना चाहिए, ताकि आदिवासी बच्चे और बच्चियाँ पाठ को समझ सकें। शिक्षक को पूर्ण रूप से आदिवासी भाषा जानना चाहिए, ताकि पाठ को तृतीय वर्ष में क्षेत्रीय भाषा में पढ़ाया जा सके।

इस समाधान का यह परिणाम न हो कि लोग मुख्य आदिवासी भाषा भूल जाएँ। भारतीय संविधान की धारा 305 ए के तहत प्रत्येक राज्यों तथा राज्य के भीतर स्थानीय प्राधिकारों को स्थानीय शिक्षा के स्तर पर भाषायिक अल्पसंख्यक समूह के बच्चों को मातृभाषा में शिक्षा के लिए प्रर्याप्त सुविधा प्रदान करना चाहिए।

ऐसा कहना कि आदिवासी भाषाओं में पाठ्यक्रम तैयार करना असंभव है, उनमें से कई जो न्यायसंगत बातें नहीं हो सकती हैं। छोटे-छोटे समूहों की बोली में किताबें तैयार करने की जरूरत नहीं हैं। बड़ी आदिवासी भाषाओं के ऊपर ध्यान देने का निर्देश दिया जाना चाहिए, जो बड़ी संख्या में लोगों द्वारा बोली जाती हैं।

पाठ्य-पुस्तकों के सवाल को दो दृष्टिकोणों से देखा जा सकता है। जैसे लिपि एवं विषय-वस्तु। पाठ्य-पुस्तकों के संबंध में उनके उद्देश्यों की निष्ठा को नहीं छिपाया जाना चाहिए। आदिवासी बच्चों से आजकल राज्य में बनाई गई सामान्य पुस्तकों को पढ़ने की अपेक्षा की जाती है। सामान्य पुस्तकों में भी ऐसे पाठ्यक्रम शामिल किए जाने चाहिए, जो आदिवासियों की जीवनी, उनकी लोककथाएँ, संगीत, इतिहास तथा सामाजिक, राजनीतिक एवं धार्मिक क्षेत्र के महत्त्वपूर्ण व्यक्तियों का वर्णन करे। इन विषयों को पाठ्य-पुस्तकों में बुना जाना चाहिए।

बढ़ती हुई संख्या में शिक्षित बेरोजगार किताबें, परचे तथा पत्रिकाओं में आलेख लिखना आरंभ कर रहे हैं। यह नया साहित्य हमेशा लोगों की पुरानी मातृभाषा में होती है। यह आदिवासी भाषाओं को स्कूल स्तर पर महत्त्व देने के पक्ष में दूसरा तर्क है। यह आंदोलन हमें कई बहुमूल्य चीजें प्रदान कर सकते हैं तथा आदिवासियों को आत्म-अभिव्यक्ति का लाभ प्राप्त करने में मदद करने के लिए अनमोल साबित हो सकता है। यह हरसंभव तरीके से प्रोत्साहित किया जाना चाहिए।

मध्याह्न भोजन, कपड़े एवं छोटी मात्रा में बालिकाओं के लिए पॉकेट मनी कम-से-कम दो रुपए प्रतिमाह, निःशुल्क पुस्तकों की आपूर्ति, स्लेट तथा लेखन सामग्रियों का पर्याप्त प्रावधान निश्चित तौर पर आदिवासी बच्चे-बच्चियों को

अधिक संख्या में स्कूल जाने के लिए आकर्षित करेंगे।

यह सुझाव दिया गया कि जहाँ शिक्षा की प्रगति किसी भी इलाके में प्रथम योजना के स्तर से नीचे है अनुमानत: आदिवासी विकास प्रखंडों के आकार का, तब छात्रवृत्ति की संख्या बढ़ा देनी चाहिए। छात्रवृत्ति की निरंतरता एवं देर होने के संबंध में कई शिकायतें हो चुकी हैं। यह सुनिश्चित करने के लिए कि छात्रों को प्रत्येक माह छात्रवृत्ति मिल जाए, इसे शिक्षकों के साथ भेजा जा सकता है।

आदिवासी क्षेत्रों में शिक्षकों को आदिवासी जीवन एवं संस्कृति की पूर्ण जानकारी होनी चाहिए। यह अतिमहत्त्वपूर्ण है कि शिक्षकों को आवास दिया जाना चाहिए एवं एक स्कूल में उनकी एक निश्चित अवधि तक पदस्थापना होनी चाहिए। ठहरने के आवासीय व्यवस्था के ऊपर उन्हें अतिरिक्त प्रोत्साहन दिया जाना चाहिए।

इन क्षेत्रों के शिक्षकों के लिए राज्य में अलग कलेंडर 20 वर्षों के लिए होना चाहिए। जैसे ही क्षेत्र विकसित होता है, संचार सुविधाएँ विकसित होती हैं तथा परिस्थिति सामान्य स्तर पर पहुँच जाती है, कलेंडर को समाप्त कर देना चाहिए।

सातवीं तथां आठवीं कक्षा पास लड़के-लड़कियों को शिक्षक के रूप में प्रशिक्षित कर आदिवासी क्षेत्रों के स्कूलों में नियुक्त करना चाहिए। इस सीमा तक साधारण नियमों एवं परिस्थितियों में छूट देनी चाहिए। वैसे छात्रों के लिए विशेष अल्पावधि के प्रशिक्षण की छूट होनी चाहिए। आंध्र प्रदेश के सुदीमल्ला शिक्षक प्रशिक्षण केंद्र में प्रार्थी गाँव के स्कूल से चुने जाते हैं। जिन्होंने चौथी कक्षा तक अध्ययन किया है तथा वे प्रशिक्षण में छठी कक्षा तक शिक्षित किए जाते हैं। विशेष शिक्षक प्रशिक्षण एक साल तक दिए जाते हैं तथा सफल प्रार्थी को गाँव के शिक्षक के रूप में नियुक्त किया जाता है। प्रशिक्षण के क्रम में प्रशिक्षाणार्थी को छात्रवृत्ति के रूप में 20 रुपए प्रतिमाह भुगतान किए जाते हैं। यह एक अच्छा प्रयोग है, जिसका सावधानीपूर्वक अध्ययन किया जाना चाहिए।

अधिक प्रभावी निरीक्षण तंत्र के लिए संगठन तंत्र होना चाहिए। अनिच्छा से कार्य करनेवाले शिक्षकों पर कठोर अनुशासनात्मक कारवाई किया जाना चाहिए। शिक्षकों की पदस्थापना प्रखंड अथवा योजना अधिकारी के प्रशासनिक नियंत्रण में होनी चाहिए, जो अन्य अधिकारियों के अलावा शिक्षकों के साथ अधिक-से-अधिक सीधे संपर्क में रहेंगे।

अनिवार्य प्राथमिक शिक्षा के प्रारंभ करने से पहले प्राधिकारों को उनकी योग्यता एवं अनुभवी शिक्षकों की उपलब्धता सुनिश्चित करनी चाहिए, जो स्थानीय भाषा जानते हैं। उनके पास अन्य सुविधाएँ, जो पहले से बताई गई हैं, के अलावे

जरूरी पाठ्य-पुस्तकें तैयार रहनी चाहिए। यदि अनिवार्य शिक्षा क्षेत्रों में प्रारंभ किए जाते हैं तो मध्याह्न भोजन, पुस्तकों की आपूर्ति, स्लेट तथा लेखन सामग्री प्रदान किए जाएँगे। गहन प्रचार अभियान आयोजित किए जाएँगे।

आदिवासी छात्र सेकेंडरी तथा कॉलेजों में प्रवेश पाने में कुछ कठिनाइयों का अनुभव करते हैं। जहाँ कॉलेज के मानदंड को नीचे नहीं किया जा सकता है, वहाँ यह महसूस किया जाता है कि उनके लिए परीक्षा के पहले विशेष कोचिंग की व्यवस्था होनी चाहिए। आदिवासी छात्रों को उनके न्यूनतम शैक्षणिक योग्यता दिखाए जाने पर उन संस्थाओं में प्रवेश दिया जाना चाहिए। कोचिंग के लिए आवश्यक सुविधाएँ प्रदान की जा सकती हैं, उसके बाद वे टेस्ट में शामिल हो सकते हैं।

आडियो-विजुअल शिक्षा की आदिवासी क्षेत्रों में शुरुआत नहीं की जा सकती है। सभी आदिवासी बोलियों को समाहित करने में आवागमन एवं वित्त की कमी है। प्रारंभ में बिना आवाज के सिर्फ विजुअल प्रदर्शन के साथ स्थानीय भाषा में मौखिक रूप से विषय-वस्तु का विवरण दिया जा सकता है।

कुछ आदिवासी समूह हैं, जो तुलनात्मक रूप से अति अविकसित परिस्थिति में भी बोलते हैं। वे शिक्षा के फायदे के प्रति सजग नहीं हैं। ऐसे समूहों के बारे में राज्य सरकार को विशेष कदम बढ़ाते हुए विशेष प्रयत्न करना चाहिए। घुमंतू आदिवासी भी इसी वर्ग में आएँगे। साधारण स्कूल इस वर्ग के लोगों की शिक्षा के स्तर को ऊपर उठाने में पर्याप्त नहीं होंगे। सरकार को ऐसे मामलों में उन्हें किताब, कपड़े, भोजन इत्यादि आपूर्ति करने की जिम्मेदारी लेनी चाहिए।

स्वास्थ्य

आदिवासियों को चिकित्सा एवं स्वास्थ्य की पर्याप्त सुविधा नहीं मिलने के मुख्य चार कारण हैं—

(क) सही कदम उठाने की जरूरत,

(ख) अधिकारियों की समस्याएँ,

(ग) पर्याप्त संचार व्यवस्था तथा

(घ) दवाइयाँ आपूर्ति के संबंध में नियम।

सबसे प्रमुख कठिनाई आदिवासियों को यह समझाने की है कि वे जड़ी-बुटियों एवं अपने डॉक्टरों को तरजीह न देकर, मेडिकल इलाज कराएँ। जरूरी बात यह है कि चिकित्सा कर्मचारी आदिवासी औषधियों एवं आदिवासी वैद्यों के प्रति सही रवैया रखें। सबसे सफल डॉक्टर उनमें से हो सकते हैं, जो लोगों के विश्वास को जीतने के

लिए इस बात पर रुचि लें कि वे चिकित्सा समाजशास्त्र को क्या कह सकते हैं, ऐसे चीजों में जैसे आदिवासी औषधीय संस्कार ग्रंथ, स्वास्थ्य पर सपनों के प्रभाव पर आदिवासी सिद्धांत, रोगों को जानने के आदिवासी तरीके इत्यादि।

डॉक्टर आदिवासी क्षेत्रों में अति विपरीत परिस्थितियों में कार्य कर रहे हैं। उनके कार्य को आसान बनाने के लिए सरल नियम एवं प्रक्रियाएँ बनाई जानी चाहिए, ताकि वे अपने कार्यों को बड़े दायरे में फैला सकें। भीतरी क्षेत्रों में औषधियों की आपूर्ति के उद्‌देश्य से वर्तमान प्रक्रिया अत्यंत निराशाजनक है।

चिकित्सा अधिकारियों एवं प्रशिक्षित नर्सों की बहुत बड़ी कमी है एवं आनेवाले कुछ समयों तक यह स्थिति बनी रहेगी। अब चिकित्सा कार्यों में जुड़े पुरुषों एवं महिलाओं को आदिवासी क्षेत्रों में कार्य करने के लिए आकर्षित किया जाए। वहाँ आवास, बच्चों की शिक्षा एवं बाहरी दुनिया से संपर्क स्थापित करने की कठिनाइयाँ हैं। इन सभी को पैसे के माध्यम से गिनती नहीं की जा सकती। साधारणतया छुट्टियों के नियमों एवं सेवा के संबंध में नियमों में सुधार किया जाना चाहिए। इस सवाल को दो दृष्टिकोण से अध्ययन किया जाना चाहिए—आदिवासी क्षेत्रों में कार्य करनेवाले अधिकारियों के प्रति सहानुभूति तथा समस्याओं की आवश्यकताओं के प्रति सजगता। आदिवासी क्षेत्रों की जरूरत के लिए 20 वर्षों तक चिकित्सा पदाधिकारियों का विशेष कैडर बनाए जाने पर समस्या का निदान हो सकता है। हम ऐसा नहीं सोचते हैं कि सरकार समतल क्षेत्रों की शर्तों के अनुसार आदिवासी क्षेत्रों में जरूरी अधिकारियों की सेवा ले सकती है। बावजूद इसके शायद प्रमुख लोगों के लिए हम सोचते हैं कि यह व्यावहारिक पहल है।

स्थानीय लोगों को प्रशिक्षित करने का प्रयत्न किया जाना चाहिए। एक समय ऐसा आएगा, जब वे अपने अस्पतालों में अपनी सेवा दे सकेंगे और यह 20 वर्षों में होगा। जब उनके पारिश्रमिक में कोई अंतर नहीं होगा तब वे 20 साल के बाद आदिवासी नियुक्तियों को सरकार की शर्तों एवं स्थितियों के अनुसार, जिसे सरकार अनुकूल मानती है, साधारण कैडर में रखे जा सकते हैं। यह परामर्श दिया जाता है कि आदिवासी क्षेत्रों के स्थायी डिस्पेंसरी एवं अस्पताल खोलने के बदले बड़ी संख्या में चलंत डिस्पेंसरी एवं स्वास्थ्य इकाई की शुरुआत करनी चाहिए। इस तरह से बड़े क्षेत्र में बड़ी संख्या में लोगों तक पहुँचा जा सकता है। चलंत चिकित्सा इकाई की संख्या को पर्याप्त रूप से बढ़ाना चाहिए एवं समान रूप से उसमें आवश्यक सुरक्षा इकाई होनी चाहिए, जैसे मलेरिया की सुरक्षा के लिए डी.डी.टी. का छिड़काव, टी.बी. के लिए बी.सी.जी. टीकाकरण, टीका के माध्यम से हैजा

जैसी महामारियों पर नियंत्रण, दूध की आपूर्ति एवं जरूरतमंद बच्चों एवं माताओं के लिए विटामिन उपलब्ध कराने के लिए कार्य करना चाहिए।

चलंत इकाई में प्रोजेक्टर, फिल्म एवं पठन सामग्रियों से युक्त एक प्रचार इकाई भी होनी चाहिए। चलंत इकाई के पास आयुर्वेदिक, होमियोपैथी तथा आधुनिक सभी आवश्यक दवाइयाँ होनी चाहिए। इस प्रकार बहुद्देशीय चलंत चिकित्सा इकाई आदिवासियों की चिकित्सा आवश्यकताओं को पूरा करने के लिए बहुत दूर तक जाएगी। आधुनिक डॉक्टरों की कमी होने पर राज्य सरकार वैज्ञानिक तरीके से रोगों के इलाज की जरूरत को पूरा करने के लिए बड़ी संख्या में आयुर्वेदिक डिस्पेंसरी की स्थापना कर सकती है। आदिवासी, जड़ी-बूटी की औषधियों से निदान के आदी होते हैं, उन्हें जाँची एवं परखी हुई औषधियाँ उपलब्ध कराई जा सकती हैं।

दवाइयाँ रखने के लिए सभी पंचायतों, प्राथमिक विद्यालयों, माध्यमिक विद्यालयों एवं विश्राम घरों में संदूकें दी जानी चाहिए। यह संदूक, प्राचार्य अथवा पंच अथवा गाँवों के कार्यकर्ताओं के जिम्मे में दी जानी चाहिए। इन संदूकों को पुनः दवाइयों से भर दिए जाने का भी इंतजाम किया जाना चाहिए। इन संदूकों में साधारण, नुकसानरहित एवं प्रमाणित दवाइयाँ होनी चाहिए। इनकी देखभाल के लिए एक डॉक्टर को अधिकार दिया जाना चाहिए, जो समय-समय पर उनके कार्यों की जाँच एवं सर्वेक्षण करने के लिए भ्रमण करे।

आदिवासी क्षेत्रों में स्वास्थ्य शिक्षा अतिआवश्यक है। ऑडियो विजुअल उपकरणों के द्वारा एक विधिवत कार्यक्रम किया जाना चाहिए।

समाज कल्याण के लिए पेयजल की सुविधा हेतु एक अध्ययन दल की अनुशंसा को सहमति दी जाती है—

(क) सभी गाँवों में पेयजल कूप एवं स्वच्छ जल की आपूर्ति के लिए चरणबद्ध कार्यक्रम का आयोजन करना चाहिए। जनसंख्या एवं दूरी के आधार पर प्राथमिकता दी जानी चाहिए। किसी भी व्यक्ति को पेयजल के लिए अपने घर से चार फर्लांग से अधिक दूर जाने की जरूरत न हो।

(ख) ऐसे कुओं को स्वच्छ एवं अच्छी देखभाल होनी चाहिए।

(ग) इस कार्यक्रम में लोगों पर हिस्सेदारी के लिए दबाव नहीं डाला जाना चाहिए।

(घ) पर्वतों में पानी की धाराओं को पाइप से जोड़कर स्वच्छ पेयजल उपलब्ध कराया जाना चाहिए।

मातृत्व एवं बाल कल्याण केंद्र के लिए चरणबद्ध कार्यक्रम करना चाहिए। दाइयों के प्रशिक्षण के लिए व्यापक कार्यक्रम की जरूरत है, क्योंकि दाई आदिवासियों के संपर्क में रहती हैं तथा वे मातृत्व सेवा देने में आसानी से उपलब्ध होने की अच्छी स्थिति में हैं। सबसे अच्छा यह होगा कि सभी आदिवासी महिलाओं को प्रशिक्षण दिया जाना चाहिए। इन दाइयों को भ्रमणशील योजना के जरिए लगातार रिफ्रेशर कोर्स कराया जाना चाहिए तथा उनके स्तर को मिडवाइफ तक पहुँचाया जा सके। प्रत्येक पंचायत में एक मातृत्व भवन हो, जिसमें स्वच्छता, बच्चे की देखभाल एवं जरूरतमंद माताओं के देखभाल हेतु प्रचार की व्यवस्था हो।

जहाँ घेंघा प्रभावित क्षेत्र हो, वहाँ राजस्व विभाग अथवा सामुदायिक विकास विभाग के सहयोग से लोगों को रियायती दरों पर आयोडिनयुक्त नमक के वितरण के लिए एक चिकित्सा इकाई की व्यवस्था होनी चाहिए।

आवास

आदिवासियों के आवास को निम्नलिखित चार पहलुओं के आधार पर देखा जाना चाहिए—

(क) आश्रय,

(ख) स्वच्छता,

(ग) आदिवासियों के सौदर्य के संबंध में रुचि और

(घ) तुलनात्मक मूल्य।

सही लोगों को आवास की मदद मिले, आवास मौसम के साथ सामंजस्य जनक हो एवं सैकड़ों वर्षों के अनुभव के अनुसार, घर की बनावट, जहाँ संभव हो सुनिश्चित करने के बारे में वृहद् एवं विस्तारित शोध संचालित किया जाना चाहिए।

यह सोचने के लिए कोई विशेष कारण नहीं है कि क्यों एक साधारण आदिवासी परिवार, जो जंगल क्षेत्र में रहता है, उसके लिए अच्छा घर होना चाहिए। बशर्ते कि राज्य के वन विभाग आदिवासियों को बिना परमिट के घर बनाने की सामग्री निकालने की इजाजत दे कि आदिवासी आगे बढ़कर अपने लिए कमरानुमा, हवादार एवं जल प्रवेश न हो सके, ऐसा घर बना सके, यदि उन्हें थोड़ी दिशा-निर्देश एवं प्रोत्साहन दिया जाए।

आदिवासी क्षेत्रों में भवनों के वास्तुकला को बदलने की जरूरत नहीं है। छोटी खिड़कियाँ, दोहरी छतें अथवा हवादान बनाया जाना चाहिए, ताकि धुआँ

बाहर निकल सके एवं ताजा हवा अंदर आ सके। घर को अधिकतर स्वच्छ बनाए जाने की जरूरत है।

आवासीय योजना से उन्हें लाभ मिलना चाहिए, जिन्हें सचमुच आवास की आवश्यकता है। उद्‌देश्य यह होना चाहिए कि सबसे अधिक निर्धन एवं वंचित लोगों की जरूरत को पूरा किया जाए। आवास योजना में छोटे एवं निर्धन, जैसे—आंध्र प्रदेश के येरूकुलास, येउदिस एवं संगाली, महाराष्ट्र के खटकरिया एवं दुबला तथा गुजरात के नाईक, हिमाचल प्रदेश के गुज्जर, केरल के पनिया, मैसूर के कुरूबा को प्राथमिकता दिया जाना चाहिए। आवास को महँगा नहीं होना चाहिए, न ही आयातित सामग्रियों से उसका निर्माण होना चाहिए।

समतल क्षेत्र के अधिकारी स्थानीय स्थिति से अनभिज्ञ होते हैं, वे जो घर आदिवासियों के लिए बनाते हैं, वे न आरामदेह होते हैं, न ही उनकी रुचि के अनुरूप। यह आवश्यक है कि पी.डब्ल्यू.डी. के मानक को लचीला बनाया जाए, ताकि स्थानीय परिस्थिति के आलोक परिवर्तन की छूट मिल सके। पशुओं के लिए छत, सूअर के लिए घर तथा मुरगियों के लिए स्थान भी काफी महत्त्वपूर्ण है।

जब तक लोगों को रोजगार देना संभव न हो, तब तक आवासीय कॉलोनी नहीं बनाया जाना चाहिए।

सभी को एवं विभिन्न प्रकार के लोगों को आवास देने के बदले, जो अधिक खर्चीला होगा एवं बड़ी प्राथमिकता के कार्यक्रम को विचलित कर देगी। आवासीय योजना के लिए उपलब्ध सीमित कोष कमजोर वर्ग के वैसे लोगों के लिए उपयोग किया जाना चाहिए, जिन्हें सचमुच में अच्छे घर की जरूरत है। दूसरे मामलों में कोष का उपयोग पहले से बने आवास की स्थिति सुधारने में करना चाहिए। चूँकि ग्रामीण आवासों के सुधार का कार्य काफी अधिक है, लोगों को विश्वास में लेकर प्रचार के माध्यम से अधिक कार्य किया जा सकता है तथा कोष को, सुधार कार्य, जैसे—खिड़की लगाना, नाली एवं स्वच्छता की सुविधाएँ इत्यादि में उपयोग किया जा सकता है।

कॉलोनी के निर्माण के पूर्व एवं निर्माण के समय आदिवासियों के अपने सुझाव का पूरा फायदा लेना चाहिए। लाहौल, स्पीती एवं हिमाचल प्रदेश में हरिजन एवं हंसेस अत्यंत तंग परिस्थिति में रहते हैं। उन्हें और अधिक कमरे मिले, उसके लिए उन्हें मदद करनी चाहिए।

जिन क्षेत्रों में लोगों को घर के भीतर चार से पाँच महीनों तक रहना पड़ता है एवं वे लगातार आग जलाते रहते हैं, वहाँ धुआँरहित चूल्हा अथवा चिमनी का

तरीका प्रारंभ किया जाना चाहिए।

प्रत्येक गाँव में यथोचित ग्रेन गोला संचालित किया जाना चाहिए, ताकि उन्हें तंग जगहों से मुक्ति मिले एवं आदिवासी अपने खाद्य पदार्थ अच्छे तरीके से रख सकें। संताल परगना एवं अन्य स्थानों पर हमें आवास के सुंदर नमूनों से हटकर कार्य नहीं करना चाहिए, जो आदिवासी खुद अनुसरण करते हैं। उन्हें तकनीकी सुझाव देते हुए उनके वर्तमान स्वरूप को विकसित किया जाना चाहिए। सभी जगहों पर मूल वास्तुकला एवं गाँवों के निर्माण का खाका, जो सैकड़ों वर्षों से अपनाई गई है उसका उचित सुधार के साथ अनुसरण किया जाना चाहिए।

आदिवासी आवास के मामले में एक बड़ी अड़चन है, वन विभाग का रवैया, जो उन्हें लकड़ी के प्रयोग पर रोक लगाती है। नियमों में प्रयोजनार्थ छूट दी जानी चाहिए, ताकि आदिवासी अपने आवास के निर्माण के लिए बिना देर आसानी से अपनी जरूरत की लकड़ियाँ प्राप्त कर सकें। लक्ष्य को पूरा करने के दृष्टिकोण से हड़बड़ी में आवास योजना किए जाने की काररवाई सुझाव योग्य नहीं है और इससे बचना चाहिए।

संचार

आदिवासी क्षेत्रों में संचार का प्रचार इतनी तेजी से होनी चाहिए, जितनी हम कल्पना नहीं करते। अधिकांश मामलों में आदिवासियों की जागरूकता संचार के विकास की रफ्तार को नहीं पकड़ पाती हैं। एक संतुलन बनाया जाना चाहिए। यह संचार का नया प्रसार आदिवासियों पर अपरिमित दबाव डाले एवं जहाँ भी सड़कें जाएँ राज्य सरकार को शोषण से उनकी सुरक्षा दिलानी चाहिए।

संचार की कठिनाइयों पर पाँच पहलुओं से विचार किया जा सकता है—

(क) राष्ट्रीय आवश्यकता एवं सुरक्षा के लिए सड़क एवं संचार की अनिवार्यता,

(ख) औद्योगिक विकास के लिए सड़कों एवं संचार की अनिवार्यता

(ग) प्रशासन के लिए सड़कों एवं संचार की आवश्यकता,

(घ) आदिवासियों के लाभ के लिए सड़क एवं संचार की जरूरत और

(ङ) व्यापार के दृष्टिकोण एवं व्यवसाय के लाभ के लिए सड़क एवं संचार की जरूरत।

खंड 'क' एवं खंड 'घ' को उच्च प्राथमिकता देना सही कदम होगा। खंड 'ख' एवं 'ग' को द्वितीय प्राथमिकता तथा खंड 'ङ' के बारे में उपलब्ध व्यापार एवं

व्यावसायिक आँकड़े के आधार पर तथा आदिवासी जनसंख्या को होनेवाले तुलनात्मक लाभ के बारे में नजदीक से अध्ययन करने के बाद निर्णय लिया जाना चाहिए। वर्तमान में सड़कों की लंबाई का अखिल भारतीय औसत प्रति 100 वर्ग मील क्षेत्र में 28 मील है। जबकि आदिवासी क्षेत्रों में औसत लंबाई 12 मील भी नहीं है।

सरकार को आदिवासियों की जरूरतों को पूरा करने के लिए सड़कों की योजना लेनी चाहिए। आदिवासी इस बात से सरोकार रखते हैं कि उनके गाँव जंगलों से जुड़ें, साप्ताहिक बाजार से जुड़ें अथवा बच्चों के लिए स्कूल से जुड़ें। सड़कें इस तरीके से बनाए जाने चाहिए कि वे इसे सालों भर प्रयोग कर सकें तथा उन्हें जरूरत के मुताबिक एवं यदि कोष इसकी इजाजत दें तो कार एवं जीप के लिए चौड़ीकरण किया जा सके। यदि संभव हो तो सड़कों को अस्पताल एवं दवाखाना से जोड़ा जाना चाहिए, यह भी लाभकारी होगा। इस आधार पर प्राथमिकता तय किए जाने से आदिवासियों की इन भावनाओं को दूर करने में मदद मिलेगी कि आदिवासी हितों को संचार के मामले में सबसे निचला दरजा दिया जाता है। ऐसे अधिकांश सड़कों की लागत अधिक नहीं होनी चाहिए। इनके लाभ का विस्तार अधिक लोगों तक कैसे संभव हो उसके लिए सावधानीपूर्वक योजना बनानी चाहिए।

तुलनात्मक रूप से प्राथमिकता तय करने में स्थानीय लोगों का परामर्श लिये जाने का नियम बनाया जाना चाहिए।

जब तक बाह्य सामग्रियों का इस्तेमाल अनिवार्य न हो स्थानीय सामग्रियों का इस्तेमाल किया जाना चाहिए। प्रारंभ में पैदल चलने लायक कच्ची सड़कें बनाई जानी चाहिए। उनकी योजना इस तरह से बने कि उनका रेखांकन, मिट्टी भराई, मिट्टी कटाई तथा पुलिया, कार, जीप अथवा ट्रक आदि के लिए सड़क के चौड़ीकरण के समय उपयोगी हो। ये कार्य जब भी हों ऑफ सीजन में हों, जब आदिवासियों के पास अत्यंत कम कार्य हों।

कुछ विशेष समस्याएँ हैं, जिसे राष्ट्रीय स्तर पर ध्यान देने की जरूरत हैं। इनमें से एक महत्त्वपूर्ण जरूरत है—असम की पहाड़ियों में संचार, विशेषकर उन क्षेत्रों में, जहाँ लोग अपने बाजार के लिए उन स्थानों पर निर्भर रहते हैं, जो अब पाकिस्तान का हिस्सा बन गए हैं। विभाजन के कारण फलों के लाभदायक व्यापार नष्ट हो चुके हैं, विशेषकर नारंगी एवं अनानास के। यदि आवश्यक संचार अविलंब स्थापित होती है तो पहाड़ी क्षेत्र के लोग एवं व्यापक स्तर पर देश के लोग बड़े पैमाने पर लाभान्वित होंगे।

मणिपुर में धान एवं चावल हमेशा आदिवासियों से कम कीमत पर खरीदे

जाते हैं तथा इस इलाके के आदिवासी किसान पहाड़ की तराइयों के व्यापारियों के द्वारा शोषण की समस्या झेलते हैं, जिन्होंने पर्याप्त संचार की कमी का पूरा फायदा उठाया है। संचार जल्द स्थापित होना चाहिए। वन एवं लोक कार्य विभाग के सड़कों को वन की सुरक्षा के खयाल से संचार के पृथक् समन्वित तरीके के हिस्से की तरह योजनाबद्ध करना चाहिए। नदियों एवं पहाड़ की टापुओं पर पानी में यातायात की संभावना ढूँढ़ी जानी चाहिए। प्रत्येक राज्य में ऐसा छोटा भाग, जहाँ सालों भर नदियों में पानी रहता हो इस सवाल पर सावधानीपूर्वक अध्ययन करना चाहिए। यह शिकायत मिलती रही है कि आदिवासी कल्याण फंड का उपयोग मुख्य मार्गों में किया जाता है। केंद्र सरकारों के लिए सबसे अच्छी बात यह होगी कि वे यह चिह्नित करें कि उनके अनुदान का कौन सा हिस्सा संचार के लिए राज्यों में मुख्य मार्गों के लिए उपयोग किया जाएगा। बाकी राशि का खर्च गाँव की सड़कों के लिए, कच्ची सड़कों के लिए तथा एक गाँव से दूसरे गाँव के संचार के लिए किया जाएगा। यह राज्य एवं केंद्र सरकारों की स्थिति को जनता के समक्ष स्पष्ट करेगा।

सड़क बनाने के मामले में पी.डब्ल्यू.डी. को आदिवासी श्रमिकों के बीच सहकारिता को बढ़ावा देना चाहिए। जहाँ यह व्यावहारिक नहीं हैं, विभाग को यह देखना चाहिए कि आदिवासियों को उचित श्रमिक मिल रहे हैं।

लगातार यह शिकायत मिलती रहती है कि कार्यक्षेत्र में कर्मियों की कमी है। स्थानीय लोगों को यह प्रोत्साहन दिया जाना चाहिए कि वे अपने आपको राजमिस्त्री, मुंशी इत्यादि कार्यों में अभ्यास करके अपने आपको उस लायक तैयार करें। शैक्षणिक योग्यता को अनिवार्य नहीं माना जाना चाहिए। आदिवासियों का समर्पण एवं साहस, उनकी शक्ति एवं आंतरिक बल अत्यंत मशहूर हैं, उनका पूरी तरह इस्तेमाल किया जाना चाहिए।

देश के कुछ भागों में सड़कों का निर्माण भयानक जोखिम एवं कठिनाइयों में किया जाता है। इस वीरतापूर्ण कार्यों के लिए मानवीय पहल एवं कुछ रियायत आदिवासियों के लिए अतिआवश्यक है। इन जोखिम भरे कार्यों में राज्य सरकारों को केवल ध्यान नहीं रखना चाहिए, बल्कि जीवित लोगों की माँगों के प्रति सजग एवं मृतकों के संबंधियों के प्रति सहायक होना चाहिए। महिलाओं एवं पुरुषों को उनके जोखिम भरे कार्यों के अनुरूप भुगतान किया जाना चाहिए, न कि केवल महिलाओं एवं पुरुषों की अकुशल श्रमिक की तरह। इन दूरस्थ स्थानों में पेयजल, रहने की व्यवस्था, दवाइयाँ एवं शिक्षा आदि की व्यवस्था होनी चाहिए तथा उच्च

श्रेणी के रोजगार के लिए कुछ प्रशिक्षण की व्यवस्था होनी चाहिए। स्थानीय श्रमिकों एवं बाहर से लाए गए मजदूरों के बीच मानदेय के भेदभाव को यथासंभव कम किया जाना चाहिए।

सेना एवं पुलिस के टेलीफोन एवं वायरलेस सेवाओं को खुले रूप से भुगतान के आधार पर आम लोगों को दे देनी चाहिए एवं कार्यालय के कार्यों को अनिवार्य प्राथमिकता दी जानी चाहिए। नेफा एवं नागालैंड की तरह आदिवासियों एवं देश के वन क्षेत्रों को टेलीफोन एवं वायरलेस से जोड़ने से उन्हें पूर्व की तरह एक साथ लाया जाएगा।

दूरस्थ आदिवासी भू-भागों में डाक एवं तार विभाग की शर्तें एवं नियम अलग होने चाहिए।

औद्योगिकीकरण का प्रभाव

आदिवासियों के सामाजिक, आर्थिक परिस्थिति में औद्योगिकीकरण के प्रभाव के सवाल पर अत्यंत कम शोध हुए हैं, जो इनके लिए उठाए जानेवाले कदम के बारे में सूक्ष्म दृष्टि प्रदान कर सकता है। इस शोध की जिम्मेदारी केंद्रीय उद्योगों के योजना के निष्कर्ष के रूप में केंद्र सरकार की है। बिहार, मध्य प्रदेश एवं उड़ीसा गहन औद्योगिकीकरण के दायरे में आ सकते हैं बावजूद वर्तमान में एक भी आँकड़ा उपलब्ध नहीं है, एक आत्मविश्वास की संभावना बनती है कि शोध अध्ययन संचालित किया जाए, आदिवासियों को इसके अनुकूल बनाने के लिए सहायता देने के प्रयोजन से पर्याप्त व्यवस्था किया जा सके। औद्योगिक प्रभाव का अर्थ सिर्फ बड़े पैमाने पर उद्योगों का प्रभाव नहीं है, बल्कि खनिजों का भी, मजदूरों के अन्य क्षेत्रों में जाना तथा बाहरी हितों का भी आदिवासी क्षेत्र में प्रवेश औद्योगिकीकरण के प्रभावों के अंतर्गत आते हैं। विभिन्न राज्यों के विशेष क्षेत्रों में सर्वेक्षण आवश्यक पुनर्वास कार्यक्रमों के बारे में यथार्थ तरीका प्रदान करेगा।

यह आवश्यक है कि एक स्थायी तंत्र स्थापित किया जाए, जो प्रत्येक व्यक्तिगत योजनाओं का एवं इसके आदिवासी हितों में प्रभाव का अध्ययन करे। यह तंत्र कल्याण योजनाओं के माध्यम से आदिवासी परिवारों के यथोचित पुनर्वास करने के अलावा परियोजना के स्थापना के साथ ही उसके समेकित योजना बनाने के लिए जिम्मेवार होना चाहिए। उदाहरण के लिए, एक बहुद्देशीय परियोजना को शुरू में ही प्रभावित परिवारों के जीवन को बिना बाधित किए उसके यथोचित पुनर्वास के बारे में विचार रखना चाहिए। यह स्वीकार करना चाहिए कि ऐसी परियोजनाएँ

प्रभावित परिवारों के वर्तमान परिस्थिति में सुधार के मकसद से बनाई गई हैं, न कि उन्हें बाधित करने के लिए कि वे अपनी आजीविका से वंचित हो जाएँ। इसीलिए हम यह आवश्यक मानते हैं कि पुनर्वास की योजना परियोजना का एक हिस्सा होना चाहिए, यदि यह किया जा सकता है तो वास्तविक विस्थापन एवं उनके पुनर्वास के बीच लगनेवाले समय से बचा सकता है। परियोजना की योजना एवं पुनर्वास के कार्यक्रम को पूर्व से ही चरणबद्ध करते हुए यह संभव हो सकता है कि विस्थापन के साथ-साथ पुनर्वास एवं परेशानी कम हो। पुनर्वास की योजना के साथ शिक्षा, प्रशिक्षण एवं विस्थापितों को सुसज्जित करने के कार्यक्रम होने चाहिए।

परियोजना के द्वारा प्रभावित आदिवासी परिवारों के बीच रोजगार को बढ़ाने के लिए परियोजना क्षेत्र में औद्योगिक प्रशिक्षण संस्थान की स्थापना किए जाने की अनुशंसा की जाती है। अंतरिम रिपोर्ट में वैसे क्षेत्रों में व्यापक तकनीकी शिक्षा की अनुशंसा की गई थी। बिहार के लिए यह प्रस्तावित किया गया था कि सिंहभूम जिले के अनुसूचित क्षेत्र में एक तकनीकी संस्थान तथा ज्यादा-से-ज्यादा संख्या में आदिवासी लड़कों को औद्योगिक कार्यों में प्रशिक्षण देने के लिए दस औद्योगिक कार्यशाला की स्थापना की जानी चाहिए। मध्य प्रदेश के औद्योगिक प्रशिक्षण संस्थान की तर्ज पर उसी तरह मध्य प्रदेश, उड़ीसा और बिहार में आदिवासी युवकों को तेजी से विकसित हो रहे औद्योगिकीकरण की रफ्तार के साथ चलने के लिए सहायता करने के मकसद से संस्थान की स्थापना की जानी चाहिए।

औद्योगिक एवं विकास परियोजनाओं में विस्थापित परिवारों के मामले में सरकार को यह सोचना चाहिए कि आदिवासी नई अर्थव्यवस्था में स्थापित हों, एक भूमिहीन मजदूर की तरह नहीं, बल्कि शहरी जनजीवन एवं उद्योगों के कामगार की प्रारंभिक आवश्यकताओं के उत्पादक के रूप में। इन आवश्यकताओं में अन्न, दूध, अंडे एवं अन्य आवश्यकताएँ शामिल हैं। सरकार अथवा कॉलोनी में परियोजना प्राधिकार द्वारा दिए जानेवाले प्रोत्साहन आकर्षक होने चाहिए। यह परियोजना प्राधिकार की जिम्मेदारी होनी चाहिए कि लोगों को पेयजल आपूर्ति, स्वच्छता, स्कूल की सुविधा एवं चिकित्सा सुविधा प्रदान किए जाएँ। खुली हवा में जीवन एवं सुविधाएँ ऐसी होनी चाहिए कि आदिवासियों को अपने घर की तरह लगे। उन्हें ऐसा नहीं लगे कि वे अपने प्राकृतिक परिवेश से उजड़ गए हैं।

नकद मुआवजा प्राप्त करनेवाले परिवारों के मामले में ऐसी हर कोशिश हो कि उन्हें परियोजना में ही उचित रोजगार के रूप में पुनर्वासित किया जाए। हम यह मानते हैं कि आदिवासियों को स्थायी रोजगार में रखे जाने के लिए उच्च प्राथमिकता

दी जानी चाहिए। रोजगार संस्थानों को बाहरी लोगों की अपेक्षा स्थानीय आदिवासियों को प्राथमिकता देने की व्यवस्था करनी चाहिए, शैक्षणिक अर्हता में भी छूट दिए जाने की व्यवस्था करनी चाहिए। कारखानों एवं रोजगार संस्थानों के शीर्ष पदाधिकारियों को इस संबंध में निर्देश दिया जाना चाहिए।

प्रशासन

यह महसूस किया गया है कि तय किए गए चिह्नित लक्ष्य एवं उन्हें पूरा करने के दस साल की समय सीमा के विषय में गृह मंत्रालय द्वारा आदिवासी समस्याओं को निपटाने के लिए बनाई गई वर्तमान व्यवस्था पर्याप्त नहीं हो सकती है। इस मकसद के लिए अलग मंत्रालय नहीं, बल्कि आदिवासियों की समस्या के लिए विशेष रूप से समर्पित अलग विभाग काफी होगा। यह विभाग गृह मंत्रालय के अंतर्गत गृह मंत्री के जिम्मे रखा जा सकता है। इसके मुख्य कार्यों में राज्यपाल की रिपोर्ट की जाँच, पाँचवीं अनुसूची के प्रावधानों का अनुपालन, आदिवासी सलाहकार परिषद् के कार्यों, योजनाओं की प्रगति, कल्याण योजनाओं का सामान्य प्रशासन, अधिकारियों का प्रशिक्षण एवं समन्वय शामिल किए जाएँगे। इसकी वास्तविक संरचना प्रशासनिक विषय से संबंधित हो। भौतिक एवं वित्तीय मूल्यांकन योजना आयोग का कार्य होगा एवं इसे उन्नत एवं संपूर्ण बनाया जा सकता है। पुनः अनुसूचित जाति एवं अनुसूचित जनजाति आयुक्त को गुणात्मक मूल्यांकन एवं आदिवासियों के प्रभावों के बारे में जिम्मेदारी दी जानी चाहिए। आदिवासी हितों से जुड़ी बाकी इकाइयों का चाहे वे सामाजिक, आर्थिक अथवा सांस्कृतिक हो, उनके समन्वय का कार्य गृह मंत्रालय करेगी, जो शोध संस्थानों के कार्यों का भी मूल्यांकन करने के लिए सक्षम एजेंसी होगी। आदिवासियों के संबंध में विभिन्न विषयों की जाँच के लिए विशेष रूप से बनाए गए कोषांग के माध्यम से गृह मंत्रालय को सामयिक शोध की व्यवस्था करनी चाहिए। मंत्रालय में विशेष कोषांग, आदिवासी प्रखंडों के कार्यों की प्रगति को सक्रियता से देखे, जो आदिवासी विकास कार्यक्रमों के अंतर्गत तथा कमजोर वर्ग के लोगों के विकास के लिए बनाई गई सबसे बड़ी एकल कार्यक्रम है, इसका गठन किया जाना चाहिए।

राज्यों से प्राप्त योजनाओं को संबंधित मंत्रालयों एवं अनुसूचित जाति, अनुसूचित जनजाति आयुक्त को भेज दिए जाते हैं। इससे योजनाओं की पुनरावृत्ति हो जाती है। राज्यों के द्वारा की गई तकनीकी एवं वित्तीय जाँच पर्याप्त होनी चाहिए तथा गृह मंत्रालय को इन्हें अन्य मंत्रालयों तथा अनुसूचित जाति, जनजाति आयुक्तों को भेजे

बिना स्वीकृति दे देनी चाहिए, जब तक कि योजनाओं की प्रकृति, उनमें शामिल वित्तीय अथवा अन्य कारणों के बारे में ऐसा लगे कि इनमें अतिरिक्त मशवरे की जरूरत है।

दस लाख एवं उससे ऊपर के आदिवासी जनसंख्यावाले राज्यों में विशेष तौर पर आदिवासी कल्याण तथा आदिवासी नीतियों एवं कार्यक्रमों की जिम्मेदारी के लिए अलग से एक पद होना चाहिए। यह जरूरी नहीं कि वह आदिवासी ही हो।

राज्यों में आदिवासी कल्याण के लिए अलग विभाग होना चाहिए, जहाँ आदिवासियों की आबादी दस लाख से ऊपर है। जैसे बिहार, उड़ीसा, आंध्र प्रदेश, मध्य प्रदेश, महाराष्ट्र, गुजरात, राजस्थान एवं पं. बंगाल। असम का जिक्र यहाँ नहीं किया जा रहा है, क्योंकि वहाँ छठी अनुसूची लागू है एवं संविधान की अलग व्यवस्था है।

राज्यों में मुख्य सचिव के अंतर्गत आदिवासी विकास कार्यक्रमों के मूल्यांकन के लिए अलग इकाई होनी चाहिए।

राज्य सरकार आदिवासी मामलों को देखनेवाले निदेशालयों की प्रक्रियाओं एवं तरीकों को पुनर्व्यवस्थित कर आवश्यक प्रशासनिक लचीलापन ला सकती है। अनुसूचित क्षेत्रों एवं अन्य आदिवासी क्षेत्रों में आदिवासी कल्याण कार्यक्रमों के समन्वय एवं प्रभावी क्रियान्वयन के लिए राज्य स्तर पर आदिवासी कल्याण, कृषि, पशुपालन, वन, सिंचाई, सड़क, चिकित्सा एवं लोक स्वास्थ्य विभाग के अधिकारियों को मिलाकर एक छोटी समिति का गठन करना चाहिए। इस समिति को यह भी अधिकार दिया जा सकता है कि वे इन विभागों के विकास कार्यक्रमों की जाँच करें एवं सुनिश्चित करें कि उनकी योजनाएँ अनुसूचित जनजातियों एवं अनुसूचित क्षेत्रों के लोगों तक पहुँच रही हैं। यदि विभिन्न जिलों के साथ मिले हुए अनुसूचित क्षेत्र को एक अलग जिला बना दिया जाता है अथवा बड़े जिलों को विभाजित कर दो या ज्यादा जिलों में अलग कलक्टर के अंतर्गत विभाजित कर दिया जाता है तो प्रशासन एवं विकास की गति में सुधार होगा। इन जिलों के कलक्टर को अधिक शक्ति प्रदान की जानी चाहिए।

अनुसूचित क्षेत्रों में विकास कार्यों में और अधिक तेजी एवं प्रभावी क्रियान्वयन सुनिश्चित करने के लिए राज्य सरकारों को विचार के लिए निम्नलिखित योजना का सुझाव दिया जाता है—

(क) कलक्टर को समुचित रूप से न सिर्फ राजस्व एवं न्यायिक प्रशासन, बल्कि विकास कार्यों की भी जिम्मेदारी होनी चाहिए।

(ख) कलक्टर को आदिवासी क्षेत्रों के विकास योजनाओं की प्राथमिकता को बदलने एवं सरकार द्वारा निर्धारित सीमा के तहत योजना स्वीकृत करने की शक्ति होनी चाहिए।

(ग) सभी विभागों के प्रमुखों एवं उसके अधीनस्थ कर्मियों, चाहे वे किसी भी विभाग में कार्यरत हों, आदिवासी विकास कार्यों से संबंधित हों, कलक्टर की देख-रेख, अगुवाई एवं नियंत्रण में कार्य करेंगे।

(घ) कलक्टर को गलती करनेवाले तृतीय एवं चतुर्थवर्गीय कर्मचारियों को जाँच के बाद सजा देने का एवं प्रथम और द्वितीय वर्ग के अधिकारियों की गुप्त रिपोर्ट लिखने का अधिकार होना चाहिए।

जिन राज्यों में अनुसूचित क्षेत्र हैं कलक्टर के ऊपर कमिश्नर के दरजे का अधिकारी होना चाहिए, जिसे आदिवासी जिलों का संपूर्ण प्रभार एवं राज्य सरकार की सभी शक्तियाँ प्रदत्त की जानी चाहिए, इस शर्त पर कि उसे उन तमाम नीतिगत विषयों पर राज्य सरकार से परामर्श लेनी चाहिए।

आदिवासी क्षेत्रों में कार्य करने के लिए कार्यक्षेत्र कर्मियों का चुनाव एवं पदस्थापना सावधानीपूर्वक करना चाहिए, जो कलक्टर के नियंत्रण में हो। जहाँ तक संभव हो प्रशिक्षितकर्मी, जिसकी पृष्ठभूमि आदिवासी संस्कृति एवं जीवन-शैली से जुड़ी हो, उसे पदस्थापित किया जाना चाहिए, ताकि वे परिस्थितियों को सहानुभूतिपूर्वक निर्वाह कर सकें एवं आदिवासियों को अत्यधिक योजना का दबाव देने की कोशिश न करें। अधिकारियों की संख्या न्यूनतम रखी जानी चाहिए।

सहकारिता एवं शिक्षा विभाग में निरीक्षण हेतु जाने के लिए, सहकारी समितियों एवं विद्यालय के कार्यों की जाँच एवं उसमें सुधार के सुझावों के लिए व्यापक सुविधा होनी चाहिए। कृषि, पशुपालन एवं यांत्रिकी विभागों के प्रसार कर्मचारियों को सशक्त बनाने की आवश्यकता है।

हम यह सुझाव देते हैं कि इन क्षेत्रों में चिकित्सा पदाधिकारियों के अलग संवर्ग का गठन होना चाहिए तथा इनके नियम एवं शर्तों को इस तरह बनाया जाना चाहिए कि डॉक्टर आदिवासी क्षेत्रों में एक समयावधि तक रहें।

अनुसूचित जातियों एवं जनजातियों के लिए आयुक्त

आयुक्तों का कार्य है चौकसी बरतने के कार्यों को ढूँढ़ना एवं रिपोर्ट करना। यह राष्ट्रपति को वार्षिक रिपोर्ट भेजकर किया जा सकता है। यह रिपोर्ट राष्ट्रपति, संसद् एवं केंद्र सरकार को संविधान के तहत उनकी जिम्मेदारियों के निर्वाह के

लिए सहायता देने के मकसद से बनाई जाती है। यह रिपोर्ट कभी-कभी विषय-वस्तुओं के महासमुद्र एवं विवरणों के जंगल में गुम हो जाती है। अति आवश्यकता का मकसद एवं प्राथमिकताएँ, जिसका केंद्र सरकार एवं संसद् के स्तर पर असली संबंध है, वे खो जाती हैं।

संविधान की सुरक्षा के प्रावधानों का राज्यों में क्रियान्वयन का आकलन; न्यायसंगत अथवा इसमें कमी, जब कभी इसमें ढिलाई बरती जाती हो; अनुसूचित क्षेत्रों में प्रशासनिक स्तर उठाने के लिए प्राप्त की गई वृद्धि; उन क्षेत्रों में, जिनमें केंद्र से निर्देश की आवश्यकता है; कल्याण कार्यों का गुणात्मक मूल्यांकन तथा आदिवासियों पर इन तमाम बातों का प्रभाव कमिश्नर की रिपोर्ट के बारे में आवश्यक चीजें हैं।

कमिश्नर को अपना ध्यान कुछ ऐसी कार्यकुशलता के महत्त्ववाली चीजों पर केंद्रित करना चाहिए तथा यह सुनिश्चित करना चाहिए कि राज्य एवं केंद्र उन कार्यों को समय तालिका के अनुरूप करे।

कमिश्नर के कार्यालय को ऐसी पदवी एवं अवस्था में होनी चाहिए कि यह उच्च अवस्था, ज्ञान एवं व्यापक प्रभाववाले व्यक्ति को आकर्षित करे। कमिश्नर के अवैधानिक कार्यों, जैसे गैर-सरकारी संस्थाओं के प्रबंध समिति में प्रतिनिधित्व, उन संस्थाओं के लेखा की जाँच, राज्यों के द्वारा प्राप्त योजनाओं पर केंद्र सरकार को सुझाव देना इत्यादि को उनके अधिकार से बाहर निकाल देना चाहिए। ये कार्य उनके कर्तव्य का महत्त्वपूर्ण हिस्सा नहीं हैं एवं यह व्यवस्था बनाने में मंत्रालय ने कमिश्नर के ओहदे को कम करके विभागीय प्रमुख बना दिया है, इस पूर्वग्रह के साथ कि यह उनकी संवैधानिक जिम्मेदारी है।

अनुसूचित जनजातियों के लिए अलग आयुक्त होने चाहिए

राज्य सरकार वर्तमान सहायक कमिश्नर की व्यवस्था से प्रभावित नहीं है। यह विचार करना अतिआवश्यक है कि वर्तमान व्यवस्था जारी रहेगी अथवा नहीं एवं वे ऊपर दिए गए सुझाव के अनुरूप आदिवासियों के लिए अलग कमिश्नर के परिप्रेक्ष्य में कैसे कार्य करेंगे? यह एक प्रशासनिक विषय है एवं इसकी विस्तार से जाँच होनी चाहिए। यह संशय है कि वर्तमान व्यवस्था की आवश्यकता है, यदि आदिवासियों के लिए विशेष अधिकारी को उनके अवैधानिक कार्यों से मुक्त किया जाता है।

यदि पर्याप्त प्रशासनिक अनुभवों से युक्त एक वरीय पदाधिकारी का चयन

क्षेत्रीय सहायक कमिश्नर के पद के लिए होता है तो कार्यों को महत्त्वपूर्ण रूप से सुविधायुक्त होना चाहिए। उसे अपेक्षाकृत एक कलक्टर के ओहदे का अधिकारी होना चाहिए, ताकि वह कलक्टरों एवं कमिश्नरों से अपना भार खींच सके। उपयोगिता एवं अधिकता के दृष्टिकोण से कमिश्नर के कार्यालय की वर्तमान व्यवस्था का सुधार करने का सुझाव दिया गया है।

यह महसूस किया गया है कि कमिश्नर की रिपोर्ट में लोकसभा के प्राकलन समिति एवं लोक लेखा समिति की रिपोर्टों की वस्तुस्थिति होनी चाहिए। जब भी राज्य अथवा केंद्र सरकार के क्रिया-कलापों पर विपरीत टिप्पणी होती है, विशेषकर सुरक्षा के उपायों को लेकर तब रिपोर्ट संबंधित राज्यों की व्याख्या के साथ होनी चाहिए, जिसे विधानसभा की रिपोर्ट के साथ देखा जा सकता है।

गैर-सरकारी संस्थाएँ

गैर-सरकारी संस्थाएँ मुख्य रूप से शिक्षा एवं लोक स्वास्थ्य के क्षेत्र में कार्य कर रही हैं। वे ऐसे कार्यकर्ताओं की सेवा की अगुवाई करते हैं, जिन्होंने अपना जीवन विशेष मकसद के लिए दिया है तथा आदिवासियों पर प्रभाव उत्पन्न करने में सक्षम साबित हुए हैं। वे धीरे-धीरे अपने कार्यों का विस्तार सहकारिता, कुटीर एवं ग्रामीण उद्योग, सांस्कृतिक क्रियाकलाप, पशुपालन, कानूनी सहायता तथा निषेध इत्यादि के क्षेत्र में कर रहे हैं।

गैर-सरकारी संस्थाएँ, योजना एवं क्रियान्वयन के कल्याण कार्यक्रमों में लोगों की सक्रिय भागीदारी के लिए आवश्यक है। रचनात्मक क्रियाकलापों के कुछ उपाय गैर-सरकारी संस्थाओं के अंतर्गत किए जाने चाहिए। इन संस्थाओं के पास मानवीय भावना है एवं ये लोगों की छिपी ऊर्जा को सँवारकर उनके विकास के लिए लाभदायक माध्यम बनाते हैं। किसी कार्य की पुनरावृत्ति से बचने के लिए इन संस्थाओं की संभावनाओं को स्पष्ट रूप से परिभाषित किया जाना चाहिए।

प्रत्येक राज्यों के महालेखाकार कार्यालय में शिक्षित लेखा अधिकारियों को सूचीबद्ध किया जाना चाहिए, जो गैर-सरकारी संस्थाओं को वास्तविक स्तर पर सहायता प्राप्त करने के लिए उपलब्ध हों। लेखा अधिकारियों को भुगतान किए जानेवाले भत्ते एवं वेतन उन संस्थाओं को अनुदान के रूप में दिए जाने चाहिए।

गैर-सरकारी संस्थाओं के कार्यों के सत्यापन के लिए कुछ तंत्र को लंबी अवधि तक कार्य करना चाहिए, ताकि उनमें नए विचार एवं शक्ति का संचार किया जा सके। यह मूल्यांकन गैर-सरकारी संस्थाओं द्वारा ही दिए गए घटनाक्रम

पर किसी स्थानीय शोध संस्था के द्वारा किया जाना चाहिए।

राज्यपाल राष्ट्रपति को भेजी अपनी रिपोर्ट में प्रत्येक संस्थाओं के कार्यों का आकलन निरंतर दें, जो 25000 रुपए से अधिक का अनुदान प्राप्त कर रहे हों।

प्रशिक्षण कार्यक्रम

जिला एवं जिला स्तर से ऊपर कार्य करनेवाले अधिकारियों को आदिवासी कल्याण के बारे में केंद्रीय सामुदायिक विकास अध्ययन एवं शोध संस्थान मैसूर में ऑरिएंटेशन पाठ्यक्रम करना चाहिए, जब वे सामुदायिक विकास कार्यक्रम में प्रशिक्षण प्राप्त कर रहे हों। प्रशिक्षण का तरीका अब तकनीकी सेमिनार, अध्ययन समूह, प्रबंधकर्ताओं के माध्यम से किया जाएगा। इस संवर्ग के अधिकारियों के प्रशिक्षण के विस्तृत पाठ्यक्रम की जरूरत नहीं है, परंतु निम्नलिखित विषय शामिल होने चाहिए—

(क) प्रायोगिक मानवविज्ञान,

(ख) आदिवासियों का मनोविज्ञान,

(ग) आदिवासियों का संविधान,

(घ) आदिवासी अर्थव्यवस्था—जमीन, जंगल, उद्योग, वित्त के परिप्रेक्ष्य में,

(ङ) स्वास्थ्य, शिक्षा, संचार के संबंध में अध्ययन,

(च) आदिवासियों के कल्याण के लिए केंद्र सरकार द्वारा चलाई जानेवाली योजनाओं का अध्ययन और

(छ) सामाजिक-आर्थिक सर्वेक्षण।

कलक्टर एवं कमिश्नरों के, जो सीधे तौर पर आदिवासी कार्यक्रमों के योजना एवं क्रियान्वयन से जुड़े हैं, उनके लिए प्रस्तावित प्रशिक्षण कार्यक्रम को अन्य विभागों के प्रधान तथा प्रमंडलीय अधिकारियों तक विस्तारित किया जाना चाहिए जैसे—मुख्य वन संरक्षक, शिक्षा निदेशक, सहकारी समितियों के रजिस्ट्रार, सड़क, भवन एवं सिंचाई के मुख्य अभियंता, कृषि निदेशक, निदेशक भूमि रिकॉर्ड, निदेशक जन स्वास्थ्य, निदेशक पशु चिकित्सा सेवा, निदेशक उद्योग, निदेशक कुटीर उद्योग इत्यादि।

जिला स्तर एवं उसके नीचे के पर्यवेक्षण अधिकारियों को टाटा समाज विज्ञान केंद्र में प्रशिक्षण दिया जाना चाहिए। इस संस्थान की क्षमता बढ़ानी चाहिए तथा इसी तरह की सुविधा एक या अन्य संस्थाओं में दी जानी चाहिए। प्रशिक्षण को समस्याओं पर केंद्रित होना चाहिए तथा व्यावहारिक प्रशिक्षण एवं भ्रमण, आदिवासी

क्षेत्रों में आयोजित की जानी चाहिए। सामुदायिक विकास मंत्रालय को प्रखंड स्तर के पर्यवेक्षण अधिकारियों एवं आदिवासी क्षेत्रों में कार्यरत अन्य विभाग के जिलाधिकारियों के लिए एक ओरिएंटेशन तथा अध्ययन केंद्र चिह्नित करने के लिए कहा जाना चाहिए।

प्रशिक्षण उन अधिकारियों पर सीमित होनी चाहिए, जिन्हें आदिवासी क्षेत्रों में कम-से-कम तीन वर्षों तक सेवा देनी है। प्रशिक्षण राजस्व, वन, लोक कार्य, पुलिस, कृषि इत्यादि सभी को समाविष्ट करेगा। यदि संभव हो तो प्रशिक्षण जिला अथवा उसके नीचे के पर्यवेक्षण अधिकारियों के साथ टाटा समाज विज्ञान केंद्र अथवा अन्य केंद्र, जो उस प्रयोजन के लिए चयनित किया गया हो, किया जा सकता है। प्रशिक्षण को तीन महीनों तक सीमित करना चाहिए।

हम यह सुझाव देते हैं कि प्रशिक्षण की विषय-वस्तु एवं समयावधि हर संवर्ग के अधिकारियों के लिए तय किया जाना चाहिए। ये सभी तकनीकी बातें हैं तथा गृह मंत्रालय, शिक्षा, सामुदायिक विकास एवं सहकारिता, टाटा समाज विज्ञान एवं शोध संस्थान के प्रतिनिधियों को इस प्रयोजन के लिए यथोचित पाठ्यक्रम तय करना चाहिए।

क्षेत्र में कार्यरत कर्मियों का प्रशिक्षण भी उतना ही जरूरी है, जितना पर्यवेक्षण प्रशासकीय अधिकारियों के लिए है। यह राज्य सरकार पर डाला जाना चाहिए एवं उनसे कहा जाना चाहिए कि वे क्षेत्र में कार्य करनेवाले कर्मियों की जरूरत का आकलन करें, उनकी नियुक्ति की व्यवस्था अथवा समय पर उनका चयन हो एवं प्रशिक्षण सही समय पर उनके आदिवासी क्षेत्र में कार्य हेतु पदस्थापित करने के पहले हो। जो क्षेत्र में कार्यरत हो उन्हें सेवाकाल में ही प्रशिक्षण देना होगा अथवा उन्हें सीमित अवधि के लिए रिफ्रेशर कोर्स में भेजना चाहिए।

हम यह सुझाव देना चाहते हैं कि वर्तमान में राज्य सरकार द्वारा संचालित प्रशिक्षण केंद्र यदि सक्षम हो तो उन्हें गैर-सरकारी संस्थाओं के क्षेत्र में कार्यरत कर्मियों के लिए प्रशिक्षण की व्यवस्था करनी चाहिए। इसी प्रकार गैर-सरकारी संस्थाओं द्वारा स्थापित केंद्रों में अथवा जहाँ भी संभव हो, सरकारी क्षेत्रकर्मियों के लिए प्रशिक्षण की व्यवस्था कराई जानी चाहिए। यह सरकारी एवं गैर-सरकारी संस्थाओं के बीच की बाधा दूर करेगा एवं एक-दूसरे के दृष्टिकोण को समझने में मदद करेगा। ग्राम सेविकाओं जैसे महिला क्षेत्रकर्मियों को प्रशिक्षण देने में थोड़ी कठिनाइयाँ हैं। राज्य सरकार के साथ-साथ कस्तूरबा गांधी मेमोरियल ट्रस्ट गैर-सरकारी संस्था के पास प्रशिक्षण सुविधा है। गैर-सरकारी संस्थाओं के द्वारा चलाए

जानेवाले प्रशिक्षण की सुविधा का इस्तेमाल राज्य सरकार द्वारा अधिकतम सीमा तक किया जाना चाहिए। केंद्र के माध्यम से दिए जानेवाली सहायता राशि के द्वारा अतिरिक्त प्रशिक्षण केंद्र खोलने के लिए गैर-सरकारी स्वयंसेवी संस्थाओं को प्रोत्साहित करना चाहिए।

ग्रामसेवक प्रशिक्षण केंद्र की तर्ज पर योग्य क्षेत्रों में कार्यरत कर्मियों के तकनीकी प्रशिक्षण संस्था खोले जा सकते हैं। ये प्रशिक्षण केंद्र आदिवासी क्षेत्रों में अवस्थित होने चाहिए, ताकि व्यावहारिक प्रशिक्षण के लिए तैयार सुविधाएँ उपलब्ध हों। वर्तमान परिस्थिति में क्षेत्रकर्मियों में गैर-आदिवासियों की संख्या बिलकुल मान्य होंगी, अत: प्रशिक्षण केंद्रों में आदिवासी भाषाओं को पढ़ाने के लिए प्रशिक्षण की व्यवस्था हो।

गैर-सरकारी स्वयंसेवी संस्थाओं के पदाधारियों के प्रशिक्षण की व्यवस्था केंद्रीय अध्ययन एवं शोध केंद्र के अधिकारियों के साथ की जानी चाहिए।

गैर-सरकारी संस्थाओं के तकनीकी पदाधिकारियों का प्रशिक्षण सरकार के तकनीकी पर्यवेक्षण अधिकारियों के साथ टाटा समाज विज्ञान संस्थान अथवा मध्य प्रदेश, बिहार एवं उड़ीसा सरकार द्वारा चलाए जा रहे शोध संस्थान में व्यवस्था की जानी चाहिए।

पंचायत एवं सहकारी समितियों के पदाधारियों एवं कर्मचारियों के लिए यह प्रशिक्षण आवश्यक है कि वे आदिवासियों की परिस्थिति एवं जीवन-शैली के मुताबिक अपने आपको ढाल सकें। आदिवासी पदाधिकारियों के मामले में सेवा-काल के दरम्यान प्रशिक्षण गाँवों में कैंप लगाकर दिया जा सकता है, जैसा कि कई सामुदायिक विकास प्रखंडों के द्वारा किया जाता है। यद्यपि वेतनभोगी कर्मचारियों को पर्यवेक्षकों एवं क्षेत्रकर्मियों के लिए चिह्नित संस्थाओं में प्रशिक्षण दिया जाएगा।

आदिवासी नेताओं के लिए प्रशिक्षण कार्यक्रमों का दूरगामी परिणाम सरकार और आदिवासियों के लिए लाभदायक होगा। सभी प्रशिक्षण केंद्रों में आदिवासी हितों को ध्यान दिया जाना चाहिए और गाँवों एवं प्रखंड स्तरों पर कुछ आदिवासियों की नियुक्ति होनी चाहिए। यदि वे निर्धारित शैक्षणिक योग्यता नहीं रखते हों तो उन्हें कुछ लंबी अवधि तक प्रशिक्षण दिया जा सकता है।

यह अति आवश्यक है कि आदिवासी उम्मीदवारों को व्यावसायिक एवं तकनीकी प्रशिक्षण में शामिल होने के लिए पर्याप्त प्रेरणा प्रदान किया जाए, ताकि आदिवासी क्षेत्रों में काम करनेवाले आदिवासी ज्यादा संख्या में मिल सकें।

हम यह अनुशंसा करते हैं कि—

1. जहाँ तक संभव हो स्थानीय आदिवासियों का चयन हो एवं यदि आवश्यक हो तो उनकी उम्र सीमा में रियायत दी जाए।
2. यदि बाहरी लोगों का चयन होता है तो उनकी पदस्थापना से पूर्व उन्हें स्थानीय भाषा के प्रशिक्षण की व्यवस्था की जानी चाहिए।
3. प्रशिक्षण काल के अंतर्गत उन्हें आदिवासी जीवनशैली एवं संस्कृति से तालमेल बना लेना चाहिए।

प्रशिक्षण की रूपरेखा वर्तमान प्रशिक्षण संस्था में उपलब्ध सुविधा के विस्तार अथवा नए संस्थान की स्थापना को अनिवार्य बना देगा। इन संस्थाओं में शिक्षकों एवं अध्यापकों को रखा जाना चाहिए। इन शिक्षकों को प्रशिक्षण देने की व्यवस्था होनी चाहिए। प्रशिक्षण के इस पहलू की जाँच केंद्र सरकार के द्वारा राज्य सरकार एवं शोध संस्थान के परामर्श से की जानी है तथा उचित कदम उठाया जाना है कि अतिरिक्त शिक्षकों एवं अध्यापकों की आवश्यक संख्या सुनिश्चित हो रही है।

सेवाओं में प्रतिनिधित्व

अखिल भारतीय एवं केंद्रीय सेवाओं में, जिसके लिए अखिल भारतीय स्तर पर नियुक्तियाँ की जाती हैं, उच्च शैक्षणिक योग्यता की आवश्यकता होती है। जब तक आदिवासियों के बीच शिक्षा में पर्याप्त प्रगति नहीं होती है उनके लिए अपने हित में इन सेवाओं में आरक्षण का पूरा लाभ उठा पाना संभव नहीं है। इसमें धीमा परिवर्तन आया है, यदि नीतियों को तेजी एवं शक्ति से लागू किया जाता है तो अगले 10 वर्षों में आदिवासियों के प्रतिनिधित्व में उत्साहजनक वृद्धि होगी।

केंद्र एवं राज्य सरकारों के अन्य शाखाओं की सेवा में भी परिस्थिति सुनिश्चित नहीं है। सरकारी आदेशों के क्रियान्वयन की प्रगति धीमी है। आदिवासियों की पर्याप्त संख्या में बहाली हो सके, यह सुनिश्चित करने के लिए उचित प्रक्रिया बनाने की दिशा में सरकार की ओर से ढीलापन है।

आंध्र प्रदेश, राजस्थान, मद्रास, पंजाब तथा महाराष्ट्र में कुछ हद तक अनुसूचित जातियों एवं जनजातियों के आरक्षण का प्रतिशत संयुक्त रूप से निर्धारित किया गया है। यह आदिवासियों के प्रति पूर्वग्रह है। राज्य सरकार से यह अनुरोध किया जाना चाहिए कि राज्य सेवाओं में आदिवासियों के लिए अलग से प्रतिशत का निर्धारण हो।

संवर्ग 1 एवं संवर्ग 2 सेवाओं एवं पदों की नियुक्तियों में जनसेवा का गुण महत्त्वपूर्ण है। संवर्ग 3 एवं संवर्ग 4 जहाँ तकनीकी कार्य एवं दिनचर्या के कार्य हैं,

यह संभव होना चाहिए कि आदिवासियों की नियुक्ति संभव हो एवं सेवाकाल में उनके प्रशिक्षण की व्यवस्था हो।

यह आवश्यक है कि अलग तरह के पदों की सेवा के लिए अलग तरह से आरक्षण का प्रतिशत तय हो। संवर्ग 1 तथा तकनीकी पदों पर आवश्यक योग्यता के साथ आदिवासी नहीं उपलब्ध हो सकते हैं तथा वे संवर्ग 1 एवं संवर्ग 2 की सेवाओं एवं पदों में निर्धारित आरक्षण प्रतिशत को भरने में काफी समय ले सकते हैं। यदि प्रारंभिक स्तर पर ही कोटा निर्धारित किया जाता है तो संवर्ग 3 एवं संवर्ग 4 के पदों एवं सेवाओं में आरक्षण का प्रतिशत आनुपातिक रूप से ऊँचा होगा। उड़ीसा सरकार ने आदिवासियों के लिए कोटा तय किया है, जो आनुपातिक रूप से संवर्ग 3 एवं संवर्ग 4 के सेवाओं में ऊँचा है, जो 50 प्रतिशत है। यह प्रयोग अन्य राज्यों के लिए भी सिफारिश किए गए हैं।

यह सुझाव दिया जाता है कि जब आरक्षण का प्रतिशत समग्र रूप से उस आँकड़े तक जारी रहता है, जितना निर्धारित किया गया है तो राज्य सरकार स्थानीय स्थिति के संदर्भ में अध्ययन कर सकती है, ताकि कुछ विभागों एवं कुछ सेवा संवर्गों में ऊँचा आरक्षण प्रतिशत निर्धारित किया जा सकता है। यह लंबे समय तक सुनिश्चित किया जा सकता है कि आदिवासी कम समय में सेवाओं में पर्याप्त प्रतिनिधित्व प्राप्त कर सकें।

राज्य सरकार को नगरपालिका, पंचायत समिति एवं जिला परिषद् जैसे सभी स्थानीय निकायों को आदिवासियों के सेवाओं में प्रतिनिधित्व के संबंध में अपने द्वारा निर्धारित नीतियों का अनुसरण करने के लिए निर्देश देना चाहिए।

राज्य सरकारों एवं केंद्र सरकार के अधीन लोक उपक्रमों को उचित निर्देश देना चाहिए कि वे आदिवासियों को पर्याप्त प्रतिनिधित्व दें।

हम यह सुझाव देंगे कि राज्य सरकार केंद्र सरकार के निर्देश के आलोक में आदिवासी अधिकारियों के प्रोन्नति एवं उत्पीड़न के मसलों के पुनर्विचार के संबंध में निदेंश जारी करने की पहल करें।

सेवाओं में आदिवासियों के प्रतिनिधित्व के संबंध में क्रियान्वयन के लिए निम्नलिखित सुझावों पर विचार किए जा सकते हैं—

1. यदि कोई रिक्तियाँ योग्य आदिवासी आवेदक के उपलब्ध नहीं रहने के कारण नहीं भरी जा सकती हैं तो वैसे क्षणों में उस रिक्ति को दो वर्षों तक खाली छोड़ दी जाती है। यह सुझाव दिया जाता है कि जो भी समय उस रिक्ति को खाली छोड़े जाने के लिए निर्धारित किया जाता है, यदि

राज्य सरकार को कोई ऐसा प्रार्थी मिलता हो, जो उस निर्धारित योग्यता के आस-पास हो, उसे एक समयावधि के लिए कोचिंग दिया जा सकता है, पुनः जाँच परीक्षा लेकर नियुक्त किया जा सकता है, यदि यह पाया जाता है कि उसने संतोषजनक प्रगति की है।

2. केंद्र सरकार के द्वारा यदि आदिवासियों के लिए आरक्षित रिक्तियों में योग्य शिक्षित प्रार्थी के उपलब्ध नहीं रहने के कारण अनुसूचित जाति के प्रार्थी को नियुक्त करने की सहमति देने का आदेश दिया जाता है तो उस आदेश को विलोपित कर देना चाहिए। ऐसे अनुमति प्रदान करनेवाले निर्देश के विद्यमान रहने से संतोष प्राप्त होता है। नियुक्ति करनेवाले उपक्रमों को आदिवासी प्रार्थियों को ढूँढ़ने में हरसंभव प्रयास करना चाहिए।
3. राजपत्रित एवं अराजपत्रित पदों के संबंध में आयु सीमा में छूट दी गई है, जो काफी है; लेकिन कुछ राज्यों में यह नहीं किया गया है। यह नियम समान रूप से सभी राज्यों में लागू किया जाना चाहिए।
4. स्थानीय नियुक्तियों के मामले में चयन समिति में ऐसे किसी व्यक्ति को होना चाहिए, जो आदिवासी हितों को देख सके।
5. आरक्षित रिक्तियों में आदिवासी क्षेत्रों में पर्याप्त प्रचार होना चाहिए। सामाजिक संथाओं को इस सूचना को प्रसारित करने के लिए प्रयोग में लाना चाहिए। प्रचार सिर्फ न्यूज पेपर तक सीमित नहीं होना चाहिए, क्योंकि अधिकांश आदिवासी दुर्गम इलाकों में रहते हैं। प्रचार के अन्य तरीकों के बारे में विचार करना चाहिए एवं इसे समय-समय पर जाँच करनी चाहिए।
6. रोजगार नियोजनालय में अपने नाम को नियुक्ति के पहले पंजीकृत कराने की नियम बनाई गई है। आदिवासियों के मामले में इस नियम को मानने पर पाबंदी नहीं होनी चाहिए, क्योंकि उनसे रोजगार नियोजनालय से संबंध बनाए रखे जाने की अपेक्षा नहीं की जा सकती है।
7. यदि कोई आदिवासी प्रार्थी, जिससे नियुक्ति के लिए नियुक्ति करनेवाली संस्था के मुख्यालय में उपस्थित होने की आशा की जाती है और यदि यह उसके आवास से काफी दूरी पर स्थित है, तब उनके लिए कुछ भत्ते के भुगतान की व्यवस्था की जानी चाहिए। ऐसा उड़ीसा में किया गया है एवं सभी राज्यों में इसका अनुसरण किया जा सकता है।

8. बिहार सरकार की तर्ज पर अथवा केंद्र सरकार के निर्देश के अनुसार एक नियुक्ति संबंधी रोस्टर बनाया जाना आवश्यक है एवं यह हर सेवा संवर्गों और सभी विभागों के लिए बाध्य हो। आदिवासी अभ्यर्थियों के विरुद्ध निर्धारित किए गए पदों की नियुक्तियों को सुनिश्चित करने एवं हर स्तर पर उचित सावधानी बरती जा रही है अथवा नहीं, इसे जानने के लिए सामयिक जाँच की कारवाई की जानी चाहिए।

पारंपरिक आदिवासी परिषद् का दायित्व

वनों से संबंध बनाए रखना आदिवासी क्षेत्रों में वैधानिक पंचायतों अथवा आदिवासी परिषद् का एक प्रमुख कार्य है।

ऐसे क्षेत्रों में, जहाँ मिश्रित आबादी है, और आदिवासी सक्षम नहीं हैं एवं आदिवासी परिषद् लगभग निष्क्रिय हो गए हों अथवा उनके अधिकार सीमित हो गए हों, उन्हें हरसंभव पुनर्जीवित करने का प्रयास करना चाहिए, ताकि वे वैधानिक पंचायतों के अनुसार कार्य कर सकें और अपने धार्मिक एवं सामाजिक मामलों को स्थापित कर सकें।

सभी समरूप आदिवासी क्षेत्रों, जैसे नागालैंड, नेफा, असम स्वशासी पर्वतीय जिले, मणिपुर पर्वतीय क्षेत्र एवं योग्य क्षेत्र जो पूर्व में ही अधिसूचित हैं, जहाँ आदिवासी परिषद् मजबूत एवं जीवित हैं, पंचायत कानून के प्रावधानों का लाभ लिया जा सकता है, जिसके द्वारा राज्यपाल किसी विशेष क्षेत्र अथवा क्षेत्रों को कानून की प्रक्रिया से बाहर रख सकता है। यह जरूरी नहीं है कि वैसे स्थानों में नए वैधानिक पंचायतों की स्थापना की जाए, लेकिन वर्तमान परिषद् को विकसित करने एवं उन्हें सभी प्रकार की पंचायत की वैधानिक शक्तियाँ स्थानांतरित हों और अंततः एक पंचायत की तरह उसे मान्यता मिले, ऐसा एक गंभीर प्रयास करना चाहिए।

दूसरे आदिवासी क्षेत्रों में जहाँ मिश्रित आबादी है, जहाँ भी आदिवासी परिषद् सक्रिय है, उन्हें प्रोत्साहित किया जाना चाहिए एवं उन्हें कार्य करने के लिए वैधानिक परिषद् के साथ-साथ विकसित किया जाना चाहिए। यहाँ पारंपरिक पंचायत सामाजिक एवं धार्मिक बातों के साथ जुड़ी होगी एवं वैधानिक पंचायत प्रशासनिक एवं विकास के मामलों के साथ चुनाव के सिद्धांत को आदिवासियों को समझाया जाना चाहिए। आंतरिक विवादों से बचने के दृष्टिकोण से उन्हें चुनाव के सिद्धांतों को संचालित करने के लिए स्वतंत्र होना चाहिए।

वैधानिक पंचायतों को विकास के क्रियाकलापों के मुद्दे पर पारंपरिक परिषद् के प्रभावों का फायदा उठाना चाहिए। ग्रामीण विकास कार्यक्रमों की योजना हमेशा वैधानिक पंचायतों द्वारा पारंपरिक परिषद् के परामर्श से तैयार की जानी चाहिए।

जहाँ वैधानिक पंचायत एवं आदिवासी परिषदों का अस्तित्व एक साथ विद्यमान है, वहाँ पंचायत अनेक विकास कार्य सामान्य एवं वन सहकारी समितियों का प्रबंधन पारंपरिक परिषद् को सुपुर्द कर सकती है, तथा उन्हें साधारण अदालत जाए बिना गाँव एवं अन्य गाँवों के बीच विवादों के निपटारे के लिए प्रोत्साहित किया जाना चाहिए।

जहाँ भी वैधानिक पंचायत आदिवासी गाँव में गठित किया गया है, ऐसा नियम बनाना चाहिए कि सदस्यों का अच्छा अनुपात आदिवासी समूह से हो। वैधानिक पंचायतों एवं पारंपरिक पंचायतों में से किसी के लिए भी यह संभव नहीं है कि वे थोड़े समय के लिए राजस्व, लेवी सेस एवं कर उठाएँ। राजस्व के लिए जल्दबाजी में कोई कदम नहीं उठाया जाना चाहिए। जैसे-जैसे आर्थिक स्थिति एवं जागरूकता में वृद्धि होती है, सेस एवं कर धीरे-धीरे प्रारंभ किया जा सकता है।

सर्वेक्षण, शोध एवं मूल्यांकन

चयनित प्रतिनिधि आदिवासी क्षेत्रों का नमूना सर्वेक्षण (सैंपल सर्वे) उचित समय के अंतर्गत पूरा हो, उसके लिए विशेष व्यवस्था करनी चाहिए। वैसा सर्वेक्षण कुछ विषयों में केंद्रित होना चाहिए, उनसे संबंधित आँकड़ों का संग्रह एवं स्थानीय स्तर उन्हें उपलब्ध सुविधाएँ, जो सरकार को तय समय के अंतर्गत कार्यक्रम करने के लिए सहायक हों।

उसी तरह का सर्वेक्षण, चयनित सटे हुए गैर-अनुसूचित क्षेत्र में, आदिवासियों एवं गैर-आदिवासियों के बीच विद्यमान असमानता का आकलन तथा आदिवासी क्षेत्रों की तुलनात्मक पिछड़ापन का आकलन करने के लिए संचालित किया जाना चाहिए।

उपरोक्त सर्वेक्षण के अतिरिक्त राज्य सरकार को विशेष क्षेत्रों में सामना की जानेवाली विशेष समस्याओं के संबंध में विशेष सर्वेक्षण संचालित करना चाहिए। जहाँ तक संभव हो ये सर्वेक्षण, अर्थशास्त्र एवं परिगणना विभाग, विश्वविद्यालय, आदिवासी शोध संस्थान एवं टाटा समाज विज्ञान संस्थान जैसे संस्थाओं एवं अन्य गैर-सरकारी संस्थाओं, जो इस कार्य को करने की योग्यता रखते हों, से कराना चाहिए। राज्य सरकार को उन्हें सभी संभावित सहायता एवं आर्थिक सहायता

मुहैया कराना चाहिए।

आदिवासी शोध संस्थान के क्रियाकलापों को पुनः परिभाषित कर शामिल करना चाहिए—

1. आदिवासियों के आर्थिक विकास के लिए योजनाओं के सूत्रीकरण एवं क्रियान्वयन में आदिवासी कल्याण विभाग के प्रयोग के लिए आर्थिक सामाजिक आँकड़ों का संग्रह करना।
2. हस्तशिल्प एवं उद्योग में शोध, जिसका मूल्य अपनी दक्षता, स्थानीय संसाधनों एवं वस्तुओं के उपयोग के माध्यम से आदिवासियों के आर्थिक विकास के लिए तुरंत प्राप्त हो।
3. आदिवासी कल्याण योजनाओं की जाँच निम्नलिखित बातों के संदर्भ में की जाती है—
   (क) आदिवासी व्यवहार, दक्षता एवं ज्ञान में प्रभाव के लिए,
   (ख) उनके द्वारा लाए गए सामाजिक एवं आर्थिक बदलाव के लिए और
   (ग) कार्यक्रम में प्रगति के लिए।
4. राज्य सरकार को उनके प्रशिक्षण कार्यक्रम में सहायता हो।
5. पाठ्य-पुस्तकें एवं आदिवासी भाषा में प्रारंभिकी तैयार करने, लोकसंगीत, लोककथाएँ, आदिवासी योद्धाओं की कहानियों के संग्रह इत्यादि के लिए आदिवासी भाषा विज्ञान में शोध हो।
6. आदिवासी कल्याण विभाग में कार्यरत क्षेत्रकर्मियों को आदिवासी भाषाओं एवं बोलियों की पढ़ाई हो।

अखिल भारतीय स्तर पर शोधों के समन्वय के लिए एक केंद्रीय आदिवासी कल्याण संस्थान की स्थापना तथा विशेष समस्याओं के अध्ययन, जो किसी राज्य के क्षेत्र की सीमा के बाहर तक फैला हो, उदाहरण के लिए हस्तांतरित कृषि, औद्योगिकीकरण का आदिवासी समाज पर प्रभाव इत्यादि।

शोध संस्थाओं के कार्यों को दिशा-निर्देश, पर्यवेक्षण एवं समन्वय की शुरुआत गृह मंत्रालय के समन्वय समिति से की जा सकती है। इस प्रयोजन के लिए मंत्रालय में प्रस्तावित आदिवासी कल्याण विभाग के साथ एक अलग कोषांग जोड़ा जा सकता है।

(लेखक द्वारा डेबर कमीशन की रिपोर्ट का हिंदी अनुवाद)

भूरिया कमीशन की रिपोर्ट (2004) का सारांश

संविधान की धारा 339 के खंड (1) के तहत अनुसूचित क्षेत्रों एवं अनुसूचित जनजातीय आयोग के गठन का आदेश दिनांक 18.1.2002 के तहत भूरिया कमीशन अस्तित्व में आया।

आयोग को निर्देश की शर्तें

(1) संविधान के विभिन्न प्रावधानों को ध्यान में रखते हुए एवं देश में आदिवासी परिस्थितियों पर दृष्टि डालते हुए, आयोग भविष्य के लिए एक वास्तविक कल्पना की रूपरेखा तैयार करेगा एवं एक टिकाऊ समेकित आदिवासी नीति की रूपरेखा का सूत्रीकरण करेगा।

(2) आयोग यह जाँच करेगा कि संवैधानिक प्रावधान अब तक आदिवासी हितों को बढ़ावा देने के लिए संवैधानिक, कानूनी, वित्तीय एवं प्रशासनिक योजनाओं के दृष्टिकोण से अनुसूचित जनजातियों से कैसे संबंधित हैं तथा पाँचवीं एवं छठी अनुसूची के पर्याप्त एवं यथोचित संचालन के लिए उपायों की अनुशंसा करेगा।

(3) आयोग नीतियों, योजनाओं एवं कार्यक्रमों के डेबर कमीशन की अनुशंसाओं के अनुसार किए जा रहे क्रियाकलापों का अथवा अन्य तरीके से क्रियान्वित किए जाने का पुनर्निरीक्षण करेगा एवं इस संबंध में जैसा किया जा सकता है उसका सूत्रीकरण करेगा।

(4) आयोग अब तक की विकास की रणनीतियों की जाँच करेगा, विशेषकर उपयोजना के समेकित पहलुओं को समायोजित करने की पहल, जैसे—

(क) योजना एवं गैर-योजना खंडों, जैसे कृषि एवं उससे जुड़े हुए भाग, वन, शिक्षा, स्वास्थ्य, रोजगार, वित्तीय, सहयोग संस्थान, आदिवासियों का विस्थापन इत्यादि।

(ख) कानूनी एवं प्रशासनिक प्रकृति से जुड़े भूमि से बेदखल किए जाने के मामले, ऋण एवं उत्पाद इत्यादि के क्षेत्र में किए जानेवाले सुरक्षात्मक उपाय।

(ग) वित्तीय एवं लेखा संबंधी उपाय तथा उनमें परिवर्तन एवं आवश्यकता के अनुरूप बदलाव के सुझाव।

(5) आयोग सामाजिक, राजनीतिक एवं प्रशासनिक व्यवस्था की विशेषकर पंचायतों के अनुसूचित क्षेत्रों में विस्तार कानून 1996 से संबंधित संविधान

के भाग 9 के संदर्भ में जाँच करेगा एवं स्वशासन के लिए इसे प्रभावी बनाने एवं आदिवासियों के सामाजिक-आर्थिक विकास के लिए उपाय सुझाएगा।

(6) अनुसूचित क्षेत्रों एवं राज्य में आदिवासियों के कल्याण से संबंधित अन्य बातें।

आयोग

(क) केंद्र सरकार, राज्य सरकार तथा अन्य प्राधिकारों, संगठनों अथवा व्यक्तियों से ऐसी सूचनाएँ प्राप्त कर सकता है, जो आयोग के लिए प्रासंगिक एवं आवश्यक हों तथा आयोग के विचार से उनके कार्य में सहायक हो।

(ख) आयोग के सदस्यों के बीच से उपसमितियों की नियुक्ति कर सकता है, जिसे आयोग अपनी शक्तियों एवं कर्तव्यों के निर्वाह हेतु ठीक समझे, जो उन्हें आयोग के द्वारा दिए जा सकते हैं।

(ग) आयोग जैसा उचित समझता है वैसा देश के कुछ भागों में भ्रमण हेतु उपसमितियों को कार्यों में लगा सकता है।

(घ) अध्यक्ष के अधिकारों के तहत तय की गईं उपसमितियों की बैठक अथवा आयोग की बैठक किसी समय और किसी स्थान में कर सकता है।

(ड़) किसी भी सदस्य की अस्थायी अनुपस्थिति अथवा सदस्यों की जगह खाली रहने पर भी आयोग कार्य कर सकता है।

(च) आयोग जहाँ तक हो सके अपनी प्रक्रियाओं के तहत संचालित हो सकता है, क्योंकि इस आदेश में इससे संबंधित कोई प्रावधान नहीं बनाया जाता।

आयोग अपनी रिपोर्ट राष्ट्रपति को जितनी जल्द हो समर्पित करे, लेकिन यह अवधि इस आयोग के गठन से एक वर्ष से अधिक नहीं होनी चाहिए।

अनुसूचित क्षेत्रों के प्रशासन के बारे में राज्यपाल के द्वारा राष्ट्रपति को भेजे जानेवाली रिपोर्ट

आयोग ने अनुसूचित क्षेत्रों की समस्याओं को जानने के लिए पाँचवीं अनुसूची के खंड 3 में दिए गए प्रावधानों के तहत राज्यपाल को प्रत्येक वर्ष अथवा राष्ट्रपति के द्वारा कभी भी माँगे जाने पर अनुसूचित क्षेत्रों के आदिवासियों के बारे में भेजे

जानेवाली रिपोर्ट के संबंध में यह पाया कि डेबर कमीशन (1960), शीलू आओ कमेटी (1969) तथा सप्तमी पंचवर्षीय योजना के तहत आदिवासी विकास के लिए बनाए गए कार्यदल (1984) की रिपोर्टों के बाद भी केंद्र सरकार ने इन रिपोर्टों के लिए प्रारूप पत्र तथा विषय-वस्तु के बारे में कोई निर्देश राज्य सरकारों को जारी नहीं किया। जिसके कारण राज्य सरकार इस रिपोर्ट को एक विभागीय रिपोर्ट की तरह देख रहे थे। 5 जनवरी, 1987 को कल्याण राज्य मंत्री डॉ. राजेंद्र कुमारी वाजपेयी ने अनुसूचित क्षेत्रोंवाले राज्यों के मुख्यमंत्रियों को पत्र लिखकर सूचित किया कि डेबर कमीशन की अनुशंसाओं को विभिन्न बैठकों एवं सेमिनारों में मान्यता देते हुए यह स्वीकार किया गया कि राज्यपाल की रिपोर्ट बनाने की जिम्मेदारी राज्य के सचिवालय की है तथा आदिवासी परामर्शदात्री समिति की अनुशंसाओं को भी राज्यपाल की रिपोर्ट में समाहित किया जाना चाहिए। तत्पश्चात् वैसे राज्यों को राज्यपाल की रिपोर्ट के लिए प्रारूप भेजा गया तथा यह निर्देश दिया गया कि इस रिपोर्ट में पाँचवीं अनुसूची के उद्‌देश्य की गुणवत्ता, प्रशासन की क्रियाशीलता एवं संविधान के अनुपालन की क्रियाशीलता की जानकारी होनी चाहिए। यह रिपोर्ट वार्षिक अथवा जब राष्ट्रपति चाहें भेजी जानी चाहिए।

आयोग ने यह भी पाया कि राज्यों में सन् 1999-2000 के पहले भेजी गई रिपोर्ट उपलब्ध नहीं थीं। कुछ सरकारों द्वारा रिपोर्ट के लिए कराए गए नमूना अध्ययन को ही जमा किया गया, जिससे यह पता चलता है कि यह रिपोर्ट आदिवासियों के विकास के लिए आधारभूत संरचना के बारे में तथा आदिवासी की कुछ समस्याओं के बारे में जानकारी दी गई है। यद्यपि राज्यपाल को किसी भी विषय पर विशेष रिपोर्ट बनाए जाने के लिए मंत्रिपरिषद् से कहने की शक्ति का प्रावधान नहीं है, लेकिन यह रुकावट भी नहीं है कि वह ऐसी रिपोर्ट के लिए मंत्रिपरिषद् को नहीं बोल सकते हैं। आदिवासी मंत्रालय से यह अपेक्षा की जाती है कि वह राज्यपाल के द्वारा भेजी गई रिपोर्ट का विश्लेषण करें तथा यह भी जाँच करें कि यह रिपोर्ट अनुसूचित क्षेत्रों की परिस्थिति को प्रतिबिंबित करता है अथवा नहीं।

यह भी देखा गया कि राज्यपाल की रिपोर्ट एक दैनिक रिपोर्ट की तरह है और उसमें गंभीर विषयों पर चर्चा नहीं की गई है।

इन तथ्यों के आधार पर आयोग की अनुशंसाएँ–

1. यदि राज्यपालों की रिपोर्ट वित्तीय वर्ष समाप्त होने के 6 माह के अंदर नहीं आती है तो वैसे राज्यों को रिपोर्ट जमा करने के लिए समय बढ़ा

देना चाहिए। केंद्र सरकार को राज्यों को अनुसूचित क्षेत्रों के प्रशासन के बारे में निर्देश देने में संकोच नहीं करना चाहिए।

2. रिपोर्ट के लिए भेजे जानेवाले प्रपत्र ऐसे होने चाहिए कि राज्यपाल आदिवासी विकास एवं प्रमुख समस्याओं के बारे में विस्तृत रूप से जानकारी दे सकें।
3. राज्यपाल को यह देखना चाहिए कि यदि किसी व्यक्ति अथवा समुदायों के द्वारा अपनी बातें आवेदन, स्मारपत्र अथवा सुझाव के रूप में दी गई हो तो उसे मंत्रिपरिषद् के द्वारा उसकी प्रामाणिकता की जाँच कराकर उसे रिपोर्ट में शामिल करना चाहिए।
4. विभिन्न मंत्रालयों से संबंधित विभिन्न योजनाओं एवं कार्यक्रमों की रिपोर्ट के मूल्यांकन के लिए मंत्रालयों के बीच विमर्श एवं आपसी विचार किए जा सकते हैं। राज्यपालों की प्रारंभिक रिपोर्ट की जाँच में यह पाया गया है कि अंतिम रिपोर्ट राष्ट्रपति को भेजे जाने के पूर्व विभिन्न मंत्रालयों के बीच किसी प्रकार का विमर्श नहीं किया गया है।
5. राज्य सरकार अथवा आदिवासी मंत्रालय के द्वारा दैनिक रिपोर्ट को भी रिपोर्ट के रूप में तैयार किया जाता है तो भी इस रिपोर्ट का प्रयोजन सार्थक होगा, यदि आदिवासी विकास की वस्तुस्थिति, उनके कल्याण एवं आदिवासी अर्थव्यवस्था को वास्तविक रूप से विवरण दिया जाए।
6. आयोग यह अनुशंसा करता है कि दिए गए प्रारूप में प्राप्त राज्यपाल की रिपोर्ट का गहन जाँच हो एवं रिपोर्ट में दी गई विषय-वस्तु का मूल्यांकन हो तथा इस प्रक्रिया में यदि आवश्यक हो तो उसके स्पष्टीकरण के लिए भारत सरकार संबंधित राज्यों से बातचीत कर सकती है, संवैधानिक सुरक्षा, जमीनों के हस्तांतरण के नियमों, भूमि से बेदखलीकरण के खिलाफ बने कानूनों, ऋणग्रस्तता तथा उत्पाद नीतियों के क्रियाकलापों के बारे में विशेष रिपोर्ट के लिए राज्य सरकार को कहा जा सकता है।
7. यदि राज्यपाल की रिपोर्ट में आदिवासी परामर्शदात्री समिति के अवलोकन एवं सुझावों के बारे में कुछ नहीं कहा जाता है तब यह रिपोर्ट राज्य सरकार को वापस भेजी जा सकती है कि वे इसे आदिवासी परामर्श-दात्री समिति के समक्ष प्रस्तुत करें, क्योंकि आदिवासी परामर्शदात्री समिति आदिवासी विचारों को सामने लाने का एक महत्त्वपूर्ण मंच है, जो आदिवासी विकास नीतियों का प्रमुख आधार है। टी.ए.सी. के गैर-

अधिकारी सदस्यों के द्वारा दिए गए सुझाव आदिवासियों की आवाज होती है। उनके किसी भी सुझाव को इनकार एवं दरकिनार नहीं किया जा सकता। आयोग यह मानता है कि राज्य सरकार को टी.ए.सी. द्वारा दिए गए सुझावों को संविधान एवं कानून के दायरे में मानना चाहिए। उसी तरह जहाँ राज्यपाल की रिपोर्ट में पाँचवीं अनुसूची के अंतर्गत पैरा 5 के तहत दिए गए प्रावधानों की काररवाई की स्थिति के बारे में जिक्र न किया गया हो तब भी राष्ट्रपति राज्यपाल से इस महत्त्वपूर्ण विषय पर अनुपूरक रिपोर्ट माँग सकते हैं।

8. आदिवासियों के विकास एवं कल्याण की स्थितियों के अलावा कानून-व्यवस्था की स्थिति, नक्सल आंदोलन, विद्राही समस्याओं एवं आदिवासियों की अशांति और राजनीतिक मामलों तथा आदिवासियों के अधिकारों के हित की रक्षा करनेवाले संविधान के प्रावधानों की गतिविधियों के बारे में भी जानकारी राज्यपाल के रिपोर्ट में निरंतर होनी चाहिए।
9. आयोग यह अनुशंसा करता है कि केंद्र सरकार के पास यह अधिकार है कि वह अनुसूचित क्षेत्रों की शांति एवं अच्छे प्रशासन के लिए अनुसूचित क्षेत्र के प्रशासन को दी गई जिम्मेदारियों को छोड़ देने की प्रवृत्ति पर रोक लगाने का निर्देश जारी करे।
10. आयोग यह अनुशंसा करता है कि राज्यपाल की रिपोर्ट केंद्रीय गृह मंत्रालय के विमर्श के साथ आदिवासी मंत्रालय को भेजी जानी चाहिए, ताकि समन्वय बना रहे।
11. शायद अब यह समय आ गया है कि केंद्र सरकार इस बात की जाँच करे कि राज्यपाल द्वारा राष्ट्रपति को भेजी जानेवाली रिपोर्ट राज्य के अनुसूचित क्षेत्रों की परिस्थिति के बारे में आईने की तरह कार्य करे तथा आदिवासी के हितों की रक्षा एवं उनके कल्याण के लिए पूरे समर्पण एवं ठोस तरीके से इस रिपोर्ट में राज्यों के लिए हमारे सुझावों के मुताबिक राज्यपाल की रिपोर्ट तैयार करने के लिए आवश्यक दिशा-निर्देश तैयार किया जा सके। यह महत्त्वपूर्ण है कि आर्थिक विकास की रिपोर्ट के अलावा इस रिपोर्ट में कानून-व्यवस्था की स्थिति, विद्रोही एवं सैन्य गतिविधियों तथा आदिवासी अशांति यदि अनुसूचित क्षेत्रों में हो तो उसके बारे में विवरण होने चाहिए। आदिवासियों के प्रचलित कानूनों में व्याप्त देशज आस्था, संस्कृति, मान्यताओं एवं परंपराओं की सुरक्षा के लिए संविधान के प्रावधानों

के क्रियान्वयन के बारे में भी राज्यपाल की रिपोर्ट में विवरण होना चाहिए। हम यह विश्वास करते हैं कि जब तक किसी आदिवासी परिवेश में उत्पन्न होनेवाले बाहरी आबादी के द्वारा संस्कृति पर प्रभाव, तथा शोषक प्रवृत्ति के तहत बाहरी लोगों के द्वारा आदिवासी अर्थव्यवस्था एवं जमीनों पर नियंत्रण के बारे में आदिवासियों के छिपे हुए डर की गंभीरता के बारे में सही रिपोर्टिंग नहीं होती है, तब तक अनुसूचित क्षेत्रों के अच्छे प्रशासन के लिए हम कुछ भी स्पष्ट रूप से नहीं कर पाएँगे। केंद्र सरकार यह भी जाँच का आदेश दे सकती है कि विशेषकर मध्य भारत के अनुसूचित क्षेत्रवाले राज्यों में पर्याप्त राशि भेजे जाने के बाद भी विकास नहीं पहुँच पाया है, तथा पाँचवीं अनुसूची के प्रावधानों एवं संवैधानिक सुरक्षा का लाभ क्यों लोगों तक नहीं पहुँच पाया है। इन्हीं सब कारणों से आदिवासियों के बीच अशांति फैली है एवं नक्सलवाद बढ़ा है।

12. आयोग यह अनुशंसा करता है कि पाँचवीं अनुसूची के पैरा 3 के तहत राज्यपाल की रिपोर्ट को विधानसभा में भी रखे जाने का प्रावधान किया जा सकता है।
13. राज्यपाल की रिपोर्ट को आदिवासी मंत्रालय के जरिए न भेजकर सीधे राज्यपाल को भेजा जा सकता है।

आदिवासी परामर्शदात्री समिति

पाँचवीं अनुसूची के भाग 2 के तहत राज्यों में, जहाँ आदिवासी आबादी है, आदिवासी परामर्शदात्री समिति के गठन किए जाने का प्रावधान है।

1. संविधान निर्माताओं ने सोचा कि आदिवासी परामर्शदात्री समिति का गठन अत्यंत महत्त्वपूर्ण होना चाहिए। भारत की संविधान सभा की सलाहकार समिति की उपसमिति ने अपनी अंतरिम रिपोर्ट (पैरा 15) में कहा कि विशेष पर्यवेक्षण के कार्य के लिए एवं समय-समय पर आदिम जातियों की आर्थिक एवं वित्तीय तथा अन्य जरूरतों, विकास योजनाओं के कार्य, योजनाओं, प्रशासनिक तंत्र एवं विधायिका के बारे में सुझावों की ओर प्रांतीय सरकारों का ध्यान आकृष्ट कराने के लिए यह आवश्यक है कि आदिवासी परामर्शदात्री परिषद् की स्थापना का कानूनी प्रावधान किया जाए, जिसमें कि आदिवासी पहलुओं को मजबूती से रखा जा सकेगा।
2. देश में ऐसे 26 राज्य हैं, जहाँ आदिवासी आबादी है। सन् 1950 से सन्

2003 के बीच झारखंड राज्य को छोड़कर सभी राज्यों में आदिवासी परामर्शदात्री परिषद् का गठन हो चुका है। मध्य भारत में राज्यों के पुनर्गठन के फलस्वरूप अनुसूचित क्षेत्र छत्तीसगढ़, झारखंड, मध्य प्रदेश आदेश 2003 अधिसूचित की गई। छत्तीसगढ़ में सन् 2000 में राज्य बनने के साथ ही आदिवासी परामर्शदात्री परिषद् का गठन हो गया था। वैसे राज्य जो अनुसूचित क्षेत्र में नहीं आते उन्होंने भी पाँचवीं अनुसूची के प्रावधानों के तहत आदिवासी परामर्शदात्री परिषद् का गठन कर दिया। केरल राज्य टी.ए.सी. की तरह ही आदिवासी परामर्शदात्री बोर्ड का गठन किया है। नागालैंड, अरुणांचल प्रदेश जैसे राज्य, जहाँ 80 प्रतिशत से ज्यादा आदिवासियों की जनसंख्या है, वे टी.ए.सी. के गठन को आवश्यक नहीं मानते।

पाँचवीं अनुसूची के प्रावधानों के पैरा 4(2) के अनुसार राज्य के आदिवासियों के कल्याण एवं विकास से संबंधित वैसे मामले, जो राज्यपाल के द्वारा विनिर्दिष्ट किए गए हों के बारे में राज्य सरकार को सुझाव देने का काम आदिवासी परामर्शदात्री समिति की होगी।

लेकिन टी.ए.सी. के सदस्यों के द्वारा यह शिकायत की गई है कि राज्यपाल के द्वारा कोई भी अथवा महत्त्वपूर्ण मुद्दों के बारे में टी.ए.सी. से सुझाव के लिए विनिर्दिष्ट नहीं करती है। प्राय: अधिकांश राज्यों में टी.ए.सी. के पास दो-तीन बार छोटे-छोटे मामलों में बुलाई जानेवाली बैठकों में अपने विचार एवं सुझाव देने के अवसर होते हैं। टी.ए.सी. की विषय-वस्तुओं पर बिरले ही नीतियाँ बन पाती हैं। कुछ सदस्य यही आरोप लगाते हैं कि आदिवासियों के सामाजिक-आर्थिक मामलों से संबंधित विषयों पर प्रस्तावित विधानसभा के द्वारा किए जानेवाले पहल पर भी उनका सुझाव नहीं लिया जाता है। अधिकांश राज्यों में प्राप्त दस्तावेजों तथा आदिवासियों से विमर्श से यह दिखाई पड़ता है कि आदिवासी नीतियों एवं विकास नीतियों के लिए कोई भी प्रमुख प्रस्ताव अथवा सुझाव टी.ए.सी. के द्वारा हाल के वर्षों में नहीं जमा किया गया है।

फिर भी हाल के वर्षों में विभिन्न राज्यों में कुछ ठोस मुद्दे टी.ए.सी. को उनके सुझाव के लिए विनिर्दिष्ट किए गए।

राष्ट्रीय आदिवासी परामर्शदात्री परिषद्

बहुत सारे राज्यों ने अपने विचार व्यक्त किए हैं कि राष्ट्रीय स्तर पर एक

टी.ए.सी. का गठन होना चाहिए, जो विभिन्न राज्यों में आदिवासी जनसंख्या को प्रभावित करनेवाली समस्याओं के समाधान के लिए सुझाव दें, जो सिर्फ राष्ट्रीय परिषद् के द्वारा केंद्रीकृत रूप में संबोधित किया जा सके। राष्ट्रीय स्तर पर ऐसे संस्थान राज्यों के बीच समन्वय एवं विमर्श में मदद करेंगे तथा एक राज्य की सफलताओं को अन्य राज्यों में दुहराया जा सकता है। राज्य सरकारें ये स्वीकार करती हैं कि बहुत सारे नीतिगत मामले एवं विधायिका राष्ट्रीय स्तर पर तय किए जाते हैं, जो देश के आदिवासियों को प्रभावित करते हैं। अधिकांश राज्यों में आदिवासी अल्पसंख्यक हैं और राज्य सरकारें राजनीतिक दबाव और बाध्यता के कारण सामान्य नीतियों में आदिवासियों को छोड़ देते हैं। वैसी परिस्थिति में आदिवासियों की आवाज केंद्र सरकार तक नहीं पहुँच पाती है।

हालाँकि संविधान की धारा 338 के तहत राष्ट्रीय आयोग का गठन किया गया है, जिसका मुख्य कार्य सुझाव देना है तथा अन्य चीजों के अलावा अनुसूचित जनजातियों के सामाजिक-आर्थिक विकास के लिए योजना बनाने की प्रक्रिया और ऐसे उपायों की अनुशंसा करना, जो केंद्र एवं राज्य सरकार के द्वारा संवैधानिक सुरक्षा के प्रावधानों को प्रभावी ढंग से किया जाना चाहिए।

अनुशंसाएँ

भूरिया आयोग ने आदिवासी परामर्शदात्री परिषद् के बारे में कई महत्त्वपूर्ण अनुशंसाएँ की हैं—

1. आयोग यह अनुशंसा करता है कि आदिवासी आबादीवाले राज्य एवं केंद्रशासित प्रदेश कठोरता से पाँचवीं अनुसूची के प्रावधानों के तहत आदिवासी परामर्शदात्री समिति का गठन करे।
2. यद्यपि टी.ए.सी. के सदस्यों का किसी विषय पर छोटा सा सुझाव हो सकता है, तब भी ऐसे प्रावधान करने की जरूरत है कि सदस्यों को उनको विनिर्दिष्ट विषयों के अलावा भी दूसरे विषयों पर अपना सुझाव दे सकें।
3. ऐसा तंत्र विकसित किया जाना चाहिए कि विधानसभाओं, संसदों तथा मंत्री परिषद् के द्वारा आदिवासी हितों को प्रभावित करनेवाले किसी भी कानून, नियम, विनियम पारित होने के पहले टी.ए.सी. के सदस्यों से विमर्श किया जाए।
4. आयोग यह भी अनुशंसा करता है कि आदिवासी उपयोजना के लिए

पंचवर्षीय योजना एवं वार्षिक योजना का प्रस्ताव टी.ए.सी. के समक्ष उनके सुझावों के लिए रखा जाना चाहिए। राज्य सरकारों को आदिवासी उपयोजना के लिए पंचवर्षीय योजना एवं वार्षिक योजना बनाने में टी.ए.सी. से विमर्श करने में शर्मिंदगी महसूस नहीं करनी चाहिए, जिसकी काररवाई वास्तव में खुला एवं पारदर्शी होना चाहिए। विचारों एवं नजरिए को प्राप्त करने में अधिक-से-अधिक कोशिश, जो संभव हो किया जाना चाहिए तथा आदिवासी विकास एवं कल्याण के लिए टी.ए.सी. के सुझावों को एकत्रित किया जाना चाहिए और यह सब आदिवासियों के हित के लिए किया जाना चाहिए। यह सुझाव दिया जाता है कि जमीन, जंगल, स्वास्थ्य एवं शिक्षा के क्षेत्र में आदिवासी हित को देखने के लिए एक स्टैंडिंग कमेटी का गठन होना चाहिए।

5. टी.ए.सी. को ऐसा एक मंच बनाना चाहिए, जो आदिवासियों के भविष्य के लिए प्रत्यक्ष एवं अनुमानित रेखाचित्र खींच सकें और आदिवासी विचार सामाजिक-आर्थिक विकास की नीतियाँ तथा आदिवासियों की हितों की रक्षा के लिए वैधानिक नियम बनाने का आधार बन सकें।
6. आयोग यह अनुशंसा करता है कि एक महत्त्वपूर्ण सुझाव देने वाली इकाई होने के नाते टी.ए.सी. को सशक्त करने की जरूरत है तथा इसे अपने नियमित कार्यों के इतर भी कार्यों का विस्तार करना चाहिए, क्योंकि यह संस्थान को अनुसूचित क्षेत्र तथा अनुसूचित क्षेत्रों के बाहर के आदिवासी परिवेश की शांति एवं अच्छे प्रशासन के लिए राज्यों को उपाय सुझाने के अलावा आदिवासी उपयोजना को सफल बनाने में अत्यधिक कर्तव्य का निर्वहन करना है।

पाँचवीं अनुसूची के पैरा 5 के तहत राज्यपाल की शक्तियाँ एवं कार्य

पाँचवीं अनुसूची के पैरा 5(1) के तहत संविधान की पाँचवीं अनुसूची राज्यपाल को अनुसूचित क्षेत्रोंवाले राज्यों के राज्यपाल को यह शक्ति प्रदान करता है कि वह अनुसूचित क्षेत्रों के लिए राज्यों में बनाए गए नियमों तथा संसद् में बनाए गए कानूनों को संचालित करें। पैरा 5(1) स्पष्ट करता है कि इस संविधान के रहते हुए राज्यपाल अधिसूचना के माध्यम से राज्य के विधानसभा तथा संसद् में बनाए गए किसी भी नियम अथवा कानून को, जो अनुसूचित क्षेत्रों में अथवा राज्य के किसी भी भू-भाग में लागू होने से रोकने का निर्देश दे सकता है, बशर्ते कि वह

अपवाद एवं परिवर्तन, जो अधिसूचना के माध्यम से दिए जा सकते हैं इस पैरा के कोई भी निर्देश भूतलक्षी प्रभाव से लागू हो सकेगा।

पाँचवीं अनुसूची राज्यपाल को अनुसूचित क्षेत्रों में शांति व्यवस्था एवं सुशासन बनाए रखने के लिए विशेष जिम्मेदारियाँ प्रदान करता है। राज्यपाल ऐसे राज्यों में, जहाँ अनुसूचित क्षेत्र हैं, उनकी शांति से सुशासन के लिए नियम बना सकते हैं, जिन्हें पैरा 5(2) में विनिर्दिष्ट किए गए हैं।

पैरा 5(2) में विनिर्दिष्ट विषयों के संदर्भ में किसी प्रकार का नियम बनाने के क्रम में राज्यपाल संसद् अथवा राज्यों की विधानसभा द्वारा बनाए गए कानून अथवा उस समय राज्य में विद्यमान कोई भी लागू कानून में परिवर्तन अथवा संशोधन ला सकता है।

इस पैरा के अंदर बनाए गए कोई भी नियमों पर जब तक राष्ट्रपति की सहमति नहीं ली जाती है तब तक वह प्रभावी नहीं माना जाएगा। इस पैरा के अंतर्गत कोई भी नियम तब तक नहीं बनाया जा सकेगा, जब तक इस संबंध में आदिवासी परामर्शदात्री समिति यदि हो और उससे विमर्श न किया गया हो।

इस पैरा के तहत भी राज्यों ने अनुसूचित क्षेत्रों में लागू किए जाने के लिए आदिवासियों की जमीन के हस्तांतरण एवं उन्हें उधार देने इत्यादि विषयों पर नियम बनाकर अथवा विद्यमान नियमों में परिवर्तन लाकर इन्हें संचालित करने का काम किया है। आदिवासी को जमीन आवंटन के मामले में अनुसूचित क्षेत्रों में प्रशासनिक आदेश के माध्यम से इसका संचालन किया जाता है।

दरअसल राज्यों ने इस पैरा के अंतर्गत आदिवासी हितों की रक्षा के लिए कानून बनाया है, लेकिन उनमें परिवर्तन कर दिया गया है अथवा इन विषयों के लिए अलग कानून बना दिया है। कई मामलों में लागू कानूनों में परिवर्तन कर दिया गया है। आयोग ने यह मंतव्य प्राप्त किया है कि किसी भी राज्यों में, जहाँ अनुसूचित क्षेत्र हैं, वहाँ राज्यपालों ने अनुसूचित क्षेत्रों में लागू किए जाने के लिए किसी भी प्रकार का नियम बनाने की पहल की हो। जहाँ भी कानून बनाने की पहल राज्य सरकार से की जाती है उसे ही ऐसा समझाकर स्वीकार कर लिया जाता है कि प्रजातांत्रिक व्यवस्था में इसी कानून की आवश्यकता है।

कानून एवं नियमों की प्रकृति हमेशा लोगों की सुरक्षा से जुड़ी होती है, लेकिन यह जाँचने की जरूरत है कि कैसे उनको संचालित किया जा रहा है अथवा इसके संचालन से उद्देश्यों की प्राप्ति का लक्ष्य पूरा हो पा रहा है अथवा नहीं। विभिन्न राज्यों के द्वारा हमेशा आयोग को यह कहा गया कि जो कानून, नियम

अथवा विधि राज्य में लागू हैं, वे आदिवासियों की सुरक्षा के लिए काफी हैं। आयोग की अपनी रिपोर्ट के अनुसार राज्यों के ये दावे बिलकुल न्यायसंगत नहीं पाए गए हैं। यद्यपि हम यह विश्वास करते हैं कि इन सुरक्षा के उपायों का कुछ हद तक आदिवासी जीवन एवं अर्थव्यवस्था पर प्रभाव पड़ा है तथा नियमों के संचालन का आवश्यकतानुरूप लक्ष्य प्राप्त किया गया है, लेकिन देश के आदिवासियों की संतोषजनक परिस्थिति तक नहीं पहुँचा जा सका है। इतने तक की, जहाँ इन कानूनों को किसी भी तरह लागू ही किया जा सका है, वहाँ भी निश्चित किए गए सुरक्षा के उपायों का समस्याओं के निवारण पर प्रभाव पड़ा है एवं कुछ हद तक लक्ष्य प्राप्त करने में मदद मिली है।

आयोग से विमर्श के दौरान संबंधित राज्य सरकार से संबंधित लोग यह स्वीकार करने में असमर्थ थे कि ऐसा कोई भी मामला हो, जिसमें राज्यपाल ने खुद कोई नियम बनाएँ हों अथवा राज्य की विधानसभा एवं संसद् द्वारा पारित कानूनों में परिवर्तन लाने की कोई पहल की हो।

पाँचवीं अनुसूची के प्रावधान सिर्फ जमीनों के हस्तांतरण, ऋणों के लेन-देन तथा आदिवासियों को जमीन आवंटन करने तक ही सीमित नहीं है। पैरा 5(2)के प्रावधानों के अनुसार राज्यपाल किसी भी विषय पर अथवा कोई भी मामला जो अनुसूचित क्षेत्रों की शांति-व्यवस्था एवं सुशासन से संबंधित मामलों में कानून बना सकते हैं। एक महत्त्वपूर्ण विषय है कारोबार एवं व्यापार का जो आदिवासियों के जमीन के हस्तांतरण से भी अतिमहत्त्वपूर्ण है, जिस पर इस पैरा के अंतर्गत अनुसूचित क्षेत्रों में व्यापार एवं कारोबार को संचालित करने के लिए नियम बनाने की आवश्यकता है, ताकि आदिवासियों के हितों की रक्षा हो सके।

हम यह मानते हैं कि जो कर्तव्य राज्यपाल को पैरा 5(1)(2)के तहत दी गई है, वह अनुसूचित क्षेत्रों में राज्य के विधि एवं संसद् द्वारा पारित कानूनों को अनुसूचित क्षेत्रों में संचालित करने के लिए परिवर्तित करने के लिए दी गई है, जिसका राज्यपाल को प्रभावी ढंग से लेना चाहिए, ताकि आदिवासियों के अधिकारों की सुरक्षा तथा अनुसूचित क्षेत्र में शांति एवं सुशासन के लक्ष्य को पूरा किया जा सके।

अप्रैल 2001 में अनुसूचित जातियों एवं जनजातियों के कल्याण एवं अधिकार के लिए बनाई गई राज्यपालों की समिति के द्वारा केंद्र सरकार को समर्पित रिपोर्ट को देखने से पता चलता है कि समिति ने अपनी रिपोर्ट में जो अवलोकन किया है वह अतिमहत्त्वपूर्ण है, जिसे बताना जरूरी है कि—

वर्तमान में सभी राज्यों से प्राप्त अनुभव ये बताते हैं कि राज्यपालों ने पाँचवीं अनुसूची के अंतर्गत अपने कर्तव्यों का निर्वाह नहीं किया है, जहाँ कहीं भी उन्होंने अपने कर्तव्यों का निर्वाह किया है वह मंत्री परिषद् के सुझावों पर किया है। इस समिति ने भारत के महाधिवक्ता से पाँचवीं अनुसूची के अंतर्गत राज्यपाल के कर्तव्यों एवं उनकी शक्तियों के इस्तेमाल की व्याख्या पर सुझाव प्राप्त किया है। इस विषय की रिपोर्ट में महाधिवक्ता श्री सोराबजी के सुझाव से कुछ उपयोगी निष्कर्ष सामने आए हैं, जो निम्नलिखित हैं—

हमारे संवैधानिक योजना के अंतर्गत सामान्य नियम की तरह राज्यपाल मंत्री परिषद् के सुझावों पर कार्य करते हैं, न कि स्वतंत्र रूप से। राज्यपाल के द्वारा किए जानेवाले किसी विशेष प्रकार की काररवाई से साधारण नियमों को हटा दिए जाते हैं, जहाँ संविधान यह अभिव्यक्ति प्रदान करता है कि राज्यपाल अपने विवेक के तहत कार्य कर सकता है, [छठी अनुसूची, पैरा 9(2), धारा 371ए(1)(डी), धारा 371 ए(2)(बी), धारा 371ए(2)(एफ))अथवा अपने व्यक्तिगत न्याय (धारा 371ए(1)(बी) अथवा मंत्री परिषद् के स्वतंत्र (धारा 239(2)]। कुछ कार्य ऐसे हैं, जो अपनी प्रकृति से आवश्यक रूप से सामान्य नियमों से अलग हैं। जैसे संविधान की धारा 356 के तहत राज्यपाल के द्वारा राष्ट्रपति को भेजे जानेवाली रिपोर्ट।

संविधान की पाँचवीं अनुसूची के अंतर्गत ऐसा कोई प्रावधान नहीं है, जो राज्यपाल को मंत्रियों के सुझावों के विरुद्ध कार्य करने के लिए विवेक की शक्ति प्रदान करते हैं। मेरे विचार से राज्यपालों को पाँचवीं अनुसूची के अपने कार्यों के निर्वाह के क्रम में मंत्रियों के सुझावों के अनुसार कार्य करने चाहिए, न कि स्वतंत्र रूप से अपनी इच्छा के अनुसार।

महाधिवक्ता के विचारों के आलोक में राज्यपालों की समिति ने यह मत बनाया कि चूँकि पाँचवीं अनुसूची में राज्यपालों को अपने विवेक के आधार पर कार्य किए जाने का कोई प्रावधान नहीं है। अत: पाँचवीं अनुसूची के अंतर्गत साधारण क्रियाकलापों के सिद्धांत के तहत मंत्रिपरिषद् के सुझावों के अनुसार कार्य करने को बाध्य हैं। अत: यह आवश्यक है कि पाँचवीं अनुसूची के अंतर्गत राज्यपाल के क्रियाकलाप में आनेवाली अस्पष्टता को दूर किया जाए।

पाँचवीं अनुसूची में राज्यपाल को मंत्रिपरिषद् के सुझाव पर कार्य करने की जरूरत है, इसका स्पष्ट प्रावधान नहीं है। जबकि राज्यपाल के लिए यह बाध्यता है कि वे अनुसूचित क्षेत्रों में लागू करने के लिए संसद् अथवा राज्य की विधानसभा

द्वारा विद्यमान कानून के बदलाव के लिए तथा अनुसूचित क्षेत्रों की शांति-व्यवस्था एवं सुशासन के लिए आदिवासी परामर्शदात्री समिति से विमर्श करेंगे। आयोग ने कई ऐसे महत्त्वपूर्ण लोगों से विमर्श किया, जो आदिवासी विषय पर गहरी समझदारी रखते हैं तथा आदिवासी विकास के संबंध में तथा संविधान की पाँचवीं अनुसूची के अनुपालन के बारे में अधिक अनुभवी हैं। आयोग ने अपने क्षेत्रभ्रमण के दौरान अनुसूचित क्षेत्र के कई आदिवासी नेताओं, आदिवासी परामर्शदात्री समिति के गैर-सरकारी सदस्यों तथा अलग-अलग समूहों के आदिवासियों से विमर्श किया। पाँचवीं अनुसूची के पैरा 5(1)(2) प्रावधानों के सरल अध्ययन एवं ऊपर वर्णित विषयों पर संपर्कों एवं विमर्शों के आधार पर साधारण मंतव्य यह बन पाया कि राज्यपाल आदिवासियों की हितों की रक्षा के लिए बिना मंत्रिपरिषद् के सुझाव लिये कोई भी निर्णयात्मक कार्य करने के लिए सक्षम हैं तथा उसके लिए अपने विवेक का प्रयोग कर सकते हैं। बशर्ते कि संविधान की धारा 163 के सामान्य सिद्धांत, जिसके तहत राज्यपाल मंत्री परिषद् के सुझावों एवं विचारों को जोड़ने के लिए बाध्य हैं, पाँचवीं अनुसूची के पैरा 5 के शब्दों एवं भावनाओं के अनुरूप न हों। अनुसूचित दोनों प्रावधान, पैरा 5(1)(2) आपस में एक सूर में पिरोए गए हैं तथा आदिवासियों के लिए संविधान निर्माताओं के मकसद को प्रतिबिंबित करते हैं। दोनों प्रावधानों की मूल प्रवृत्ति स्पष्ट एवं विशिष्ट हैं। इन्हें इसी रूप में शायद विधिशास्त्र के अनुसार साधारण प्रावधानों के ऊपर होना चाहिए।

अनुशंसाएँ

हमारे विचार से पाँचवीं अनुसूची के प्रावधानों को राज्यपालों के द्वारा अनुसूचित क्षेत्र में पूरी तरह से इस्तेमाल नहीं किया गया। आदिवासी उपयोजना, आदिवासियों के सामाजिक-आर्थिक विकास की सफलता के लिए, ये सुरक्षा के प्रावधान जरूरी पूर्व आवश्यकता है। इन सुरक्षात्मक प्रावधानों के लागू करने के लिए राज्यपालों ने किसी आवश्यक परिवर्तन की पहल नहीं की, न ही इन कानूनों के प्रभाव की शक्तियों को बढ़ाने के लिए कोई भी नए नियम बनाए गए। राज्यों में इन प्रावधानों के अनुपालन करनेवाले प्राधिकारों के पास इन सुरक्षा उपायों की क्षमता के मूल्यांकन का कोई तंत्र नहीं है। एक ओर, जहाँ इसके अनुपालन करनेवाले प्राधिकार अपने आपको संतोषप्रद स्थिति में अनुभव करते हैं, जमीनी सच्चाई यह है कि पाँचवीं अनुसूची के प्रावधानों के अप्रभावी ढंग से अनुपालन के कारण आदिवासियों की अपूरणीय क्षति हुई है।

आयोग यह अनुशंसा करती है कि पैरा 5(2) खंड सी. के बाद खंड डी. जोड़ा जाना आवश्यक है, जो यह होगा कि अनुसूचित क्षेत्र में व्यापार एवं वाणिज्य को संचालित किया जाना चाहिए।

इस प्रावधान का लक्ष्य है कि पाँचवीं अनुसूची की पैरा 5(2)के तहत आवश्यक नियमों के जरिए ग्रामीण एवं स्थानीय आदिवासियों का नियंत्रण व्यापार एवं वाणिज्य में हो। हम यह भी अनुशंसा करते हैं कि यह इतना लचीला हो कि इसे अनुसूचित क्षेत्रों के बाहर आई.टी.डी.पी. क्षेत्र में भी केंद्र सरकार के माध्यम से लागू हो सके।

इन अनुशंसाओं के अलावा भी कई महत्त्वपूर्ण अनुशंसाएँ भूरिया आयोग के माध्यम से की गई हैं, जिनका विस्तृत विवरण भूरिया समिति की रिपोर्ट से प्राप्त किया जा सकता है।

अंत में आयोग ने यह कहा है कि उनकी सारी अनुशंसाओं को शामिल करने के लिए पाँचवीं अनुसूची में संशोधन की आवश्यकता होगी। आयोग यह मानता है कि इस अनुसूची के तहत की गईं अनुशंसाएँ राज्यपाल को पाँचवीं अनुसूची के तहत पर्याप्त कार्य करने के लिए सक्षम बनाएगा। इन अनुशंसाओं के प्रस्ताव का लक्ष्य यह है कि ये अनुशंसाएँ राज्यपाल को अपने व्यक्तिगत निर्णयों में अपने कार्यों के संपादन के लिए तथा अनुसूचित क्षेत्रों में शांति व्यवस्था एवं सुशासन के लिए विशिष्ट महत्त्व वाले विषयों में उनके विवेक के अनुसार कार्य करने के लिए आवश्यक हों, अधिक शक्तिशाली बनाएगा।

(भूरिया आयोग के उपरोक्त विवरण का सार संदर्भ—Fifth Schedule & Beyond, पृष्ठ 198-219)

□

अध्याय-6

आदिवासी बहुल इलाकों को अनुसूचित क्षेत्र में शामिल करने का कार्य अधूरा

संविधान निर्माण के पूर्व अनुसूचित क्षेत्रों को अनुसूचित इलाका, पिछड़ा इलाका, पूर्णत: वर्जित इलाके एवं आंशिक रूप से वर्जित इलाके के रूप में भारत सरकार अधिनियम, 1919 एवं भारत सरकार अधिनियम, 1935 अथवा इससे भी पूर्व से बने कानूनों के अंतर्गत चिह्नित किए गए थे। भारत के संविधान की धारा 244 तथा 244(ए) को पाँचवीं एवं छठी अनुसूची के अंतर्गत डाला गया। पाँचवीं अनुसूची के तृतीय भाग के खंड 6 के अनुसार राष्ट्रपति द्वारा अधिसूचित क्षेत्रों को पाँचवीं अनुसूची के तहत अनुसूचित क्षेत्र माना गया। प्रावधान के अनुरूप राष्ट्रपति किसी भी क्षेत्र को या क्षेत्र के भू-भाग को अनुसूचित क्षेत्र के रूप में घोषित कर सकते हैं अथवा अनुसूचित क्षेत्र से बाहर कर सकते हैं। सर्वप्रथम बिहार राज्य के अंतर्गत कुछ आदिवासी इलाकों को संविधान के आदेश संख्या 9 के तहत 23 जनवरी, 1950 को अनुसूचित क्षेत्र घोषित किया गया। जब आदिवासी उपयोजना की अवधारणा लाई गई तब योजना को क्रियान्वित करने के लिए सबसे पहले सभी आदिवासी क्षेत्रों को, जिसका ठीक से पता नहीं था, रेखांकित करना जरूरी था। उसके बाद आदिवासीबहुल क्षेत्रों को, जो पाँचवीं अनुसूची में शामिल नहीं थे, शामिल करना जरूरी था। इसीलिए सन् 1976 में संविधान संशोधन किया गया तथा सभी आदिवासी इलाकों को अनुसूचित करने की प्रक्रिया प्रारंभ हुई। इस प्रक्रिया में सबसे महत्त्वपूर्ण बात सामने आई कि आज के प्रशासनिक खाके में आदिवासी इलाके पूरी तरह से विभाजित हैं। इसके फलस्वरूप आदिवासी हर जगह अल्पमत, अलग-थलग और उपेक्षित हैं। इसीलिए आदिवासियों के संरक्षण

कल्याण और आदिवासी इलाकों में अच्छे प्रशासन के लिए इन इलाकों का पुनर्गठन करना जरूरी था।

आदिवासी इलाकों के विकास के लिए उपयोजना तो बनी, लेकिन संवैधानिक संशोधन के बावजूद प्रशासनिक व्यवस्था में कोई सुधार नहीं किया गया। आदिवासी बहुल इलाकों को पाँचवीं अनुसूची में डालने का काम भी सन् 1978 के बाद आधा-अधूरा छोड़ दिया गया। इसके बाद न उनके प्रशासनिक पुनर्गठन की ओर ध्यान दिया गया, न ही कानून के संशोधन का काम हाथ में लिया गया। फलस्वरूप झारखंड क्षेत्र की बहुत बड़ी आबादी अनुसूचित क्षेत्र से बाहर रह गई। वर्तमान में अनुसूचित क्षेत्रों को छोड़कर बाकी हजारीबाग, गिरीडीह, धनबाद, कोडरमा, चतरा, पलामू, देवघर, गोड्डा, रामगढ़, बोकारो जिलों में करीब 18 लाख लोग संविधान प्रदत्त अधिकार से वंचित हैं। उनकी सामाजिक, आर्थिक स्थिति को आज देखनेवाला कोई नहीं है। कोडरमा जिले के आदिवासियों की बात करें तो यह तथ्य हमारे सामने है कि वहाँ अगले कुछ वर्षों में आदिवासियों की जनसंख्या समाप्त होने के संकेत दिखाई देने लगे हैं। कुछ जिलों के पंचायतों में आदिवासी जनसंख्या का प्रतिशत लगभग 50 प्रतिशत है अथवा 50 प्रतिशत के ऊपर है, जो अनुसूचित क्षेत्रों में आबादी के हिसाब से शामिल किए जा सकते हैं अथवा उनके आर्थिक पिछड़ेपन के दृष्टिकोण से उन क्षेत्रों में शामिल किया जा सकता है, जैसे—गिरीडीह जिले में तिसरी प्रखंड, देवरी, बेगाबाद, पीरटाँड़, डुमरी प्रखंडों के कई पंचायत, देवघर जिले में मधुपुर एवं मरगो प्रखंड, धनबाद जिले में टुडी, बोकारों के गोमिया, पेटरवार, जसीडीह, रामगढ़ के पतरातू ऐसे प्रखंड हैं, जिनके कई पंचायतों में आदिवासी आबादी लगभग 50 प्रतिशत अथवा उससे अधिक हो सकती है एवं उनकी आर्थिक स्थिति अत्यंत दयनीय है। इसी प्रकार अनुसूचित क्षेत्रों के बाहर ऐसे कई आदिवासी इलाके हैं, जहाँ सरकार की पहुँच नहीं होने के कारण रोजी-रोटी के लिए बड़े पैमाने पर पलायन हो रहा है। सामाजिक व्यवस्था और भाषा-संस्कृति की रक्षा का सवाल तो उनसे कोसों दूर है।

□

अध्याय-7

अनुसूचित क्षेत्रों में लागू कानून

विल्किनसन रूल्स, 1837

यह कानून ब्रिटिश सरकार के बंगाल रेगुलेशन XIII, 1833 के अंतर्गत गवर्नर जनरल के एजेंट के तहत कोल्हान क्षेत्र के लोक न्याय प्रशासन के लिए बनाया गया।

कोल्हान के ऐतिहासिक तथ्यों के अनुसार सन् 1837 में 23 पीड़ थे, जिन्हें पहली बार कोल्हान के नाम से ब्रिटिश सरकार के अंतर्गत लाया गया। बंगाल रेगुलेशन, 1833 के तहत यह क्षेत्र आपराधिक एवं नागरिक विषयों के संबंध में सीधे तौर पर अंग्रेजी अधिनियम के तहत संचालित था, जैसा कि अन्य डिवीजन में कानून लागू थे। आदिवासी क्षेत्र में बंगाल रेगुलेशन के लागू होने के कारण सरकार के सभी निचले पदों पर बंगाल एवं बिहार से बाहरी लोगों का बड़े पैमाने पर आगमन हुआ, जो यहाँ की भाषाओं, जमीन संबंधी बातों एवं रीति-रिवाजों से बिलकुल अनभिज्ञ थे। आदिवासी प्रशासनिक घेरे के भीतर बंद कर दिए गए। इसके कारण आदिवासी क्षेत्र में शांति-व्यवस्था भंग हो गई एवं विद्रोह भड़क उठा। इन विद्रोहों को मिलिटरी ताकत के बल पर कुचलने की कोशिश की गई। इन विद्रोहों के कारण इस क्षेत्र के प्रशासनिक व्यवस्था में व्यापक फेर-बदल किए गए तथा जो सामान्य कानून बंगाल रेगुलेशन के तहत इस क्षेत्र में लागू थे, उनको समाप्त करते हुए एक नया कानून लागू किया गया। इस कानून के तहत छोटानागपुर के कुछ हिस्सों को रामगढ़ जिले से अलग कर एक नॉन रेगुलेशन प्राविंस के रूप में गठित किया गया, जिसे हम साउथ वेस्टर्न फ्रंटियर एजेंसी के नाम से जानते हैं। बंगाल रेगुलेशन के तहत ही कैप्टेन विल्किनसन ने सन् 1837 में विल्किनसन

नियम बनाए, जो आज भी कोल्हान क्षेत्र में लागू है।

इस नियम के तहत कैप्टेन विल्किनसन ने पहली बार आदिवासियों की पारंपरिक सामाजिक संस्था मानकी मुंडा समाज-व्यवस्था को मान्यता दी एवं इसे प्रमुखता देते हुए मानकी मुंडा के साथ ग्राम कार्यकारी व्यवस्था को कानूनी स्वरूप दिया गया। लोक न्याय एवं आपराधिक न्यायों के मामले तथा संचार-व्यवस्था, विद्यालयों, बाजार, हाट इत्यादि की स्थापना करने, जादू-टोना, डायन बिसाही इत्यादि कुरीतियों को रोकने के लिए पारंपरिक समाज-व्यवस्था को प्रशासनिक अधिकार दिए गए। इस नियम के तहत मुंडा, मानकी, डाकुआ, दउरी इत्यादि के अधिकारों को परिभाषित किया गया।

शतक पुराने विल्किनसन नियम के कोल्हान क्षेत्र में क्रियान्वयन के फलस्वरूप लोक प्रक्रिया संहिता, 1908 को इस क्षेत्र में प्रसार नहीं किया जा सका, जिसके कारण कई प्रकार के विरोधाभास उत्पन्न हुए। अंततः विल्किनसन कानून की वैद्यता बनाए रखने के लिए बिहार कोल्हान लोक न्याय कानून (1978) बनाया गया। इस कानून के तहत कोल्हान सिविल जस्टिस, 1966 को समाप्त कर दिया गया। इस प्रकार आज भी विल्किनसन रूल कोल्हान क्षेत्र पं. सिंहभूम में लागू है। लेकिन वहाँ के आदिवासी आज भी इस पुराने नियम को बने रहने के लिए लोगों के सुझाव के प्रति सशंकित रहते हैं। वर्तमान संदर्भ में यह कहा जा सकता है कि कहने को तो यह नियम उस क्षेत्र के ही समाज के मानकी मुंडा समाज-व्यवस्था पर आधारित पारंपरिक व्यवस्था की रक्षा के लिए स्पष्ट कानून है, परंतु इसका अनुपालन विधिवत रूप से नहीं हो पाने के कारण इसका मकसद पूरा नहीं हो पा रहा है। आज पं. सिंहभूम जिले की जो सामाजिक स्थिति है, उसे देखकर ऐसा नहीं लगता कि वहाँ कोई विशेष प्रकार की व्यवस्था लागू है। आनेवाला कल यदि उस पूरे नियम को सामान्य कानूनों से प्रभावित कर दिया जाए तो कोई आश्चर्यजनक बात नहीं होगी।

ऐसा दृष्टांत आज देखने को नहीं मिलता, जिससे यह लगे कि कोल्हान क्षेत्र एक विशेष प्रावधानोंवाला क्षेत्र है।

छोटानागपुर काश्तकारी अधिनियम

छोटानागपुर काश्तकारी अधिनियम, 1908 का मूल उद्देश्य आदिवासियों की जमीन की सुरक्षा करना था। इस कानून की अवधारणा भी आदिवासियों की भूमि संबंधी कस्टमरी व्यवस्था से जुड़ी है। ब्रिटिश शासनकाल में इसके पूर्व भूमि

संबंधी कई प्रकार के कानून बनाए गए, लेकिन आदिवासियों की भू-संपदा के मामले में विवाद बढ़ता ही गया। इसीलिए आदिवासियों की भूमि रक्षा के उद्देश्य से इस कानून को बनाया गया। इसके साथ ही छोटानागपुर में जमींदारों तथा भू-धारियों के परस्पर संबंधों और जमीन पर मालगुजारी या लगान तय करने के लिए कानून का संशोधन करना एवं उसे एक संहिता का रूप देना भी सी.एन.टी. ऐक्ट बनाने का प्रमुख मकसद था। जब छोटानागपुर में पहली बार सन् 1908 में सी.एन.टी. ऐक्ट लागू किया तब जमीन की खरीद-बिक्री, दान करने अथवा अदला-बदली करने का कोई प्रावधान नहीं था।

सी.एन.टी. ऐक्ट की धारा 46 और 71 ए में क्रमशः भूमि बेचने और वासी का प्रावधान है। अभी झारखंड में तीन तरह के काश्तकारी नियम चल रहे हैं, वे हैं—भूँईहरी, मुंडारी खुँटकटी और रैयती। इन नियमों के तहत आदिवासी जमीन खरीदने और बेचने के नियम बिलकुल स्पष्ट हैं। धारा 49 के तहत आदिवासियों की जमीन गैर-आदिवासियों को विशेष प्रयोजनों के लिए उपायुक्त की सहमति से दिए जाने का प्रावधान है, जैसे—शिक्षा, धार्मिक कार्यों, खनन, चैरिटेबल, उद्योग इत्यादि प्रयोजन। इस प्रावधान के कारण आदिवासियों की जमीनें बड़े पैमाने पर वैध तरीके से हड़प ली गईं। बाद में जब इस प्रावधान का गलत इस्तेमाल होने लगा तब बिहार सरकार ने सन् 1996 में सी.एन.टी. ऐक्ट संशोधन विधेयक लाकर उद्योग एवं खनन को छोड़कर सभी प्रकार के प्रयोजनों पर रोक लगा दी। सी.एन.टी. ऐक्ट, 1908 के मूल प्रावधान में खनन कार्य के लिए भी आदिवासी जमीन नहीं दिए जाने का प्रावधान था, परंतु सन् 1929 में सी.एन.टी. ऐक्ट में संशोधन करते हुए खनन कार्य के लिए आदिवासी जमीन लिये जाने का प्रावधान किया गया था। सरकार के इस प्रावधान के कारण भी बड़े पैमाने पर आदिवासी जमीन की लूट हुई। फलस्वरूप 12 अक्तूबर, 1938 कों सी.एन.टी. ऐक्ट के सेक्शन 9 में संशोधन करते हुए पहली बार मूल रैयत की बात सामने लाई गई। सी.एन.टी. ऐक्ट के मूल प्रावधान में मूल रैयतों एवं साधारण रैयतों में कोई विभेद नहीं किया गया था। इस संशोधन से मूल रैयतों की जमीनों के हस्तांतरण पर रोक लग गई। लेकिन इसके बावजूद आदिवासियों की जमीनें बड़े पैमाने पर जमींदारों को सरेंडर करने के नाम पर लूट ली गईं। जमीन बेदखली के इस प्रक्रिया को सी.एन.टी. ऐक्ट संशोधन विधेयक, 1947 के तहत रोक लगाने के लिए यह प्रावधान किया गया कि आदिवासी जमीन के हस्तांतरण के पूर्व उपायुक्त की सहमति आवश्यक है। लेकिन जमीन की खरीद-बिक्री आज छोटानागपुर में व्यवसाय बन गया। जो भारत की आजादी के

बाद बने सी.एन.टी. ऐक्ट नं. 25/ 1947 के कारण हो रहा है। वर्तमान में सुप्रीम कोर्ट के हाल के आदेश में अनुसूचित क्षेत्र एवं वन क्षेत्र में खनन पर रोक लगा दी गई, जिसे हम समता जजमेंट भी कहते हैं।

धारा 71ए के तहत गैर–कानूनी हथकंडे अपनाकर आदिवासी की जमीन दखल कब्जा करनेवाले गैर–आदिवासियों से आदिवासियों को जमीन वापस दिलाने के प्रावधान किए गए हैं। यह धारा बिहार शिड्यूल एरिया रेगूलेशन, 1969 की क्रम संख्या 3 के तहत छोटानागपुर टेनेंसी ऐक्ट, 1908 में अंत:स्थापित की गई, जिसकी हम आगे के पैराग्राफ में चर्चा करेंगे। इस धारा का उद्देश्य ही है कि गैर–आदिवासियों द्वारा आदिवासियों की जमीन हड़पे जाने के शोषण से आदिवासियों को राहत दी जा सके।

संताल परगना काश्तकारी (अनुपूरक प्रावधान) अधिनियम, 1949

संताल परगना काश्तकारी अधिनियम संताल परगना के काश्तकारी कानूनों का ठोस एवं संहिताबद्ध स्वरूप नहीं है, जैसा कि इस अधिनियम का नाम दिया गया है। यह अधिनियम विभिन्न कानूनों, वैधानिक नियमों–विनियमों, अधिसूचनाओं, आदेशों तथा अधिकारों के दस्तावेजों, जो काश्तकारी कानूनों में डाले गए हैं उनका अनुपूरक है। वस्तुत: यह संभव नहीं हो पाता कि कानून को संपूर्ण रूप से बनाया जा सकता, इसीलिए उन्हें उसी जगह पर असंयोजित स्थिति में छोड़ दिया गया, जहाँ इतिहास ने जमा कर रखा था।

संताल परगना उत्तर में भागलपुर एवं पूर्णिया से पूर्व में माल्दा, मुर्शिदाबाद और बीरभूम, दक्षिण में बर्दवान तथा मानभूम और पश्चिम में हजारीबाग एवं मुँगेर से घिरा है। यह क्षेत्र प्रकृति एवं प्राकृतिक संसाधनों से भरा पड़ा है। इसके अलावा इस क्षेत्र में बहुतायत मात्रा में वन संसाधनों की उपलब्धता है, एवं कई बहुमूल्य खनिज पदार्थ भी पाए जाते हैं। यहाँ के सबसे पहले बाशिंदे मलेर जनजाति (सौरिया पहाड़िया) के लोग हैं, जो राजमहल पहाड़ियों के उत्तर में बसे हैं।

प्रारंभिक इतिहास

संताल परगना का वास्तविक इतिहास मुगल शासनकाल से शुरू होता है, जब उन्होंने अपनी सेना के साथ व्यवसाय के लिए तिलईगढ़ी से बंगाल आने–जाने का रास्ता बनाया। रणनीति के अनुकूल परिस्थिति होने के कारण यह मार्ग बंगाल की चाबी कही जाती थी। यह क्षेत्र सन् 1592 में बंगाल की राजधानी बनाए जाने के कारण पहली बार आकर्षण का केंद्र बना। सन् 1660 के बाद राजधानी को ढाका में

स्थानांतरित कर दिया गया, जिसके कारण राजमहल का महत्त्व समाप्त हो गया।

ब्रिटिश शासन के प्रारंभिक काल में मलेर पहाड़ियों और माल पहाड़िया आदिवासियों ने राजमहल पहाड़ी के दक्षिण और पश्चिम में लूट-पाट शुरू कर दी और व्यापारियों को लूटना शुरू किया। सन् 1776 में अगस्तुस क्लीवलैंड, जो भागलपुर के कमिश्नर नियुक्त किए गए थे, उन्होंने लिखा कि पहाड़िया लोग घटवालों एवं जमींदारों के द्वारा चोरी-डकैती करने के लिए इस्तेमाल किए जाते थे। 1774 ई. में कैप्टेन ब्राउन ने राजमहल के जंगल इलाके का भार ग्रहण किया एवं उन्होंने एक व्यवस्था कायम की, जिसे जंगल-व्यवस्था का नाम दिया गया। इसके तहत पहाड़ों को विभिन्न भू-भागों में विभक्त किया गया। सन् 1823-24 में दामिन-इ-कोह प्रशासन की शुरुआत हुई। परंतु दामिन-इ-कोह में प्रशासनिक दमन और शोषण के कारण असंतोष भड़का, जिसकी परिणति संताल विद्रोह के रूप में हुई। संताल विद्रोह के फलस्वरूप संताल परगना को सन् 1855 के अधिनियम 37 के तहत जिला घोषित किया गया एवं उन क्षेत्रों को भागलपुर और बीरभूम से अलग कर दिया गया।

सन् 1855 के अधिनियम की धारा 1 की उपधारा 1 के द्वारा संताल परगना को सामान्य नियमों एवं कानून के दायरे से अलग कर दिया गया। तथा यह व्यवस्था दी गई कि भारतीय शासन अधिनियम, 1935 के भाग 3 की घोषणा के पूर्व पारित कोई भी केंद्रीय कानून इन क्षेत्रों में लागू नहीं होंगे। लेकिन इसकी घोषणा से कुछ विवाद उत्पन्न हुए एवं महाधिवक्ता ने उक्त कानून के लागू नहीं किए जाने पर अपने तर्क दिए, जिसे सन् 1863 में लेफ्टिनेंट जनरल सर सेसिल ने स्वीकार करते हुए यह आदेश दिया कि सन् 1855 के बाद बनाए गए सभी कानूनों को लागू किया जाए, जब तक कि संताल परगना को उनके कार्याधिकार से अलग नहीं किया जाता है। लेफ्टिनेंट जनरल के इस आदेश से संताल परगना के सभी क्षेत्रों में जमीन के कर संबंधित, अपराध इत्यादि के मामलों में सामान्य कानून संताल परगना अधिनियम, 1855 के विरुद्ध लागू होने लगे, जिससे संतालों में पुनः असंतोष भड़क गया और फिर एक बार जून सन् 1871 से संताल विद्रोह की ज्वाला भड़क उठी। फलस्वरूप पुनः 1872 के संताल परगना सेटेलमेंट रेगुलेशन 3 के माध्यम से संताल परगना को फिर सामान्य कानून के प्रशासन से मुक्त कर दिया गया। सन् 1872 सेटेलमेंट कानून 3 को पुनः संशोधित करते हुए सन् 1904 के रेगुलेशन 2 तथा सन् 1908 के रेगुलेशन 3 के तहत परिवर्तन किए गए। इसके तहत रैयतों की जमीन के हस्तांतरण को पूरी तरह से निषेध कर दिया गया तथा भूमि के अवैध

तरीके से बेदखल किए जाने में उपायुक्त के हस्तक्षेप करने के अधिकार को स्वीकार किया गया। सन् 1949 में इन्हीं काश्तकारी कानून को सन् 1949 के बिहार कानून 14 के द्वारा संताल परगना काश्तकारी अधिनियम सन् 1949 का अनुपूरक बनाया गया। इसमें जिले के कुछ पारंपारिक कानूनों को शामिल किया गया है। इस प्रकार ऐतिहासिक पृष्ठभूमि के तहत विद्रोह एवं आंदोलनों के कारण संताल परगना टेनेंसी ऐक्ट अस्तित्व में आया।

शिड्यूल एरिया रेगुलेशन ऐक्ट, 1969

सी.एन.टी. ऐक्ट में सन् 1947 में हुए संशोधन के बाद विकास के नाम पर झारखंड में हो रहे बड़े पैमाने पर आदिवासी जमीन की लूट-खसोट के कारण उत्पन्न क्षेत्रीय आंदोलनों के फलस्वरूप फैल रही अशांति के मद्देनजर भूमि रक्षा के लिए कानूनी कदम उठाए गए एवं सन् 1969 में शिड्यूल एरिया रेगुलेशन ऐक्ट बनाया गया। इस ऐक्ट के तहत नाजायज तरीके से आदिवासी भूमि के अंतरण को फिर से वापस करने का प्रावधान किया गया तथा न्यायिक व्यवस्था के रूप में शिड्यूल एरिया रेगुलेशन कोर्ट (एस.ए.आर.) की भी स्थापना की गई। इस कानून को भूमि वापसी कानून के रूप में छोटानागपुर काश्तकारी अधिनियम की धारा 71(I) के रूप में अंगीकृत किया गया। इतना ही नहीं, इस कानून को सुरक्षित बनाने के लिए इसे संविधान की पाँचवीं अनुसूची में डालते हुए भूमि के अवैध हस्तांतरण के खतरे को दूर करने का प्रयास किया गया। जब सन् 1969 में बिहार शिड्यूल एरिया रेगूलेशन ऐक्ट पारित किया गया तब 30 वर्ष की समय-सीमा जमीन वापसी के मामले में निर्धारित की गई। तब 30 वर्ष की समय-सीमा जायज थी, क्योंकि सन् 1938 और सन् 1947 में किए गए सी.एन.टी. ऐक्ट में संशोधन को यह नियंत्रित करती थी, परंतु अब भी जमीन की वापसी के मामलों में 30 वर्ष का प्रावधान जायज नहीं होगा। इस स्थिति में आज की तिथि से 30 साल पूर्व की जमीनों पर जमीन वापसी का कानून लागू नहीं हो सकता है, जबकि आदिवासियों की जमीनों का सबसे ज्यादा अवैध हस्तांतरण सन् 1938 से सन् 1969 के बीच हुआ है। जिसे कानून के दायरे में लाए जाने के लिए सी.एन.टी. ऐक्ट में संशोधन किए जाने की आवश्यकता है।

कानूनी तरीके से तो यह कानून आदिवासी हितों के लिए बना कानून जान पड़ता है, लेकिन कई दशकों के अनुभवों से ऐसा लगता है कि यह कानून एक साजिश के तहत आदिवासी जमीन को गैर-आदिवासियों के हाथों में हस्तांतरित करने का तरीका बन गया है। इस कानून के उपयोग से विगत छह दशकों में

आदिवासियों को कम ही जमीन वापस मिली, बल्कि इसी प्रावधान के तहत आदिवासियों के हाथों से अधिक जमीनें चली गईं। प्रशासनिक अधिकारियों की मनमाने रवैए के कारण कानून के बावजूद आदिवासी जमीनों के लूट-खसोट में कमी नहीं आई और कानून की गलत व्याख्या कर बड़े पैमाने पर आदिवासी जमीनों का गैर-कानूनी तरीके से अन्य लोगों के हाथों हस्तांतरण किया गया। आज भी झारखंड राज्य में आदिवासी भूमि वापसी का मामला एक समस्या बनी हुई है।

पंचायती राज कानून (अनुसूचित क्षेत्रों में विस्तार) अधिनियम, 1996

इस संवैधानिक कानून का आधार भी पाँचवीं अनुसूची की अवधारणा से प्रेरित है। संविधान के लागू होने के बाद पूरे देश में पंचायती राज-व्यवस्था कायम करने के अनेक प्रयास हुए। परंतु संविधान की भावना के अनुरूप गाँव के स्तर पर जिस स्वशासी व्यवस्था की उम्मीद की गई थी, उसके लिए कहीं भी उपयुक्त कदम नहीं उठाए गए। इस खेदजनक हालात को देखते हुए तिहतरवें संशोधन के तहत संविधान में कुछ सामान्य, परंतु महत्त्वपूर्ण मुद्दों पर पंचायत के लिए स्पष्ट प्रावधान करने का फैसला किया गया और उन सबको एक अलग खंड (9) में रखा गया। इसी तरह नगरपालिकाओं के भी अलग खंड (9क) संविधान में जोड़ा गया। इन नए प्रावधानों के तहत पंचायतों और नगरपालिकाओं में 5 साल में चुनाव कराना अनिवार्य किया गया। लेकिन पंचायतों और नगरपालिकाओं के लिए संविधान में नई व्यवस्था बनाते वक्त जनजातीय एवं अनुसूचित क्षेत्र के बारे में विशेष ध्यान रखा गया। पाँचवीं और छठी अनुसूची वाले क्षेत्रों तथा आदिवासी राज्यों के लिए पहले से ही संविधान में विशेष व्यवस्था है। इसीलिए पंचायतों के बारे में पूरे देश के लिए संविधान में व्यवस्था की गई तो यह सुनिश्चित करना जरूरी हो गया कि नई व्यवस्था पहले की व्यवस्थाओं के संगत हों अन्यथा बड़ी भ्रामक स्थिति पैदा हो सकती थी। इसी को देखते हुए संविधान के भाग 9 एवं 9क के प्रावधानों को पाँचवीं एवं छठी अनुसूचीवाले राज्यों में जैसा का तैसा लागू न करने का प्रावधान संविधान में ही 243M(4) तथा 243zc(3) के तहत विशेष विधेयक बनाने की व्यवस्था की गई। इसी व्यवस्था के तहत संसद् ने पंचायतों से संबंधित संविधान के भाग 9 के उपबंधों का अनुसूचित क्षेत्र में विस्तार करने के लिए अधिनियम बनाए, जिसे हम पंचायत उपबंध (अनुसूचित क्षेत्रों में विस्तार) अधिनियम, 1996 यानी 'पेसा कानून' के नाम से जानते हैं।

पेसा कानून के अनुच्छेद 4(o) में स्पष्ट प्रावधान किया गया कि राज्य

विधानमंडल अनुसूचित क्षेत्रों में जिला स्तर पर पंचायतों की प्रशासनिक व्यवस्था की परिकल्पना करते समय संविधान की छठी अनुसूची के पैटर्न का अनुसरण करने का प्रयास करेगा, यानी अनुसूचित क्षेत्रों में सामान्य जिला परिषद् अथवा नगरपालिका की जगह छठी अनुसूची के प्रावधानों के अनुरूप स्वशासी जिला परिषद् की व्यवस्था का प्रावधान किया जाना चाहिए।

अनुसूचित जनजातियों एवं परंपरागत वन निवासी (वन अधिकारों की मान्यता) अधिनियम, 2006

वन से आदिवासियों का अन्योन्याश्रय संबंध है। वनों के अस्तित्व पर आदिवासियों का और आदिवासियों के अस्तित्व पर वनों की महत्त्वपूर्ण भूमिका है। मुगल साम्राज्य के पूर्व वनों पर आदिवासियों का पूर्ण अधिकार था। वे स्वच्छंद उसके संसाधनों का उपभोग करते थे। इसीलिए वनों की सुरक्षा का दायित्व बोध भी आदिवासियों में कूट-कूटकर भरा था। जंगल के साथ-ही-साथ वन्य जीवों के प्रति भी आदिवासी समाज संवेदनशील रहा। वन्य जनजीवन से अटूट रिश्ता होने के कारण ही आदिवासी प्रकृति प्रेमी, लीविंग इनसाइक्लोपीडिया एवं मोबाइल चिकित्सक इत्यादि नामों से जाने जाते हैं। लेकिन ब्रिटिश साम्राज्यवादी नीति के तहत बनाई गई वन नीति, 1927 ने वनों से आदिवासियों के स्वतंत्र अधिकार छीन लिये। इतना ही नहीं, स्वतंत्र भारत देश में बनी वन नीति, 1952 भी ब्रिटिश वन नीति को ही लागू रखते हुए आदिवासियों को वनों से बेदखल करने की नीति पर ही काम किया। आदिवासियों ने कई दशकों तक वनों पर अपने अधिकार के लिए संघर्ष जारी रखा, जिसके फलस्वरूप अनुसूचित जनजाति और परंपरागत वन निवासियों के लिए वनाधिकार कानून, 2006, 15 दिसंबर को लोकसभा में तथा 16 दिसंबर को राज्यसभा से पारित हुआ एवं 2 जनवरी, 2007 को भारत के राजपत्र असाधारण में प्रकाशित होने के साथ ही अस्तित्व में आ गया। वन अधिकार कानून के अंतर्गत ग्रामसभाओं को यह अधिकार दिया गया है कि वे ग्रामीणों की वन भूमि पर किए जानेवाले दावों को सत्यापित करें।

यह कानून दशकों से संघर्षरत वनों में निवास करनेवालों के लिए सुखद संदेश था। परंतु इस कानून के प्रति भी अन्य कानूनों की तरह शासकवर्गों की उपेक्षापूर्ण नीति के कारण वन में निर्भर रहनेवाले आदिवासी एवं अन्य निवासियों को इस कानून का लाभ नहीं मिल पा रहा है। भले ही सरकारी अधिकारी आँकड़ों का हवाला देकर वन भूमि पर मालिकाना हक देने एवं वन संसाधनों पर अधिकार

प्रदान करने के मामले में सफलता का श्रेय लेते हों, मगर वास्तविक कहानी कुछ और ही तथ्य बयान कर रही है। यथार्थ तो तब पता चलेगा, जब पिछले कानूनों की तरह इस कानून के तहत अनुसूचित जनजातियों एवं अन्य परंपरागत वन निवासियों की सामाजिक-आर्थिक स्थिति का आकलन होगा। बहरहाल यह कानून भी अन्य कानूनों की तरह आदिवासियों को उनका हक दिलाने में विफल साबित हो रहा है।

अनुसूचित क्षेत्रों के लिए वित्तीय प्रावधान

संविधान की धारा 275 के तहत कुछ राज्यों को संघ से वित्तीय अनुदान दिए जाने का प्रावधान है। इस प्रावधान के तहत ऐसी राशियाँ, जिनका संसद् विधि द्वारा उपबंध करे, उन राज्यों के राजस्वों में सहायता अनुदान के रूप में प्रत्येक वर्ष भारत की संचित निधि में पारित होंगी, जिन राज्यों के बारे में संसद् यह अवधारित करे कि उन्हें सहायता की आवश्यकता है और भिन्न राज्यों के लिए भिन्न-भिन्न राशियाँ नियत की जा सकेंगी।

परंतु किसी राज्य के राजस्वों में सहायता अनुदान के रूप में भारत की संचित निधि में से ऐसी पूँजी और आवर्ती राशियाँ संदत्त की जाएँगी, जो उस राज्य को उन विकास स्कीमों के खर्चों को पूरा करने में समर्थ बनाने के लिए आवश्यक हों, जिन्हें उस राज्य में अनुसूचित जनजातियों के कल्याण की अभिवृद्धि करने या उस राज्य अनुसूचित क्षेत्रों के प्रशासन स्तर को राज्य के शेष प्रशासन स्तर तक उन्नत करने के प्रयोजन के लिए उस राज्य द्वारा भारत सरकार के अनुमोदन से हाथ में लिया जाए। झारखंड में प्रत्येक वर्ष विशेष केंद्रीय सहायता के रूप में उन योजनाओं के लिए राशि संसूचित की जाती है, जिसका अनुमोदन राज्य सरकार की अनुशंसा पर केंद्र सरकार के द्वारा किया जाता है।

□

अध्याय-8

पाँचवीं अनुसूची की अवहेलना के दुष्परिणाम

आदिवासी जनसंख्या में होनेवाली कमी पर एक बड़ा सवाल

जनगणना सन् 2001 के बाद जब आदिवासी जनसंख्या का प्रतिशत, फिर एक बार कम हुआ तो यही प्रतिक्रिया सामने आई कि आखिरकार आदिवासी जनसंख्या में लगातार कमी क्यों हो रही है? और कैसे? पिछले आठ दशकों के जनगणना के आकलन इस तथ्य को प्रमाणित करते हैं कि आदिवासी जनसंख्या का प्रतिशत लगातार कम हुआ है। आजादी के बाद देश में उत्पन्न बड़ी समस्याओं में बढ़ती जनसंख्या भी देश के सामने एक बड़ी चुनौती है। इस दृष्टिकोण से झारखंड की आदिवासी जनगणना में उत्तरोत्तर हो रही कमी भारत में जनसंख्या नियंत्रण के प्रयासों की उपलब्धि मानी जा सकती है। यह भी माना जा सकता है कि झारखंड के आदिवासी समुदाय ने पूरी ईमानदारी एवं निष्ठा से जनसंख्या नियंत्रण की राष्ट्रीय नीति का अनुपालन किया है। परंतु देश में अतिविशिष्ट पारंपरिक आदिवासी समाज के विघटन एवं विलीनीकरण की यह खतरनाक प्रक्रिया, आदिवासी अस्तित्व एवं पहचान के समाप्त होने का खुला संकेत दे रही है। यह संपूर्ण आदिवासी समाज के लिए गंभीर चिंता का विषय है।

सन् 1931 से सन् 2011 के आदिवासी जनसंख्या के क्रमिक विश्लेषण से यह पता चलता है कि इन आठ दशकों में आदिवासी जनसंख्या का प्रतिशत 38.03 प्रतिशत, 38.62 प्रतिशत, 36.02 प्रतिशत, 33.92 प्रतिशत, 32.07 प्रतिशत, 30.26 प्रतिशत, 27.67 प्रतिशत, 26.30 प्रतिशत एवं सन् 2011 में 26.02 प्रतिशत हो

गया। इस प्रकार आदिवासी जनसंख्या सन् 1931 में 38.02 से घट कर सन् 2011 में मात्र 26.02 प्रतिशत रह गई। इन आठ दशकों में आदिवासी जनसंख्या में तुलनात्मक रूप से 12 प्रतिशत की कमी आई है।

जनगणना के आँकड़ों से पता चलता है कि प्रत्येक वर्ष जहाँ झारखंड की कुल आबादी में वृद्धि हो रही है, वहीं आदिवासी जनसंख्या में भी वृद्धि हुई है। लेकिन यह वृद्धि दर अन्य समुदायों की वृद्धि दर से अत्यंत कम है। सन् 1931 से सन् 1941 के बीच जहाँ आदिवासी आबादी का वृद्धि दर 13.76 है, वहीं अन्य आबादी की वृद्धि दर 11.13 है। सन् 1941 से सन् 1951 के बीच आदिवासी जनसंख्या की वृद्धि दर 2.01 प्रतिशत है, वहीं गैर-आदिवासी जनसंख्या की वृद्धि दर 13.97 है। सन् 1951 से सन् 1961 के बीच आदिवासी जनसंख्या की वृद्धि दर 12.71 प्रतिशत है, वहीं अन्य समुदायों की वृद्धि दर 23.62 प्रतिशत बढ़ी है। सन् 1961 से सन् 1971 के बीच आदिवासी जनसंख्या की वृद्धि दर 15.89 प्रतिशत है, वहीं अन्य जनसंख्या की वृद्धि दर 26.01 प्रतिशत है। सन् 1971 से सन् 1981 के बीच आदिवासी जनसंख्या की वृद्धि दर 16 77 प्रतिशत है, जबकि अन्य जनसंख्या की वृद्धि दर 27.11 है। 1981 से 1991 के बीच आदिवासी जनगणना की वृद्धि दर 13.41 है, वहीं तुलनात्मक रूप से गैर-आदिवासी जनसंख्या की वृद्धि दर 28.67 है। सन् 1991 से सन् 2001 के बीच आदिवासी जनसंख्या की वृद्धि दर 17.19 प्रतिशत है एवं अन्य जनसंख्या वृद्धि दर 25.65 प्रतिशत है। आश्चर्यजनक बात यह है कि सन् 2001 और सन् 2011 के बीच आदिवासी जनसंख्या की वृद्धि दर 21.98 एवं गैर-आदिवासी जनसंख्या की वृद्धि दर 21.57 दर्ज की गई है। आदिवासी और गैर-आदिवासी जनसंख्या की वृद्धि दर में समानता यह संदेह पैदा कर रही है कि आदिवासियों की गिरती जनसंख्या पर प्रतिक्रिया के कारण कहीं-न-कहीं सन् 2001 के पूर्व की जनगणना रिपोर्टों के बाद सन् 2011 में इस बात की सर्तकता बरती गई है कि जनसंख्या वृद्धि दर में असमानता न दिखाई पड़े।

इसी प्रकार जब हम झारखंड के प्रत्येक जिलों में आदिवासी जनसंख्या की तुलनात्मक समीक्षा करते हैं तो यह स्पष्ट हो जाता है कि सभी जिलों में आदिवासियों की जनसंख्या तेजी से घटने की प्रक्रिया में है। पाकुड़ जिले में जनसंख्या का प्रतिशत सबसे कम हुआ है। वहाँ सन् 1991 में आदिवासी जनसंख्या कुल जनसंख्या का 49.33 प्रतिशत थी, जो सन् 2001 में घट कर 44.60 प्रतिशत हो गई। यानी सन् 1991 और सन् 2001 के बीच आदिवासी जनसंख्या में कुल 4.73 प्रतिशत की कमी आई है। पाकुड़ जिले में आदिवासी जनसंख्या की वृद्धि दर भी अन्य जनसंख्या

की वृद्धि दर से कम है। वहाँ सन् 1991 और सन् 2001 के बीच आदिवासी जनसंख्या की वृद्धि दर 12.40 प्रतिशत रही, वहीं अन्य समुदाय की जनसंख्या वृद्धि दर 35.99 प्रतिशत थी। कोडरमा जिले में आदिवासी जनसंख्या समाप्त होने की स्थिति में है। सन् 1991 में वहाँ आदिवासियों की जनसंख्या 8973 थी, जो घटकर सन् 2001 में 4067 हो गई एवं सन् 2011 में यह जनसंख्या बढ़कर 6903 हो गई। इस प्रकार कोडरमा में आदिवासी जनसंख्या में करीब 50 प्रतिशत की कमी आई है। यह अत्यंत दुर्भाग्य की बात है कि सरकार अल्प आदिवासी जनसंख्यावाले जिले में भी उनकी सुरक्षा कर पाने में सक्षम नहीं है। यह आशंका है कि पाँचवीं अनुसूची में राज्यपाल द्वारा राष्ट्रपति को भेजी जानेवाली रिपोर्ट में कोडरमा जिले के आदिवासियों के विलुप्त हो जाने की घटनाओं पर राज्य सरकार गौर नहीं कर रही है।

हजारीबाग जिले में जनसंख्या का आकलन कुछ आश्चर्यजनक स्थिति का बखान कर रही है। हजारीबाग जिले में, जहाँ आदिवासी जनसंख्या की वृद्धि दर 23.02 प्रतिशत है, वहीं अन्य समुदायों की वृद्धि दर अप्रत्याशित रूप से 45.22 प्रतिशत हो गई है। आखिर वहाँ क्या परिस्थिति बनी, जिसके कारण अन्य समुदायों की वृद्धि दर में इतनी बढ़ोत्तरी हुई है (आँकड़े—परिशिष्ट 5, 6 एवं 7)। परिस्थितियाँ स्पष्ट बयान करती हैं कि हजारीबाग जिले में कोयला की खदानें प्रचुर मात्रा में हैं और यह जिला उच्च पथ से सीधा बिहार को जोड़ती है। यहाँ बिहार एवं अन्य प्रदेशों से बाहरी आबादी के आने की संभावनाएँ काफी अधिक हैं। यह शोध अध्ययन का विषय है।

आदिवासी जनसंख्या के उत्तरोत्तर ह्रास भविष्य के लिए अच्छा संकेत नहीं देते। इन कारणों पर गंभीरता से गौर करने पर यह एक निष्कर्ष सामने आता है कि झारखंड में बाहरी आबादी के अंधाधुंध घुसपैठ से आदिवासी आबादी का प्रतिशत तुलनात्मक रूप से कम हुआ है।

आदिवासी जनसंख्या की वृद्धि दर का अन्य लोगों की वृद्धि दर से कम होने के कई कारण हो सकते हैं। आदिवासियों की वृद्धि दर में कमी आदिवासी स्त्री-पुरुषों की प्रजनन क्षमता, असमय मुत्यु दर, कुपोषण इत्यादि गंभीर मुद्दों पर प्रश्न खड़ा करते हैं। ये मुद्दे राज्य के अंदर स्वास्थ्य समस्याओं का परिचायक हैं।

झारखंड में पलायन एक बड़ी समस्या है। प्रत्येक वर्ष रोजी-रोटी की तलाश में लाखों आदिवासी ग्रामीण क्षेत्रों से देश के बड़े महानगरों की ओर पलायन कर जाते हैं। आजादी के बाद विकास के नाम पर झारखंड क्षेत्र में बड़ी-बड़ी परियोजनाएँ

प्रारंभ हुईं, जिनके कारण लाखों आदिवासी विस्थापित हुए और रोजी-रोटी की तलाश में देश के दूसरे भू-भाग में चले गए। इसी तरह गरीबी के कारण प्रत्येक वर्ष झारखंड राज्य से आदिवासियों की बहुत बड़ी जनसंख्या के अन्य राज्यों में चले जाने का सिलसिला अनवरत जारी है।

जनगणना के कानूनी प्रक्रिया के मुताबिक प्रत्येक दस वर्षों में जनगणना का कार्य 9 फरवरी से 28 फरवरी के बीच होता है। विडंबना यह है कि झारखंड में यह समय लीन पीरियड अथवा खाली समय होता है, जब आदिवासी अपने फसल के कार्यों से मुक्त होकर वर्ष के बाकी महीनों की जीविका के लिए अन्य प्रदेशों में चले जाते हैं। स्पष्ट है कि जनगणना में ऐसे लोगों की गणना अपने गाँवों में नहीं हो पाती है। यह तर्क दिया जा सकता है कि जो लोग जनगणना के वक्त अपने क्षेत्रों में नहीं होते, उनकी गणना उनके उस समय में रहने की जगह में हो जाती है। परंतु सवाल सिर्फ गणना का नहीं है। सवाल है कि वैसे आदिवासियों की गणना, जो प्रदेश से बाहर होते हैं, आदिवासी के रूप में न होकर सामान्य जाति के रूप में कर ली जाती है।

असम के चाय बगान में मजदूर रूप में ले जाए गए आदिवासियों की इन्हीं कारणों से आज असम में 50 लाख सामान्य जाति के रूप में गणना कर ली गई। जिससे एक बहुत बड़ी आबादी का झारखंड क्षेत्र से ह्रास हो गया। सवाल सिर्फ गणना की नहीं है। सवाल है आदिवासियों के बारे में पूरे देश में एक समान नीति लागू किए जाने की। यह ज्ञातव्य है कि आदिवासी सूची का निर्धारण भारतीय संविधान के तहत राष्ट्रपति के द्वारा किया जाता है। यह भी ज्ञातव्य है कि आदिवासियों के सूचीकरण मामले में राज्य सरकार राष्ट्रपति को मंतव्य भेजती है। यह उनके विवेक पर है कि किसी जाति को आदिवासी सूची में शामिल करना है अथवा नहीं। इस नीति के तहत झारखंड के आदिवासी आज तक असम में आदिवासी सूची में शामिल नहीं हो सके हैं। इन पर आदिवासी जनसंख्या के दृष्टिकोण से विचार करना अत्यंत आवश्यक है।

यह प्रक्रिया विलीनीकरण की प्रक्रिया है। अमरीका में रेड इंडियन आदिवासियों का सामान्य जाति में विलीनीकरण इसी तरह हुआ। यह भूलवश होनेवाली कोई घटना नहीं है। इसे संवैधानिक भाषा में प्रॉसेस ऑफ एसिमिलेशन (process of assimilation) कहा जाता है। भारत के शासक सांस्कृतिक पहचान के सवाल को नहीं मानते हैं। वे कहते हैं कि भारतवर्ष एक बड़ा melting pot है, जहाँ धीरे-धीरे सभी जाति-समुदाय घुल-मिल जाएँगे। दरअसल यह प्रक्रिया एक सोची-

समझी साजिश है, और शासकों के अनुसार यह अवश्यंभावी है। परंतु झारखंड में विलीनीकरण की यह प्रक्रिया आदिवासियों के अस्तित्व और पहचान के लिए खतरनाक भविष्य का संकेत दे रहे हैं। इसके लिए सरकार की नीतियाँ और जनगणना की त्रुटियाँ पूर्ण रूप से जिम्मेवार हैं।

आदिवासियों की जनसंख्या में गिरावट के कारण संविधान के विशेषाधिकार के तहत पाँचवीं अनुसूची के अंतर्गत आदिवासी विकास की नीतियों में प्रतिकूल प्रभाव होना स्वाभाविक है। झारखंड राज्य के 22 जिलों में 12 जिले पूर्ण रूप से तथा तीन जिले गढ़वा, गोड्डा और पलामू आंशिक रूप से अनुसूचित क्षेत्रों में शामिल हैं। इन क्षेत्रों में आदिवासी समुदाय के विकास के लिए विशेष प्रावधान किए गए हैं। इन क्षेत्रों में शासन प्रशासन का उत्तरदायित्व राज्यपाल को सौंपा गया है। जाहिर है कि इन अनुसूचित क्षेत्रों में आदिवासियों को दिए गए विशेषाधिकार का आधार उन क्षेत्रों में उनकी जनसंख्या और उनकी विशिष्ट पारंपरिक जीवन-शैली एवं उनका आर्थिक पिछड़ापन है। यदि अनुसूचित क्षेत्रों में आदिवासियों की जनसंख्या में कमी आती है तो उसका प्रभाव स्वाभाविक रूप से पाँचवीं अनुसूची के प्रावधानों पर पड़ेगा।

सरकार की विकास नीतियाँ, विशेषकर विभिन्न जातियों को सरकारी रिक्तियों में दिए जानेवाले आरक्षण, विधानसभा और संसद् में आरक्षण का प्रावधान संविधान की धारा 16 में किया गया है। ये नीतियाँ भी प्रत्यक्ष-अप्रत्यक्ष रूप से जनसंख्या से प्रभावित होती हैं। जनसंख्या में कमी होने पर इसका सीधा प्रभाव नीतियों के माध्यम से आदिवासी समाज के विकास पर पड़ेगा। इस दृष्टिकोण से भी जनसंख्या में कमी एक गंभीर समस्या है।

पंचायत उपबंध (अनुसूचित क्षेत्र विस्तार अधिनियम) 40/1996 की धारा 4(छ) के अनुसार अनुसूचित क्षेत्र के प्रत्येक पंचायतों के विभिन्न पदों पर आदिवासियों के लिए आरक्षित किए जाने का आधार जनसंख्या को ही माना गया है। केंद्रीय कानून के इस प्रावधान के मुताबिक झारखंड राज्य पंचायत अधिनियम 2001 की धारा 17(ख)(1) तथा धारा 36(ख)(1) में भी पंचायतों में अनुसूचित जनजातियों के लिए पद के आरक्षण का आधार जनसंख्या को ही माना गया है। इस तरह जनसंख्या में होनेवाली कमी उन तमाम संवैधानिक प्रावधानों को प्रभावित करेगा जो जनसंख्या को आधार मान कर लागू किए जाते हैं।

इस प्रकार आदिवासी जनसंख्या का ह्रास ऐसी स्थिति उत्पन्न कर रहा है, जिसके फलस्वरूप आदिवासी क्षेत्रों में संवैधानिक प्रावधानों की तरह आदिवासियों के

सामाजिक-आर्थिक विकास के लिए विशेष अधिकारों की प्रासंगिकता ही समाप्त हो जाएगी। गत कई वर्षों से संविधान की पाँचवीं अनुसूची में अधिसूचित क्षेत्रों में ऐसे जिलों को अनुसूची से हटाने का प्रयास किया जाता रहा है, जो व्यापारिक दृष्टिकोण से अतिमहत्त्वपूर्ण जिले हैं। इनके कारणों में उन जिलों में आदिवासी जनसंख्या की कमी को आधार बनाया गया है। यदि इस प्रयास को आदिवासी विशेष प्रावधानों के दृष्टिकोण से जनसंख्या के आधार के आलोक में देखा जाए तो यह स्पष्ट हो जाता है कि षड्यंत्रकारी तत्त्व निश्चित तौर आदिवासी जनसंख्या में गिरावट का तर्क देकर पाँचवीं अनुसूची में संशोधन का मार्ग प्रशस्त कर सकते हैं, ताकि उन आदिवासी क्षेत्रों में कानूनी बाधाओं को समाप्त कर नियंत्रण की प्रक्रिया को आसान बनाया जा सके (इस संबंध में झारखंड उच्च न्यायालय में पाँचवीं अनुसूची के अंतर्गत आनेवाली कुछ शहरी क्षेत्रों को जनसंख्या के आधार पर अनुसूची से बाहर किए जाने के लिए याचिका दायर किया जा चुका है)। यद्यपि पाँचवीं अनुसूची में संशोधन का प्रभाव पूरे देश पर पड़ेगा, तथापि झारखंड क्षेत्र में खनिज संपदाओं के दोहन की अपार संभावनाओं के कारण अत्यधिक प्रभावित होगा।

जनसंख्या में गिरावट से यह स्थिति भी स्पष्ट होकर सामने आ रही है कि झारखंड में आज भी आदिवासी खाद्य, पेयजल, स्वास्थ्य जैसे अपने आवश्यक मौलिक अधिकारों से वंचित हैं। जिसका प्रतिफल उनकी जनसंख्या की कमी के रूप में दिखाई दे रहा है। अत: समय रहते सरकार इन समस्याओं का समाधान निकालने की दिशा में काररवाई नहीं करती है तो दुनिया की अन्य लुप्त हो गई जातियों की तरह झारखंड के आदिवासी भी लुप्त हो जाएँगे।

भूमि से आदिवासियों का बेदखलीकरण

आदिवासियों को उनकी जमीन से बेदखल करने का वृहद् इतिहास झारखंड में है। इतिहास इस बात का गवाह है कि झारखंड क्षेत्र में आदिवासी निर्विवाद रूप से जमीन के मालिक रहे हैं और 1500 वर्षों तक वे अपनी पारंपरिक समाज-व्यवस्था, जंगलों और कृषि पर आधारित अर्थव्यवस्था के साथ निर्विवाद रूप से अपना जीवन व्यतीत करते रहे। 16वीं सदी में झारखंड क्षेत्र में मुगलों के प्रवेश के बाद पहली बार सन् 1585 में छोटानागपुर में कर-व्यवस्था लादी गई और कर के बदले कई क्षेत्रों में मुगल शासकों ने आदिवासी जमीनों पर आधिपत्य जमाने की शुरुआत की। जमीन छीनने की परंपरा 19वीं सदी तक चलती रही, जिसके कारण 19वीं सदी में पूरे झारखंड क्षेत्र में भूमि आंदोलनों की शुरुआत हुई। 300 सौ सालों तक पूरे झारखंड में जमीन से बेदखल करने की प्रक्रिया एक आयामी बनी रही।

मुगल शासन और ब्रिटिश शासनकाल के दौरान आदिवासियों पर लादी गई कर-व्यवस्था तथा जागीरदारी प्रथा के कारण आदिवासियों के हाथों से उनकी ढेर सारी जमीनें चली गईं।

यद्यपि अंग्रेजी शासनकाल के उत्तरार्द्ध में, यानी उन्नीसवीं सदी में आदिवासियों को उनकी जमीनों पर अधिकार सुरक्षित करने के कई कानूनी उपाय किए गए, कई सशक्त कानून बनाए गए। जमीनों से संबंधित कस्टमरी व्यवस्था को छोटानागपुर काश्तकारी अधिनियम, विल्किनसन रूल, संतालपरगना काश्तकारी अधिनियम के रूप में कानूनी मान्यता देकर जमीन की सुरक्षा के पुख्ता इंतजाम करने की कोशिश की गई। परंतु अंग्रेजी शासनकाल से ही चली आ रही दोषपूर्ण न्याय-व्यवस्था के कारण आदिवासियों को कानूनी सुरक्षा मिलने के बावजूद उनकी जमीनें उनके हाथों से जाती रहीं। आदिवासियों की अज्ञानता और उनकी सादगी एवं ईमानदारी को ही उनके खिलाफ हथियार बनाकर उनके साथ धोखाधड़ी की गई। न्यायालय से उन्हें न्याय नहीं मिला और मुंशी, वकीलों, कोर्ट के बाबुओं ने मिलकर आदिवासियों को धोखे में रखकर उनकी हजारों एकड़ जमीनें छीन लीं। अमूमन यही प्रक्रिया आज भी जारी है।

आजादी के बाद विकास के नाम पर आदिवासियों को गलत तरीके से उनकी जमीनों से बेदखल किया गया। भूमि सुरक्षा के लिए बनाए गए तमाम कानूनों की अवहेलना करते हुए आदिवासियों को उनकी जमीनों से बेदखल कर अपनी जगह से विस्थापित होने को मजबूर किया गया। औद्योगिकीकरण और सिंचाई परियोजनाओं के नाम पर ली गई जमीनों से विस्थापित हुए लाखों लोग आज भी अपनी रोजी-रोटी की तलाश में भटकते नजर आते हैं। आज भी उद्योगों के कारण विस्थापितों को उनकी जमीनों का मुआवजा नहीं मिल पाया है। आदिवासी के जमीनों की वापसी के कई हजार मामले आज भी न्यायालय में लंबित हैं। राज्य बनने के बाद जमीन के मामले पर फिर एक बार नई बहस छिड़ी है। झारखंड नए राज्य के सृजन के बाद भी विकास की वही प्रक्रिया झारखंड में शुरू की गई है, जिसके मूल में सिर्फ उद्योगों और आधारभूत संरचना के विकास के नाम पर जमीन अधिग्रहण करना ही एक प्रमुख उद्देश्य है।

भूमि अधिग्रहण के सरकारी कानून में आदिवासियों के पारंपरिक अधिकारों और उनकी परिवेशगत वस्तुस्थितियों की घोर उपेक्षा की गई। छोटानागपुर काश्तकारी अधिनियम के तहत भूमि अधिग्रहण के प्रावधानों के बावजूद राज्य सरकार द्वारा संपूर्ण क्षेत्र में लागू भू-अर्जन अधिनियम, 1894 के तहत हजारों एकड़ भूमि का

अधिग्रहण किया गया। छोटानागपुर काश्तकारी अधिनियम की धारा 50 के तहत आदिवासियों की भूमि अधिग्रहण की प्रक्रिया निर्धारित की गई है। परंतु सरकारी अधिकारियों द्वारा लगातार उसका उल्लंघन कर गलत तरीके से आदिवासियों को उनकी भूमि से बेदखल करने का काम किया गया। छोटानागपुर काश्तकारी अधिनियम के अंतर्गत ऐसे कानूनी छिद्र बरकरार रखे गए, जिनका इस्तेमाल करके भूमि हड़पने का सिलसिला चलता रहे।

राँची शहर के एक सर्वेक्षण से पता चलता है कि शहर के अधिकांश आदिवासियों ने अपनी जमीनों को बड़े संस्थानों के नाम इसलिए बेच दी कि उसमें खेती कर वे अपनी जीविका नहीं चला पाते थे और मजबूर होकर महाजनों से उन्हें सूद में पैसे लेने पड़ते थे। गैर-आदिवासी सूदखोर व्यापारी यह जानते थे कि आदिवासी एक बार सूद के रूप में पैसे ले लें तो उसे वापस कर नहीं पाएँगे। इस तरीके से सूद के बदले आदिवासियों की जमीनें राँची शहर के अंदर बड़े पैमाने पर हड़पी गईं। गौर करनेवाली बात यह है कि संविधान की पाँचवीं अनुसूची के तहत राज्यपाल को अनुसूचित क्षेत्र में महाजनों द्वारा आदिवासियों को ऋण देने के मामले पर रोक लगाए जाने का प्रावधान है, इसके बावजूद राँची शहर के अंदर महाजनों के चंगुल में फँसकर आदिवासियों ने बड़े पैमाने पर अपनी जमीनें गँवा दीं।

विकास के नाम पर भूमि का अधिग्रहण एवं उसका अवैध हस्तांतरण

यह सर्वविदित है कि स्वतंत्रता प्राप्ति के बाद विकास के नाम पर झारखंड क्षेत्र में बड़ी-बड़ी परियोजनाएँ प्रारंभ की गईं। झारखंड के आदिवासियों ने भी विकास परियोजनाओं का स्वागत खुले मन से किया और उन्होंने अपनी जमीनें दीं। जमीन के बदले सरकार ने उनसे कई प्रकार के इकरारनामे किए, जैसे—जमीन के मुआवजे का भुगतान, स्थापित होनेवाले उद्योगों में विस्थापितों की नियुक्ति तथा उनके पुनर्वास की उचित व्यवस्था। विशेष तौर पर यह भी इकरारनामा किया गया था कि जिस प्रयोजन के लिए जमीन अधिग्रहीत की जा रही है उस प्रयोजन में उसका इस्तेमाल नहीं किए जाने पर उसे रैयतों को वापस कर दी जाएगी। परंतु अधिकांश मामलों में इस इकरारनामे का अनुपालन नहीं किया गया। इतना ही नहीं, व्यवहार में नहीं आनेवाली खाली जमीनों को ऊँची कीमतों पर मनमाने ढंग से व्यवसाय एवं अन्य प्रयोजन के लिए लीज के तहत अथवा बिक्री कर हस्तांतरित कर दिया गया। इस मामले में सरकार ने अपने ही बनाए गए नियमों का उल्लंघन किया, जिसके कारण विकास के नाम पर भूमि अधिग्रहण करके उसे बेचने का अवैध तरीका झारखंड में बड़े पैमाने

पर अपनाया गया। आम आदिवासी रैयतों में सरकार द्वारा किए गए इस अवैध कारोबार से सरकार के प्रति अविश्वास उत्पन्न हुआ। भूमि अधिग्रहण कर विस्थापितों को सही तरीके से मुआवजा नहीं दिया जाना, उनके पुनर्वास की वैकल्पिक व्यवस्था नहीं किया जाना आज भी झारखंड में एक बड़ी समस्या है। सरकार द्वारा अधिगृहीत भूमि का अवैध हस्तांतरण के सैकड़ों मामले हैं, परंतु इसका प्रमाण एक मामले से मिल जाता है।

बिहार सरकार के भू-राजस्व एवं भूमि सुधार विभाग के अंतर्गत भू-अर्जन पदाधिकारी राँची के द्वारा एच.ई.सी. के मुख्य नगर प्रशासन को सन् 2000 में झारखंड राज्य बनने के पूर्व लिखित पत्र में कहा गया कि हाल के दिनों में एच.ई.सी. के द्वारा अधिगृहीत भूमि को अन्य संस्थानों के नाम हस्तांतरण की प्रक्रिया को नियंत्रक एवं महालेखा परीक्षक (सी.ए.जी.), नई दिल्ली द्वारा अवैध करार देते हुए इसके विरुद्ध काररवाई हेतु तत्कालीन उपायुक्त राँची को निर्देशित किया गया। इसके आलोक में संबंधित विभाग द्वारा विस्तृत जाँच कराई गई। जाँचोपरांत जो तथ्य सामने आए उनसे पता चलता है कि एच.ई.सी. प्रबंधन द्वारा सभी नियमों की अनदेखी करते हुए सिर्फ अपने हित के लिए सैकड़ों एकड़ अधिगृहीत भूमि अनेकों संस्थानों को सुनियोजित योजना के तहत भारी रकम लेकर हस्तांतरित की गई।

एच.ई.सी. के साथ बिहार सरकार के इकरारनामे में यह स्पष्ट प्रावधान किया गया कि जमीन का उपयोग सिर्फ उन्हीं उद्देश्यों के लिए किया जाएगा, जिनके लिए भूमि अधिग्रहीत की गई।

जाँचोपरांत यह भी अभिलेखीय प्रमाण मिले हैं, जिससे यह ज्ञात होता है कि आर. ऐंड डी. सहित अनेक संस्थानों को भारी मुनाफा लेकर भूमि हस्तांतरित किए गए, जो हर दृष्टि से अवैध है। इस संबंध में पूर्व में ही बिहार सरकार के विशेष सचिव राजस्व एवं भूमि सुधार के पत्रांक 123, दिनांक 12 जनवरी, 1979 के जरिए जारी आदेश के अनुसार अर्जित भूमि से बचे हुए अतिरिक्त भूमि के लेन-देन को सरकार नैतिक दृष्टि से औचित्यपूर्ण नहीं मानती है, क्योंकि किसी विशेष लोकहित का प्रयोजन बताते हुए जमीन अर्जित कर बाद में उस प्रयोजन के लिए उसका उपयोग न कर दूसरे उद्देश्यों से बंदोबस्त करने की बात को सरकार संबंध भू-स्वामियों के साथ धोखा समझती है। ऐसे जमीन की आवश्यकता न रहने पर भू-स्वामियों को वापस कर देना है। इस तरह की जमीन को हस्तांतरण अथवा लीज पर नहीं दिया जाना है। इसे अवैध समझा जाएगा। इस आशय को लेकर किसी प्रकार का प्रमाण देना गैर-कानूनी होगा। राज्य सरकार के इतने स्पष्ट निर्देश के बाद भी बड़े पैमाने पर

एच.ई.सी. द्वारा उपयोग में नहीं लाई गई जमीन का हस्तांतरण हुआ।

सरकारी दस्तावेजों के अनुसार एच.ई.सी. के लिए कुल 7119.53 एकड़ जमीन अधिगृहीत की गई, जिसमें 6355.82 एकड़ जमीन रैयतों की थी। इसके अलावा 1728 एकड़ जमीन बिहार सरकार की गैर-मजरूआ आम और गैर-मजरूआ खास, पी.डब्ल्यू.डी., केसरे हिंद एवं वन प्रक्षेत्र की थी, जिसका हस्तांतरण किसी भी तरह अन्य संस्थानों को नहीं किया जा सकता है। इसके अतिरिक्त 117.05 एकड़ भूमि प्रतिरक्षा विभाग के लिए अधिग्रहीत भूमि में से मुफ्त में एच.ई.सी. को स्थानांतरित की गई थी। रैयतों को भूमि का मुआवजा 3200 रुपए से 5500 रुपए तक दिए गए। परंतु बाद में किए गए हस्तांतरण की राशि बहुत अधिक है, जो 55 लाख तक है। यह विकास के नाम पर रैयतों से जमीन लेने और खरीद-बिक्री के अवैध तरीके की एक बड़ी मिशाल है। यह सिर्फ जमीन के कारोबार का अवैध तरीका ही नहीं, कई संवैधानिक कानूनों का भी उल्लंघन एवं आदिवासियों के साथ छल है।

राँची के अशोक नगर स्थित कॉलोनी को देखा जा सकता है। बिहार सरकार के आवास बोर्ड ने राँची में 500 एकड़ कृषि योग्य जमीन का आवासीय कॉलोनी बनाने के लिए अधिग्रहण किया। यह अधिग्रहण आदिवासियों की इच्छा के विरुद्ध किया गया। बोर्ड ने इसमें से 165 एकड़ अधिग्रहण अशोक नगर आवासीय समिति को दे दी, जिसका गठन बिहार सरकार के तत्कालीन कुछ मंत्रियों, प्रभावशाली अधिकारियों, ठेकेदारों और सत्ता के इर्द-गिर्द मँडरानेवाले दलालों ने किया था। इस कॉलोनी में कई उच्च परिवारवालों के बँगले बन गए। परंतु यहाँ से उजाड़े गए आदिवासी उसी राँची में लकड़ी और दातून बेचकर किसी तरह अपना पेट पाल रहे हैं। उसी प्रकार सरकार के हाउसिंग बोर्ड के नाम पर आदिवासी जमीन का अधिग्रहण हुआ। आज बोर्ड द्वारा अवैध तरीके से पी.पी.पी. मोड़ पर निजी बिल्डिंग कंपनियों को ऊँची कीमतों पर बेची गई।

झारखंड राज्य बनने के बाद तो मानो जमीन लूट की बाढ़ आ गई और इस अवैध कारोबार में मंत्री, अधिकारी और भूमि माफिया लूट के हिस्सेदार बन गए। छोटानागपुर काश्तकारी अधिनियम की धज्जी उड़ाते हुए खुलेआम आदिवासी जमीन की खरीद-बिक्री की गई। नियम कानून तोड़ने में सरकार के अधिकारी भी पीछे नहीं रहे। राँची जिले के काँके प्रखंड अंतर्गत नगड़ी ग्राम के आदिवासियों की कृषि भूमि जबरन ले ली गई। उसमें अधिग्रहण प्रक्रिया का भी खुला उल्लंघन किया गया। आदिवासियों के विरोध के बावजूद पुलिस के बल पर भूमि हड़पी गई। सवाल यह है कि कानून की रक्षा कैसे होगी, इसके लिए कौन जिम्मेवार है।

बिहार विधानसभा की समिति के द्वारा भूमि घोटाले की जाँच और अनुशंसा

यह भी विडंबना है कि झारखंड की राजधानी राँची में उच्च अधिकारियों की मिली-भगत से बड़े पैमाने पर जमीन की खरीद-बिक्री अवैध तरीके से की गई। ऐसे कई जमीन के मामले आए हैं, जिनके अभिलेखीय प्रमाण मौजूद हैं और भूमि संबंधी अनियमितताओं को उजागार कर रहे हैं। बिहार विधानसभा की संयुक्त समिति ने राज्य में भूमि घोटाले की जाँच की और इस पूरे प्रकरण पर विस्तृत जाँच-पड़ताल के बाद अपना जाँच प्रतिवेदन 27 मई, 1998 को विधानसभा अध्यक्ष को समर्पित कर दिया। संयुक्त समिति ने दोषी अधिकारियों को चिह्नित करते हुए उन पर कारवाई की अनुशंसा की। लेकिन आज तक इस घोटाने में लिप्त अधिकारियों पर किसी प्रकार की कारवाई नहीं हुई। उनमें से कई अब इस दुनिया में नहीं हैं। कई दोषी पदाधिकारी सेवानिवृत हो चुके हैं।

25 जून, 1997 को विधानसभा सत्र के दौरान शून्यकाल में माननीय सदस्य श्री चंद्र मोहन प्रसाद द्वारा उठाए गए सवाल पर तत्कालीन राजस्व एवं भूमि सुधार विभाग के तत्कालीन प्रभारी मंत्री ने स्वीकार किया कि खासकर राँची जिले में सरकारी जमीन, खास महल की जमीन, आदिवासियों की जमीन के मामले में भारी अनियमितता बरती गई है। सरकारी जमीन की अवैध जमाबंदी के मामले प्रकाश में आए हैं। इस अनियमित जंमाबंदी के चलते सरकारी भूखंडों पर अवैध निर्माण भी हो रहा है। विधानमंडल के दोनों सदनों में जमीन की अनियमितता के बारे में उठाए गए सवालों एवं माननीय सदस्यों की भावनाओं को ध्यान में रखते हुए अनियमितता की जाँच हेतु दोनों सदनों की संयुक्त समिति का गठन किया गया।

भूमि घोटाले के बारे में संयुक्त समिति की तरफ से जाँच प्रतिवेदन प्रस्तुत करते हुए संयुक्त समिति के अध्यक्ष श्री शालिग्राम यादव ने अपनी टिप्पणी में लिखा है कि सरकारी भूमि या आदिवासी भूमि के साथ कतिपय सरकारी पदाधिकारियों एवं कर्मचारियों द्वारा, जो घिनौना कुकृत्य किया गया है, वह काफी दुःखद है। जहाँ सरकारी पदाधिकारियों एवं कर्मचारियों की नियुक्ति सरकारी संपत्ति की रक्षा के लिए की जाती है, गरीब, लाचार, बेबस आदिवासियों के हितों की रक्षा करना उन सरकारी पदाधिकारी, कर्मचारियों द्वारा अपना हित साधने, स्वार्थ की पूर्ति करने के लिए सरकारी संपत्ति एवं आदिवासी हितों के विपरीत व्यवहार किया जाता है। कार्यपालक न्यायालयों यथा, आयुक्तों, उपायुक्त, अनुमंडलीय अधिकारी, भूमि सुधार उपसमाहर्ता, अंचलाधिकारी आदि के न्यायालयों में, जहाँ मामले का जल्द निष्पादन होना चाहिए, प्रावधानों के विपरीत मामलों को लटकाए रखने से भू-माफियाओं को

लाभ होता है तथा मामले को लंबे समय तक लंबित रखकर, आदिवासियों, आमजनों व सरकारी हितों आदि को गंभीर क्षति पहुँचाई जाती है।

समिति ने अपनी जाँच के क्रम में यह तथ्य प्रमाणित पाया है कि जमाबंदी 2(1) के पन्ने बदलकर बहुमूल्य जमीन का राँची शहर अंचल, राँची अंतर्गत जाली जमाबंदी खोला गया है। खतियान के पन्ने फाड़ दिए गए हैं। यहाँ तक कि जिला अभिलेखागार में संधारित खतियान के पन्ने भी गायब हैं, ताकि साक्ष्य को नष्ट कर बहुमूल्य सरकारी भूमि को हड़पा जा सके और इसमें उन्होंने सफलता भी पा ली है। उदाहरण के लिए राँची अंचल अंतर्गत मौजा हुंडरू का खाता नं. 360 प्लॉट नं. 1260 से संबंधित जमाबंदी की पृष्ठ संख्या 291 को बदला गया है तथा पूर्व पृष्ठ के स्थान पर नया पृष्ठ लगा दिया गया है और 3.89 एकड़ का खाली जमाबंदी खोला गया है। इसके पूर्व इसी मौजा अरगोड़ा के खांता नं. 268, प्लॉट नं. 2983 से संबंधित जमीन की जमाबंदी नाजायज रूप से खोला गया है। मौजा शहर अंचल के बड़ागाईं में 100 एकड़ से अधिक की जमीन बिना किसी आधार के जमाबंदी खोल दी गई और करोड़ों रुपए की जमीन लूटने में सफलता हासिल की। यहाँ तक कि इक्कीस वर्षों की लगान रशीद एक बार काटकर कानून की धत्ता बता दिया गया।

उपरोक्त उदाहरण अधिकारिक तौर पर सिर्फ यह बताने के लिए है कि सरकार के संरक्षण में कैसे ये अवैध कार्य हुए हैं। राज्य बनने के बाद गिरीडीह, देवघर, जमशेदपुर, राँची जैसे जिलों में बड़े पैमाने पर हजारों एकड़ जमीनें गलत तरीके से माफिया तत्त्वों द्वारा बेची जा रही हैं, जो राज्य सरकार के संज्ञान में आ चुकी हैं। जिन पर जाँच कर काररवाई करने की फुरसत राज्य सरकार को नहीं है। यह आज एक अंतहीन सिलसिला बन गया है।

राँची में बड़े पैमाने पर हुई भूमि घोटाले पर सी.बी.आई. जाँच

जमीन माफिया और अधिकारियों की मिलीभगत से आदिवासी जमीन का अवैध कारोबार राज्य बनने के बाद भी तेजी से चल रहा है। यह जानते हुए भी कि कानून के दायरे में आदिवासी जमीन का हस्तांतरण गैर-आदिवासियों के हाथों नहीं हो सकता है। हाल ही में राज्य की राजधानी में भूमि माफियाओं द्वारा संगठित रूप से आदिवासी जमीन का बड़े पैमाने पर व्यापार करने के मामले की जाँच सी.बी.आई. कर रही है। यह इस बात का प्रमाण है कि हर प्रकार के कानूनी सुरक्षा एवं संवैधानिक प्रावधानों के बाद भी इस तरह के अवैध कारनामे राज्य में चल रहे हैं। प्रतिदिन संविधान की मर्यादा टूट रही है और कानून तोड़े जा रहे हैं। आखिर संविधान में दिए

गए आदिवासियों की सुरक्षा के प्रावधान प्रभावी ढंग से लागू क्यों नहीं हो रहे हैं? यह अराजकता है और इससे राज्य के आदिवासियों में असंतोष बढ़ेगा। जिसके दूरगामी परिणाम के नतीजे राज्य में नई-नई समस्याओं को जन्म देंगे। राज्य में होनेवाली इस तरह की घटनाओं से संविधान के तहत आदिवासी क्षेत्रों में उत्तरदायी शासन का सपना ध्वस्त होता दिखाई दे रहा है।

जमीन आदिवासी जीविका का प्रमुख आधार

यह जानते हुए कि आदिवासी समाज कृषि एवं वन संसाधनों पर आधारित समाज है, प्रशासनिक अधिकारियों ने मानवीय दृष्टिकोण नहीं अपनाया और उनके संसाधनों के साथ खिलवाड़ किया गया। एक रिपोर्ट के मुताबिक विकास के क्रम में राँची क्षेत्र की 75 प्रतिशत आदिवासी जमीनें उनके हाथों से जा चुकी हैं। जमीन और जंगल के बारे में आदिवासियों की टिप्पणी करते हुए डेबर आयोग ने स्पष्ट कहा है कि जमीन और जंगल आदिवासियों की जीविका का मुख्य आधार हैं, यदि इन्हें इनकी जमीनों से बेदखल कर दिया जाएगा तो इनका अस्तित्व समाप्त हो जाएगा।

आदिवासी स्वशासी समाज-व्यवस्था, भाषा और कला संस्कृति का विघटन

आदिवासियों की पहचान उनकी विशिष्ट जीवन-शैली, आत्मनिर्भर कृषि और श्रम पर आधारित समाज-व्यवस्था तथा उनकी भाषा और संस्कृति से है। उनकी इसी पहचान का सवाल झारखंड राज्य से जुड़ा है। झारखंड राज्य की माँग न सिर्फ आर्थिक पिछड़ेपन के कारण शुरू हुई, बल्कि सामाजिक, संस्कृति और भाषायिक पहचान की सुरक्षा के लिए हुई। भारत के संविधान में इन्हीं कारणों से आदिवासियों के लिए अलग व्यवस्था की गई। पाँचवीं अनुसूची का प्रावधान आदिवासियों की प्राचीनतम समाज-व्यवस्था एवं उनकी सांस्कृतिक विशिष्टता के कारण संविधान का अंग बना, ताकि उनकी विशिष्टता की सुरक्षा करते हुए उसके अनुरूप उनके विकास का मार्ग प्रशस्त हो सके।

विडंबना यह है कि संविधान में अलग से व्यवस्था होने के बाद भी आज आदिवासी समाज, संस्कृति और भाषाएँ विलुप्त होने के कगार पर हैं। देखा जाए तो पाँचवीं अनुसूची के अंगीकार होने के बाद भी आर्थिक विकास के लिए कई प्रकार के कार्यक्रम तो चलाए गए, परंतु सामाजिक विघटन, सांस्कृतिक पहचान की सुरक्षा तथा भाषाओं के विलुप्त होने की प्रक्रिया को रोकने का कोई ठोस प्रयास नहीं किया गया।

पहली प्रमुख बात तो यह है कि आदिवासियों की पारंपरिक समाज-व्यवस्था

को मान्यता मिले, इसके लिए ही संविधान के भाग 9 में पेसा (पंचायत के प्रावधानों का अनुसूचित क्षेत्र में विस्तार) कानून, 1996 के तहत पहली बार पारंपरिक व्यवस्था से जुड़े ग्रामप्रधानों को ग्रामसभा के तहत अधिकार देने के लिए कानून बनाए गए। इतना ही नहीं, ग्रामसभा को प्रभावी बनाते हुए प्राकृतिक संसाधनों के दोहन का अधिकार, ग्रामीण विकास की योजना बनाने, बड़ी परियोजनाओं के लिए ग्रामसभा की सहमति को आवश्यक बनाने जैसे अधिकार भी ग्राम सभा को दिए गए। परंतु राज्य सरकार ने पंचायत ऐक्ट के रूप में कानून बनाकर साधारण पंचायत-व्यवस्था को ही धोखे से अनुसूचित क्षेत्रों में लागू कर ग्रामसभा के तहत गाँव की पारंपरिक व्यवस्था की मान्यता को ही समाप्त कर दिया। आज झारखंड क्षेत्र के अनुसूचित क्षेत्रों में पेसा कानून के तहत पंचायत-व्यवस्था के बदले पंचायतों की सामान्य व्यवस्था लागू है, जो गलत है।

जहाँ तक भाषा के विकास का सवाल है, यह तो अत्यंत दुःखद पहलू है। राँची विश्वविद्यालय के अंतर्गत झारखंड क्षेत्र की क्षेत्रीय एवं आदिवासी भाषाओं के विकास के लिए जनजातीय एवं क्षेत्रीय भाषा विभाग की स्थापना भाषाविद् एवं पद्मश्री डॉ. रामदयाल मुंडा की पहल पर की गई, परंतु यह विभाग आज भी अपने अस्तित्व के लिए संघर्षरत है। राँची विश्वविद्यालय आज भी यहाँ के शिक्षकों के पद की पूर्ण स्वीकृति सरकार से नहीं ले पाई। फलस्वरूप आज भी यहाँ के शिक्षक निश्चित मानदेय पर कार्यरत हैं। इस विभाग का प्रमुख कार्य है विभिन्न भाषाओं के लिए शिक्षकों को तैयार करना। विभाग यह काम तो यथासंभव कर रहा है, परंतु यहाँ से उत्तीर्ण होकर निकलनेवाले छात्रों की नियुक्ति की कोई उचित व्यवस्था सरकार ने अब तक नहीं की है। इसका प्रभाव भाषायिक शिक्षा के विकास पर पड़ रहा है। झारखंड में राज्य बनने के पूर्व से ही यह माँग उठती रही है कि झारखंड में आदिवासी भाषाओं को शिक्षा का माध्यम प्राथमिक शिक्षा के स्तर पर बनाया जाए। क्योंकि इसका प्रभाव आदिवासी बच्चों के शिक्षा के विकास पर पड़ रहा है। परंतु आज भी झारखंड के विद्यालयों में विशेषकर वैसे क्षेत्रों के विद्यालयों में, जहाँ आदिवासी बहुल क्षेत्र हैं, आदिवासी मातृभाषाओं में पठन-पाठन की व्यवस्था नहीं है।

यद्यपि राज्य सरकार ने इसके लिए पाठ्य-पुस्तकों का विकास कर लिया है, लेकिन भाषायिक आधार पर शिक्षकों की नियुक्ति के मामले में अब तक कोई भी ठोस निर्णय नहीं लिया जा सका है। सवाल यह है कि आदिवासी पहचान का सबसे मूल कारक भाषा के विकास की दिशा में उदासीनता संविधान के प्रावधानों के प्रति लापरवाही है।

अमूमन यही हाल आदिवासियों की सांस्कृतिक विकास का भी है। फिर भी तुलनात्मक दृष्टि से संस्कृति की रक्षा के लिए किए जा रहे प्रयासों को नकारा नहीं जा सकता। लेकिन कला संस्कृति के विकास के लिए जिस आधारभूत संरचना की आवश्यकता है, वह विकसित होने की प्रक्रिया तो शुरू हो चुकी है, परंतु यह झारखंड के लिए नाकाफी है। अन्य राज्यों की तुलना में झारखंड में कला-संस्कृति के विकास की गति नगन्य है। कला एवं संस्कृति के विकास के लिए कला एकेडेमी के गठन की दिशा में राज्य सरकार के पास कोई ठोस योजना नहीं है।

सीमांकन कानून, 2002, अनुसूचित क्षेत्रों में राजनीतिक संकट

भारत के संविधान ने संसदीय सीटों एवं राज्यों के विधानसभा सीटों के सीमांकन के लिए कुछ विशेष नियम बनाए हैं एवं उनके अनुपालन के लिए यह निर्णय का अधिकार संसद् को दिया है कि वह इस संबंध में विस्तृत कार्यप्रणाली तय करे। भारत का पहला संसदीय एवं राज्यों के आम चुनाव जन प्रतिनिधित्व कानून की धारा 6 एवं 9 के तहत राष्ट्रपति के आदेश से सन् 1951 में सीमांकित किए गए चुनाव क्षेत्रों के आधार पर हुआ। यह भी तय किया गया कि यह सीमांकन आदेश कानूनी रूप से संविधान के लागू होने के तीन वर्षों तक प्रभावी होगा, यानी 26 जनवरी, 1953 से पूर्व तक। आम चुनावों की समाप्ति के पश्चात् चुनाव आयोग ने केंद्र सरकार को यह अनुशंसा की कि भविष्य में सीमांकन के लिए एक स्वतंत्र आयोग का गठन किया जाना चाहिए। चुनाव आयोग के इस अनुशंसा के आधार पर सीमांकन कानून, 1952 प्रभाव में आया। सीमांकन क़ानून के तहत आयोग को सबसे पहले सन् 1951 की जनगणना के आधार पर प्रत्येक राज्यों में संसदीय सीटों एवं विधानसभा सीटों की संख्या तय करनी थी। प्रथम चुनाव में संसद् में सीटों की संख्या 497 तय की गई। जब सन् 1952 में सीमांकन आयोग अस्तित्व में आया तब संसदीय सीटों की संख्या बढ़कर 500 हो गई। इसी प्रकार सीटों की संख्या में वृद्धि हुई।

आदिवासियों के लिए संसद् एवं राज्य विधानसभाओं में सीटों का आरक्षण

भारत के संविधान की धारा 330 में आदिवासियों के लिए संसद् में एवं धारा 332 के तहत राज्य के विधानसभाओं में सीट आरक्षित करने का प्रावधान किया गया है। परंतु संविधान की धारा 334 में यह भी प्रावधान किया गया कि यह प्रावधान संविधान के लागू होने के 10 वर्षों तक ही प्रभावी होगा। बाद में इसे 60 वर्षों के लिए प्रभावी बनाया गया, जो 25 जनवरी, 2010 को समाप्त हो गया।

सीमांकन कानून का प्रभाव सन् 2010 में समाप्त होने के पूर्व ही भारत के

संविधान की धारा 82 के तहत संविधान कानून, 2001 के द्वारा संशोधन करते हुए सीमांकन कानून, 2002 बनाया गया। सीमांकन कानून की धारा 3 के तहत संसदीय तथा राज्यों के विधानसभा चुनावों के लिए राज्यों तथा केंद्रशासित प्रदेशों के चुनावी क्षेत्रों की सीटों को सन् 1991 की जनगणना के आधार पर पुनर्व्यवस्थित करने के लिए एक सीमांकन आयोग का गठन किया जाना था। यद्यपि सीमांकन का कार्य सन् 1991 की जनगणना के आधार पर प्रारंभ किया था, जिसे 87वें संविधान संशोधन सन् 2003 के पारित होने के कारण रोक दिया गया, बाद में सन् 2001 की जनगणना के आधार पर 25 राज्यों ने सीमांकन की प्रक्रिया पूरी कर ली। सीमांकन आयोग के अनुसार सीमांकन को सितंबर 2007 तक पूरा हो जाना था।

इस सीमांकन प्रक्रिया का झारखंड के संदर्भ में दु:खद पहलू निकलकर सामने आया। झारखंड की 14 संसदीय सीटों में 6 सीटें आदिवासियाँ के लिए आरक्षित थीं, जो सीमांकन के कारण घटकर 5 हो गईं। इसी प्रकार राज्य विधानसभाओं के 81 सीटों में 28 सीटें आदिवासियों के लिए आरक्षित थीं, जो घटकर 22 हो गईं।

इस संबंध में केंद्र सरकार को झारखंड सरकार के तत्कालीन मुख्यमंत्री एवं नेताओं द्वारा कई प्रतिक्रियाएँ प्राप्त हुईं। केंद्र सरकार से यह अनुरोध किया गया कि झारखंड में जनसंख्या को आधार मानकर संसद् एव विधानसभा में आरक्षित सीटों की संख्या घटाया जाना गलत होगा, क्योंकि झारखंड के आदिवासी इलाकों से अन्य राज्यों में तथा गाँवों से शहरों में रोजी-रोटी की तलाश में बड़े पैमाने पर आदिवासियों का पलायन होता है, जिसके कारण आदिवासी जनसंख्या प्रभावित होती है। विभिन्न राज्यों से सीमांकन के खिलाफ आनेवाली प्रतिक्रियाओं के बाद केंद्र सरकार के विभिन्न मंत्रालयों के सचिवों की उच्चस्तरीय कमेटी बनाई गई। इस कमेटी ने आदिवासी इलाकों में सीमांकन के कारण उत्पन्न प्रतिक्रियाओं के मूल बिंदुओं पर 25 जून, 8 अगस्त एवं 25 अगस्त, 2007 को विस्तार से चर्चा की एवं सीमांकन से संबंधित संवैधानिक प्रावधानों (धारा 81, 82, 170, 330, तथा 332) के संशोधन की आवश्यकता बताया। उच्चस्तरीय समिति ने यह भी कहा कि सीमांकन की कारवाई में अनुसूचित क्षेत्रों के अस्तित्व, पहाड़ी एवं ग्रामीण क्षेत्रों तथा विशेष समुदायों, जिन्हें राजनीतिक प्रधानता दिए जाने की जरूरत है, उन्हें मान्यता दी जानी चाहिए।

उच्चस्तरीय कमेटी की रिपोर्ट 27 अगस्त, 2007 को प्रधानमंत्री को सौंपी गई। इस रिपोर्ट के आधार पर सीमांकन कानून, 2002 में परिवर्तन लाए जाने के लिए संविधान में सन् 2008 में संशोधन किया गया तथा झारखंड क्षेत्र में सीमांकन कानून सन् 2002 के तहत सीमांकन आयोग द्वारा झारखंड क्षेत्र के संसदीय एवं विधानसभा

सीटों को कम किए जाने के निर्णय पर आगामी सन् 2026 तक रोक लगा दी गई।

सवाल सीमांकन आयोग के निर्णय पर रोक लगाकर झारखंड में आदिवासी सीटों के आरक्षण पर यथास्थिति बनाए रखने का सिर्फ नहीं है। सवाल है कि अनुसूचित क्षेत्रों में आदिवासी जनसंख्या का संतुलन कैसे बिगड़ रहा है, इस पर चिंतन करने का। आज यह सीमांकन के रूप में उत्पन्न हुआ है। आनेवाले समय में जनसंख्या को आधार मानकर अनुसूचित क्षेत्रों को सीमित किए जाने की स्थिति पैदा होगी। फिर उसी आधार पर संवैधानिक प्रावधानों से आदिवासी वंचित होंगे। यह एक संकटकालीन स्थिति है। पाँचवीं अनुसूची के प्रावधान की व्याख्या विस्तृत है, जरूरत है इसकी सकारात्मक विश्लेषण की। नई परिस्थिति में उसके संशोधन की एवं उसके अनुरूप प्रभावी कियान्वयन की।

राज्य में पनपता नक्सलवाद

आज झारखंड में नक्सलवाद एक गंभीर समस्या बन गई है। हिंसा-प्रतिहिंसा का लगातार खूनी खेल झारखंड में खेला जा रहा है। सरकार इस गंभीर समस्या के समाधान के प्रति अपनी प्रतिबद्धता नहीं दिखा पा रही है।

यों तो नक्सलवाद का इतिहास बंगाल के नक्सलबाड़ी क्षेत्र के किसान आंदोलन से जुड़ा है, लेकिन झारखंड में ब्रिटिश काल अथवा उससे भी पूर्व से चली आ रही सामंती शोषण और किसानों के अत्याचार के कारण पलामू के कई क्षेत्रों 20वें दशक में बंधुआ मजदूरी एवं किसानों के शोषण के खिलाफ नक्सलवादी हथियार-बंद संघर्ष शुरू हुआ। इसके पूर्व राजनीतिक आंदोलनों के माध्यम से किसानों के अत्याचार के खिलाफ संघर्ष की शुरुआत हुई, परंतु राजनीतिक आंदोलनों की धार सामंती शोषण की धार को काट न सकी। चूँकि सामंती शासक बंदूकों के बल पर किसानों पर अत्याचार करते थे। उनके खेतों पर उनसे ही मजदूरी कराते और फसल का अधिकांश हिस्सा अपने दालानों और गोदामों में भर लेते। इस सामंती शोषण के खिलाफ नक्सलवाद संघर्ष का सहारा लिया गया। किसानों के शोषण से उत्पन्न हुई यह लड़ाई सामाजिक असमानता की लड़ाई में परिणत हुई और सरकारी व्यवस्था की उपेक्षा के खिलाफ व्यवस्था परिवर्तन की एक बड़ी लड़ाई में परिणत हो गया। यद्यपि संपूर्ण झारखंड में एक जैसी परिस्थिति नहीं थी, लेकिन सरकार की विकास नीतियाँ जनहित में नहीं होने के कारण अमूमन संपूर्ण झारखंड में कुछ समस्याएँ एक जैसी थीं। जिन पर सरकार की उदासीनता एवं राजनीतिक प्रतिबद्धता में कमी के कारण नक्सलवाद को पनपने का अवसर मिला। जनता समस्याओं से निजात चाहती थी। परंतु सरकारी

व्यवस्था में लगातार उनकी उपेक्षा होती रही। झारखंड में विकास परियोजनाओं के कारण बड़े पैमाने पर आदिवासियों का विस्थापन हुआ और वे रोजी-रोटी की तलाश में अन्य राज्यों की तरफ मुखातिब हुए।

उन समस्याओं के निदान के लिए अलग राज्य की माँगों को बल मिला और अलग राज्य आंदोलनों का प्रतिफल है झारखंड राज्य। अलग राज्य आंदोलनों के क्रम में राज्य की जनता को विशेषकर, आदिवासियों को लगा कि राज्य बनने से उनकी समस्याओं का समाधान हो जाएगा। इसीलिए उस काल में नक्सल आंदोलन उतनी तेजी से नहीं फैल पा रहा था। लेकिन राज्य बनने के बाद नक्सल आंदोलन का प्रसार तेजी से हुआ। क्योंकि राज्य बनने के बाद बुनियादी समस्याओं के समाधान की दिशा कोई ठोस पहल नहीं हुई और उपनिवेशवाद की प्रक्रिया तेजी से शुरू हुई। औद्योगिकीकरण की प्रक्रिया को झारखंड में तेज करने के लिए भूमि अधिग्रहण की शुरुआत हुई, बड़ी कंपनियों को झारखंड में आने का न्योता दिया गया, उनसे एम.ओ.यू. किए गए। सरकार की विकास नीतियों ने आम जनता की समस्याओं पर कभी ठोस नीतियाँ बनाने की पहल नहीं की। जिसके कारण आम जनता का विश्वास सरकारी व्यवस्था पर कम होने लगा।

आज झारखंड की जो परिस्थिति है, उससे आम जनता त्रस्त है। झारखंड के बीते 12 वर्षों का कार्यकाल जनहित के दृष्टिकोण से असफल साबित हुआ। ये परिस्थितियाँ झारखंड में नक्सलवाद जैसी समस्याओं को बढ़ने में प्रत्यक्ष रूप से जिम्मेवार है। आज झारखंड के अधिकांश इलाके नक्सलवाद की चपेट में हैं। जिनमें 90 प्रतिशत भागीदारी आदिवासियों की है। यह बड़ी दु:खद परिस्थिति है कि जिन आदिवासियों को निश्छल, शांतिप्रिय एवं सीधे-साधे मनुष्यों की संज्ञा दी जाती थी, जिनके लिए भारत के संविधान की बार-बार दुहाई दी जाती थी, वही आज हिंसक हो गए हैं। यह साधारण बात नहीं है, बल्कि इनकी गहराइयों में जाकर एक शोध अध्ययन आवश्यक हो गया है। इस समस्या का समाधान ऊपरी तौर पर इसे एक हथियारबंद संघर्ष समझकर, अर्द्धसैनिक बलों के ऑपरेशन से नहीं निकाला जा सकता है। सैनिक काररवाई से यह समस्या खत्म होने के बदले और बढ़ेगी। क्योंकि जिस ढंग से अर्द्धसैनिक बलों की काररवाई दुरस्थ गाँवों में चल रही है उससे भोले-भाले ग्रामीण में उग्रवाद की ओर कदम बढ़ाने की घटनाओं को बल मिल रहा है। इतना ही नहीं, सिर्फ एक निर्दोष ग्रामीण की हत्या से कई दर्जन युवा एवं युवतियाँ उग्रवादी बनने की राह में हैं।

नक्सलवाद के संदर्भ में आदिवासियों के झुकाव के बारे में अतीत की घटनाएँ

भी बहुत कुछ बयाँ कर रही हैं। गुवा गोलीकांड, तपकारा गोलीकांड, ईचा खड़कई गोलीकांड जैसे दर्जनों गोलीकांडों में पुलिस की बर्बरता आज भी लोगों के जेहन में है। कहीं-न-कहीं इन घटनाओं के कारण भी लोगों का आक्रोश नक्सलवाद के रूप में उभरकर सामने आया है। अर्द्धसैनिक बलों द्वारा उग्रवादियों के खिलाफ चलाई जानेवाली घटनाओं से उग्रवाद कई गुणा बढ़ा है। सारंडा में निर्दोष लोगों की हत्या, नक्सली के नाम पर, उनके खेतों के दस्तावेजों और राशन कार्डों, बी.पी.एल. कार्ड को नष्ट करना, उनके खाद्य पदार्थों को नष्ट करना अमानवीय करतूत हैं। इस तरह की काररवाई से ग्रामीणों का विश्वास सरकारी व्यवस्था से खत्म होगा और प्रतिहिंसा की भावना जाग्रत् होगी। लातेहार में भी बड़े पैमाने पर निर्दोष लोगों पर अर्द्धसैनिक बलों ने अत्याचार किया है। मानव अधिकारों का बड़े पैमाने पर उल्लंघन हुआ है।

झारखंड मानव अधिकार रिपोर्ट यह बता रही है कि सरकार जनविकास की नीतियों पर नहीं जनविनाश की नीतियों पर कार्य कर रही है। जरूरत है आदिवासी मनोभावनाओं को समझने की। उनकी खामोश जुबान में कई भावनाएँ हैं, लेकिन उन्हें कभी अभिव्यक्ति का स्वतंत्र माध्यम नहीं मिल पाना ही एक बड़ी समस्या है। आज उन्हें अपने राज्य में भी स्वतंत्र रूप से अपने विचारों को अभिव्यक्त करने का कोई माध्यम नहीं है।

झारखंड में उग्रवाद पर गहन मंथन करने से एक महत्त्वपूर्ण बात उभरकर सामने आई है, वह यह कि जिन जिलों में उग्रवाद तेजी से बढ़ा है, वहाँ गाँवों की स्थिति अत्यंत चिंताजनक है। अधिकांश लोग गरीबी रेखा के नीचे अपनी गुजर-बसर कर रहे हैं। सरकार की विकास योजनाएँ दूर-दराज के ग्रामीण क्षेत्रों तक नहीं पहुँच पा रही हैं। उन क्षेत्रों में शिक्षा, स्वास्थ्य, पेयजल, खाद्यान्न जैसी सामाजिक सुरक्षा के सरकारी कार्यक्रमों से आम जनता आज भी वंचित है। जिनके कारण से ग्रामीण क्षेत्रों में व्यवस्था के प्रति असंतोष के कारण नक्सलवाद की ओर युवाओं का झुकाव तेजी से बढ़ रहा है। भूरिया कमीशन ने स्पष्ट रूप से अपनी रिपोर्ट में यह जिक्र किया है कि आदिवासी की सुरक्षा और विकास के लिए संविधान के प्रावधानों का अनुपालन नहीं होना गंभीर बात है, जिसके कारण यह समस्या बढ़ रही है।

भूरिया आयोग ने अपनी रिपोर्ट में पाँचवीं अनुसूची के तहत राज्यपाल को अनुसूचित क्षेत्रों के प्रशासन एवं शांति सुव्यवस्था के बारे में प्रत्येक वर्ष अनिवार्य रूप से भेजी जानेवाली रिपोर्ट में नक्सलवाद जैसी समस्याओं पर विशेष रिपोर्ट भेजे जाने की चर्चा की है।

□

अध्याय-9

उपसंहार

पाँचवीं अनुसूची की क्रियाशीलता पर एक विश्लेषण—झारखंड के आदिवासियों के लिए किए गए संवैधानिक प्रावधानों के संदर्भ में पाँचवीं अनुसूची के प्रावधानों का विश्लेषण वर्तमान परिस्थिति की आवश्यकता है। यदि पाँचवीं अनुसूची के मूल प्रारूप का अध्ययन किया जाए तो यह स्थिति अत्यंत स्पष्ट हो जाती है कि पाँचवीं अनुसूची के प्रावधान, अनुसूचित क्षेत्रों में आदिवासियों के विकास के लिए कार्यपालिका, विधायिका, न्यायपालिका के साथ आदिवासियों की पारंपरिक शासन-पद्धति को मान्यता देते हुए उनके अनुकूल शासन-व्यवस्था लागू किए जाने की मंशा से अभिप्रेरित है। ऐसे कार्य के लिए महामहिम राज्यपाल को अभिरक्षक बनाया गया है कि वह प्रत्येक वर्ष आदिवासियों की स्थिति तथा आदिवासी विकास एवं प्रशासनिक सुधार से संबंधित प्रतिवेदन राष्ट्रपति को भेजें, ताकि आदिवासी हित में नियम कानून बनाकर उनके अनुसार कार्य किया जा सके। अनुसूचित क्षेत्रों के विषय में राज्यपाल को इतनी शक्ति प्रदान की गई है कि वह देश संसद् या राज्य के विधानमंडलों द्वारा पारित किसी भी प्रकार के कानून को, जो अनुसूचित क्षेत्र के आदिवासियों के विकास में प्रतिकूल असर डालता हो अथवा उसकी आशंका हो तो वैसे नियम अथवा कानून को लागू होने से रोक सकता है तथा जनजातीय सलाहकार परिषद् के सुझाव पर राष्ट्रपति को उन कानूनों में सुधार अथवा संशोधन हेतु अनुशंसा भेज सकता है या अधिसूचना निर्गत कर कोई विशेष प्रकार के कार्य, जो आदिवासी हित में हो, करने के लिए सरकार को निर्देश दे सकता है। आदिवासी क्षेत्रों के प्रशासन के बारे में पाँचवीं अनुसूची में उल्लिखित प्रावधानों के आलोक में कई पहलुओं पर विचार-विमर्श किया जा सकता है। इन

पहलुओं में बाहरी आबादी के घुसपैठ के कारण आदिवासी क्षेत्रों के सामाजिक-सांस्कृतिक परिवेश पर पड़नेवाले प्रतिकूल प्रभावों के बारे में भी विश्लेषण किया जाना अत्यंत महत्त्वपूर्ण पहलू है। महामहिम राज्यपाल द्वारा महामहिम राष्ट्रपति को भेजी जानेवाली रिपोर्ट का तात्पर्य भी यही है कि अनुसूचित क्षेत्रों में रहनेवाले आदिवासी समुदायों के विकास की प्रक्रिया में, बाहरी आबादी के घुसपैठ के कारण बाधा तो नहीं उत्पन्न हो रही? इतना ही नहीं, आदिवासियों के उनकी जीवन-शैली एवं दक्षता के अनुरूप विकास कार्यक्रमों का सूत्रीकरण एवं क्रियान्वयन के बारे में आकलन तथा सरकार द्वारा चलाए जा रहे योजनाओं के खर्चों का ब्योरा एवं मूल्यांकन इस रिपोर्ट के महत्त्वपूर्ण पहलू हैं।

विकास की प्रक्रिया में आदिवासी जमीनों का अंधाधुंध हस्तांतरण न हो, ताकि आदिवासी जनजीवन का सामंजस्य बना रहे, यह सुनिश्चित किया जाना भी पाँचवीं अनुसूची के प्रावधानों की महत्त्वपूर्ण कड़ी है। आजादी के बाद साधारणतया यह देखा गया कि विकास की प्रक्रिया में कई सामान्य कानूनों के तहत जमीन अधिग्रहण की प्रक्रिया पूरी करते हुए आदिवासी जमीनों का अधिग्रहण किया गया, जो पाँचवीं अनुसूची के प्रावधानों की मूल भावना के खिलाफ हैं। इन गैर-कानूनी प्रक्रियाओं पर अपनी नजर बनाए रखते हुए विकास प्रक्रिया में अनुसूचित क्षेत्र के प्रावधानों के अनुरूप विकास की प्रक्रियाओं का अनुपालन हो, ताकि आदिवासी जनजीवन पर आँच न आए।

पाँचवीं अनुसूची के प्रावधानों के तहत जनजातीय सलाहकार परिषद् के गठन का तात्पर्य बिलकुल स्पष्ट है कि राज्य में आदिवासी मसले पर विनियम बनाने से पूर्व सलाहकार परिषद् उन विनियमों के गुण-दोषों पर मंथन करने के पश्चात् ही राज्यपाल के अनुमोदन के बाद किसी भी मसले पर कानून बनाया जा सके, ताकि उन विनियमों का लाभ सही मायने में आदिवासी समाज को मिल सके। पूर्व के अनुभवों में ऐसा पाया गया कि आदिवासी सलाहकार परिषद् का अनुमोदन लिये बिना आदिवासी मसलों पर राज्य सरकार ने कई प्रतिकूल कदम उठाए, जिसके दूरगामी परिणाम बिलकुल ही विनाशकारी साबित हुए। पाँचवीं अनुसूची के कानूनी प्रावधानों के आलोक में एक बात बिलकुल स्पष्ट है कि संविधान के तहत अनुसूचित क्षेत्रों के लिए अलग से कानून बनाने का अधिकार केवल संसद् और राज्यपाल को है। राज्य की विधानसभा अनुसूचित क्षेत्रों के लिए कानून बनाने के लिए सक्षम नहीं है। हाँ, पूरे राज्य के लिए विधेयक बनाते समय अनुसूचित क्षेत्रों के लिए अपवाद या विशेष प्रावधान किए जा सकते हैं, परंतु राज्य

स्तर पर उसके लिए विधि राज्यपाल ही बना सकता है। आदिवासी समाज के अस्तित्व की रक्षा के लिए इन प्रावधानों का जितनी गहराई से विश्लेषण किया जाए इनका दूरगामी प्रभाव उतना ही फलदायक होगा।

पाँचवीं और छठी अनुसूची के प्रशासनिक अधिकारों पर तुलनात्मक दृष्टिकोण डालना भी आवश्यक है। वैसे तो पाँचवीं और छठी अनुसूची की व्यवस्थाओं का उद्देश्य एक ही था, परंतु उसकी रचना में एक बुनियादी भेद था। छठी अनुसूची में जिला परिषदों का एक तीसरा स्तर है, जो केंद्र और राज्य की तरह विधायी, प्रशासनिक तथा न्यायिक अधिकारों से लैस है, स्वशासी है एवं सक्षम है। इसी व्यवस्था के साये में अब तक आदिवासी इलाकों में अभी तक स्वशासी व्यवस्था और गाँव की स्वायत्तता बनी हुई है। इसी स्वशासी व्यवस्था की बुनियाद पर कई इलाकों ने केंद्रशासित प्रदेश और अलग राज्य का दरजा प्राप्त किया है। इसकी तुलना में पाँचवीं अनुसूची की कहानी थोड़ी अलग है। इस व्यवस्था में छठी अनुसूची की तरह विधायी, प्रशासनिक एवं न्यायिक व्यवस्था का सीधा प्रावधान नहीं है। लेकिन राज्यपाल को अपने विवेक के अनुसार उपयुक्त व्यवस्था बनाने का पूरा अधिकार दिया गया है, जिसमें छठी अनुसूची जैसी ही, या उससे भी अच्छी व्यवस्था बनाई जा सकती है। दुर्भाग्यवश झारखंड में पाँचवीं अनुसूची के प्रावधानों का अनुपालन आदिवासी समाज के हित में प्रभावी ढंग से हो, इसके बारे में प्रशासनिक पदाधिकारियों अथवा राजनेताओं ने गंभीरता से कभी भी नहीं सोचा। खासतौर पर राज्यपाल ने संविधान में दिए गए अधिकार और विवेक का किसी भी मामले में इस्तेमाल नहीं किया। झारखंड जैसे राज्य में गैर-आदिवासी इलाकों के लिए बने कानून और संस्थाओं को आदिवासी इलाकों पर जैसे-का-तैसा लाद दिया गया, जिसके भारी दुष्परिणाम हुए। झारखंड में पाँचवीं अनुसूची की उपेक्षा के कारण उत्पन्न हुए दुष्परिणामों की चर्चा हम आगे करेंगे।

डेबर कमीशन एवं भूरिया कमीशन ने अपनी रिपोर्ट में उपरोक्त सभी बिंदुओं पर गंभीर टिप्पणी की है एवं पाँचवीं अनुसूची के अनुपालन पर अपनी अनुशंसाएँ एवं सुझाव केंद्र सरकार को दिया है। दुर्भाग्य से इन अनुशंसाओं पर केंद्र सरकार ने अब तक ठोस कदम नहीं उठाया है।

वर्तमान संदर्भ में जयपाल सिंह के संशोधन प्रस्तावों पर संक्षिप्त विश्लेषण

संविधान के प्रथम भाग के पैरा 3 में जयपाल सिंह का संशोधन प्रस्ताव आज के संदर्भ में एक प्रासंगिक प्रस्ताव था। वास्तव में सिर्फ अनुसूचित क्षेत्रों के प्रशासन

के बारे में राज्यपाल राष्ट्रपति को रिपोर्ट करेंगे, यह उन आदिवासी क्षेत्रों में रहनेवाले आदिवासियों के प्रति उपेक्षापूर्ण होगी, जो अनुसूचित क्षेत्रों के बाहर रहते हैं। जयपाल सिंह ने पाँचवीं अनुसूची के खंड 3 के बारे में स्पष्ट रूप से संशोधन की बात कही थी कि अनुसूचित क्षेत्रों के प्रशासन के बारे में राज्यपाल प्रतिवर्ष अनिवार्य रूप से राष्ट्रपति को प्रतिवेदन देगा। यह वैधानिक होना चाहिए। जयपाल सिंह ने यह संशय व्यक्त किया था कि हो सकता है बीस साल के बाद भी राष्ट्रपति आदिवासी क्षेत्रों के प्रशासन के बारे रिपोर्ट की माँग न करें। जयपाल सिंह की यह आशंका सच साबित हुई। डेबर कमीशन (1960) की आदिवासी क्षेत्रों में प्रशासन और विकास योजनाओं के बारे में अनुशंसाओं के 40 वर्षों के बाद दूसरी बार आदिवासी क्षेत्रों के विकास के आकलन के लिए संविधान की धारा 339 के तहत 18.1.2002 को राष्ट्रपति ने दिलीप सिंह भूरिया की अध्यक्षता में कमीशन का गठन किया (रिपोर्ट परिशिष्ट 6), इस कमीशन ने पाँचवीं अनुसूची के सभी प्रावधानों का गंभीरता से अध्ययन करते हुए कई महत्त्वपूर्ण सुझाव केंद्र सरकार को दिए हैं (अध्याय-7)।

आज झारखंड राज्य में, जो अराजकता है, भ्रष्टाचार और शोषण की, जो स्थिति है उसका प्रभाव सबसे ज्यादा आदिवासियों पर पड़ रहा है। झारखंड की आदिवासी जनता यह महसूस कर रही है कि राज्य के राज्यपाल एवं पाँचवीं अनुसूची के संरक्षक इन स्थितियों पर संज्ञान लेकर आदिवासी समस्याओं की समीक्षा करें और समस्याओं के समाधान का रास्ता तैयार करें। दूसरा रास्ता यह है कि महामहिम राष्ट्रपति झारखंड के अनुसूचित क्षेत्रों में रहनेवाले एवं अनुसूचित क्षेत्र से बाहर रहनेवाले आदिवासियों की स्थिति पर विस्तृत रिपोर्ट की माँग पाँचवीं अनुसूची के प्रावधानों के तहत करें, ताकि उन परिस्थितियों के अनुरूप नीतियाँ और कार्यक्रम तय किए जा सकें। केंद्र सरकार डेबर कमीशन एवं भूरिया कमीशन की रिपोर्ट तथा अनुशंसाओं के आलोक में ठोस काररवाई की नीति तय करे।

परिस्थितियों के बारे में एक बात गौर करनेवाली है कि आज झारखंड के अधिकांश जिले उग्रवाद की चपेट में हैं। उग्रवादी गतिविधि में शामिल होनेवालों में 90 प्रतिशत लोग आदिवासी हैं। यह भी कि उग्रवाद प्रभावित क्षेत्रों में शत-प्रतिशत क्षेत्र अनुसूचित क्षेत्र एवं आदिवासी इलाके हैं। उग्रवाद को रोकने के लिए सरकार की बहुत बड़ी राशि खर्च की जा रही है। अत: यह आवश्यक है कि इस परिस्थिति पर सरकार गंभीरता से विचार करे एवं पाँचवीं अनुसूची को प्रभावी बनाए। जयपाल सिंह ने पाँचवीं अनुसूची की धारा 4 के खंड 2 और 3 में दिए गए प्रावधानों में संशोधन का प्रस्ताव दिया कि आदिवासी परामर्शदात्री परिषद् आदिवासियों के

विकास, प्रशासन एवं कल्याण से संबंधित सभी विषयों पर परामर्श दें। परंतु आज तक व्यवहार में यह देखा गया है कि राज्यपाल ने आदिवासियों की जल, जंगल, जमीन की सुरक्षा हेतु ठोस पहल किए जाने के बारे में कभी भी परामर्शदात्री समिति में चर्चा किए जाने का एजेंडा प्रस्तुत नहीं किया। आदिवासियों के बड़े पैमाने पर पलायन होना कभी आदिवासी परामर्शदात्री परिषद् का मुद्दा नहीं बन पाया। आदिवासी जमीनों के अवैध हस्तांतरण एवं विकास कार्यों के लिए अधिग्रहीत भूमि के हस्तांतरण पर रोक लगाने की कभी पहल नहीं हुई। उन्होंने यह भी कहा कि संविधान के मूल प्रस्ताव का स्वरूप आदिवासी परामर्शदात्री परिषद् को क्रियाशील बनाना था, ताकि आदिवासी समस्याओं पर अलग से गंभीर चर्चा कर उसके समाधान का रास्ता ढूँढ़ा जा सके। लेकिन आदिवासी परामर्शदात्री समिति को ही दुर्बल बना दिया गया है।

आज के संदर्भ में यह प्रसंग शत-प्रतिशत सही साबित हो रहा है। नए राज्य के गठन के बाद तो आदिवासी परामर्शदात्री समिति की स्थिति और बदतर हो गई है। नियमित रूप से न इसकी बैठकें होती हैं, न ही गंभीर समस्याओं के समाधान के लिए कोई विमर्श। न राज्य के राज्यपाल आदिवासी परामर्शदात्री समिति के सदस्यों से कभी सुझाव लेने हेतु बैठक की पहल कराते हैं, न ही समिति के सदस्य इसके प्रति जागरूक हैं। एक तरह से यह पूरी संवैधानिक व्यवस्था सफेद हाथी साबित हो रही है। व्यवस्था के इस रवैए के कारण ही राज्य में उग्रवाद जैसी गतिविधियाँ तेजी से बढ़ रही हैं। आदिवासी समस्याएँ बढ़ रही हैं।

कुल मिलाकर पाँचवीं अनुसूची के बारे में जयपाल सिंह के संशोधन प्रस्तावों और उसके वर्तमान संदर्भ में विश्लेषण के पश्चात् यह बात स्पष्ट है कि पाँचवीं अनुसूची के प्रभावी क्रियान्वयन के लिए उसमें व्यापक संशोधन की आवश्यकता है, तभी इसका लाभ आदिवासियों को मिल सकेगा। जयपाल सिंह के अनुसार पाँचवीं अनुसूची वास्तविकता बने, एक स्वाँग न बने।

केंद्र सरकार द्वारा गठित डेबर कमीशन (1960) एवं भूरिया कमीशन (2004) की अनुशंसाओं पर कुछ विचारणीय प्रश्न

डेबर कमीशन की रिपोर्ट अत्यंत विस्तृत रिपोर्ट है। इसके तहत आदिवासी विकास के सभी आयामों पर गहराई से विचार करते हुए नीतियाँ बनाने की अनुशंसाएँ की गई हैं। पूरी रिपोर्ट पर पुनः चर्चा न करते हुए उसमें कुछ महत्त्वपूर्ण बातें हैं, जिन पर सुधार के दृष्टिकोण से टिप्पणी आवश्यक है। कमीशन ने पाँचवीं अनुसूची

के प्रवाधानों के तहत राज्यपालों की शक्तियाँ तथा आदिवासी परामर्शदात्री समिति के बारे में विस्तृत चर्चा की है एवं तथ्यों और खामियों को अक्षरशः सामने लाने की पहल की है। यह दुर्भाग्य है कि आयोग के सुझावों पर सही तरीके से अमल नहीं किया गया।

आयोग ने अनुसूचित क्षेत्र के लिए मानदंड के रूप में आदिवासी जनसंख्या की बहुलता को एक प्रमुख बिंदु माना है और अनुसूचित क्षेत्र के रूप में चिह्नित किए जाने के लिए किसी क्षेत्र में 50 प्रतिशत आदिवासी जनसंख्या को अनिवार्य बताया है। यह एक नई बात है। संविधान के प्रारूप में आदिवासियों के लिए अलग कानून बनाए जाने की व्यवस्था करते समय यह बात नहीं थी, बल्कि आदिवासियों की सामाजिक-आर्थिक स्थिति को मानकर संविधान में प्रावधान किया गया। जनसंख्या की बात को मानदंड बनाए जाने के कारण ही झारखंड में कई आदिवासी क्षेत्र अनुसूची में शामिल होने से वंचित हो गए। जबकि उनकी सामाजिक-आर्थिक स्थिति काफी दयनीय है। पाँचवीं अनुसूची के प्रावधान के तहत राष्ट्रपति को भेजी जानेवाली रिपोर्ट में भी वे इलाके छूट जाते हैं। जिनके कारण उन इलाकों में आदिवासियों के बारे में सही आकलन नहीं हो पाता है।

जनसंख्या के मानदंड का दूसरा अहम पहलू यह है कि विकास के क्रम में आदिवासी क्षेत्रों में बाहर की आबादी के घुसपैठ से आदिवासी आबादी का संतुलन बिगड़ने की स्थिति एवं अनुपातिक रूप से आदिवासी जनसंख्या के कम हो जाने की स्थिति पर आयोग ने अपना विचार नहीं किया। जनसंख्या के मुद्दे पर, बाहरी आबादी के घुसपैठ से स्थानीय आदिवासी समुदायों के जनसंख्या का संतुलन तो बिगड़ा ही, उनके रोजगार के अवसरों पर भी प्रभाव पड़ा, जिसके कारण आदिवासियों को पलायन करने की स्थिति बनी, जिसके कारण भी उन क्षेत्रों में उनकी जनसंख्या का ह्रास हुआ। इस परिस्थिति में जनसंख्या के मानदंड को अपनाए जाने पर कई क्षेत्र अनुसूची से बाहर हो जाएँगे। झारखंड में विकास प्रक्रियाओं के द्वारा यही स्थिति बनी और पलायन करने को लोग मजबूर हुए। आज भी राज्य बनने के बाद यह समस्या खत्म नहीं हो रही है। बल्कि यह कहा जाए कि पाँचवीं अनुसूची के तहत आदिवासी विकास की, जो नींव डाली गई वह अधूरे विकास की परिस्थिति में ही कमजोर हो गई। कमीशन की अनुशंसाओं के आलोक में केंद्र सरकार की नीतियाँ विरोधाभासी प्रतीत होती हैं। एक ओर जनसंख्या नियंत्रण के लिए देशव्यापी प्रयास और दूसरी ओर आदिवासियों की घटती जनसंख्या को कारण बताकर आदिवासी क्षेत्रों को चिह्नित करने का प्रयास निश्चय एक विरोधाभासी समझ है।

अब यदि संविधान के 60 वर्ष हो जाने के बाद समीक्षा कर जनसंख्या को आधार बनाकर अनुसूचित क्षेत्रों को कम करने की बात की जाए तो आदिवासी इलाकों में 60 साल पुरानीवाली परिस्थिति पैदा हो जाएगी। संविधान के प्रावधान के तहत सीमांकन कानून के आदिवासी क्षेत्रों में लागू होने का प्रतिकूल निष्कर्ष सामने आने लगा है। जिसके कारण लोगों में असंतोष पनप रहा है। अत: बेहतर यही होगा कि पाँचवीं अनुसूची के प्रावधानों को संविधान में जगह देने के लिए जो अवधारणा विकसित हुई थी, उसके तहत आदिवासी विकास के प्रयास को आगे बढ़ाया जाना चाहिए।

डेबर आयोग की अनुशंसाओं में आदिवासी मनोविज्ञान को ध्यान में रखते हुए प्रशासनिक स्तर पर प्रशिक्षण की व्यवस्था का प्रस्ताव निश्चय एक ठोस प्रस्ताव है। परंतु दुर्भाग्य से आदिवासी मनोविज्ञान को समझने की पहल प्रशासनिक स्तर पर नहीं की गई। इसके कारण आदिवासी विकास की नीतियाँ ठोस रूप से नहीं बनाई जा सकीं। आदिवासी मनोविज्ञान एवं विकास प्रक्रिया में उनका प्रभाव पर हम आगे चर्चा करेंगे।

इस आयोग के 40 वर्षों के बाद भूरिया आयोग (2004) का गठन राष्ट्रपति ने किया। भूरिया आयोग ने डेबर आयोग की अनुशंसाओं को गंभीरता से अध्ययन करते हुए उसे लागू करने में प्रशासनिक लापरवाही का भी जिक्र किया है। भूरिया आयोग ने संविधान की पाँचवीं अनुसूची को कठोरता से लागू करने के लिए कई सुझाव दिए हैं। भूरिया आयोग ने वर्तमान संदर्भों में पाँचवीं अनुसूची के प्रावधानों का विश्लेषण काफी गहराई से किया है, जिसमें आदिवासी परामर्शदात्री समिति के कार्यों के बारे में गंभीरता से चर्चा की गई है, साथ ही राज्यपाल के अधिकार एवं शक्तियों पर काफी विस्तृत चर्चा करते हुए पाँचवीं अनुसूची में कई संशोधन का सुझाव भी दिया है। डेबर आयोग और भूरिया आयोग दोनों ने अनुसूचित क्षेत्रों के प्रशासन एवं आदिवासी विकास की नीतियाँ बनाने का सुझाव दिया। लेकिन दुर्भाग्य से इन दोनों आयोगों के सुझावों एवं अनुशंसाओं को गंभीरता से नहीं लिया गया है। भूरिया आयोग मुख्य रूप से डेबर आयोग की अनुशंसाओं के अनुपालन पर अध्ययन एवं वर्तमान संदर्भ में नई नीतियाँ बनाने के संबंध में अवश्य एक आवश्यक कदम था, लेकिन भूरिया आयोग की रिपोर्ट केंद्र सरकार को सौंप दिए जाने के बाद भी आयोग की अनुशंसाओं के आधार पर कोई ठोस कदम नहीं उठाए गए।

भूरिया आयोग के संबंध में एक टिप्पणी आवश्यक प्रतीत होती है, क्योंकि यह आयोग ऐसे समय में बना, जब देश के अनुसूचित क्षेत्रों के हालात में काफी

बदलाव आ गए थे। विकास के मामले में देश में अवश्य कई महत्त्वपूर्ण परिवर्तन हुए हैं, परंतु आदिवासी विकास की गाड़ी की रफ्तार तेज नहीं हो सकी, बल्कि यूँ कहा जाए कि आदिवासियों के भूमि से बेदखल होने के मामले बढ़े हैं। आदिवासी भूमि विवादों के निपटारे की स्थिति संतोषजनक नहीं है। भूरियर आयोग में भूमि संबंधी मामलों पर चर्चा नहीं की गई है, जबकि भूमि संबंधी मामलों के निपटारे, उससे संबंधित कानूनों एवं उसके अनुपालन पर राज्य सरकारों को समीक्षा किए जाने के लिए निर्देश देने हेतु अनुशंसा अत्यंत आवश्यक थी। भूमि रक्षा संबंधी कानूनों की समीक्षा झारखंड के लिए अतिआवश्यक है। इतना ही उनके संशोधन किए जाने की अनुशंसा भी जरूरी है।

संविधान का संकट

आदिवासी विकास की संपूर्ण अवधारणा को पाँचवीं अनुसूची में परिभाषित करते हुए उसके क्रियान्वयन के लिए अनुसूचित क्षेत्रों में ठोस प्रशासनिक, विधायी एवं न्यायिक व्यवस्था के प्रावधान किए गए। लेकिन दुर्भाग्य से कार्यपालिका खास तौर पर राज्यपालों ने संविधान में दिए गए अधिकारों और अपने विवेक का आदिवासी हित में कभी इस्तेमाल ही नहीं किया। झारखंड क्षेत्र में गैर-आदिवासी इलाकों के लिए बने कानूनों को जैसा-का-तैसा आदिवासी क्षेत्रों में लाद दिया गया, जिसके भारी दुष्परिणाम हुए। एक तो आदिवासियों की पारंपरिक समाज-व्यवस्था के अस्तित्व पर संकट उत्पन्न हो गया और अपने संसाधनों पर समाज का परंपरागत अधिकार गैर-कानूनी हो गया। आदिवासी हर स्तर पर अपराधी करार कर दिए गए। वनों के असंगत कानून से वह अपने ही घर में घुसपैठिया बन गया। जिस जमीन पर वह युगों से खेती कर अपनी जीविका चला रहा था, उसी जमीन पर उसे अतिक्रामक करार दे दिया गया। यही नहीं, परंपरा के अनुसार महुआ के जल से देव की पूजा में भी वह आबकारी कानून तोड़नेवाला मुजरिम बन गया। भूमि पर परंपरागत मालिकाना हक एवं काश्तकारी कानून को दरकिनार कर सामान्य भू-अधिग्रहण कानून को प्रभावी बनाया गया तथा विकास के नाम पर कई इलाकों को खोल दिया गया। सड़कें बिछीं और रेल लाइनें बिछाई गईं। विकास के नाम पर वनों का दोहन, खनिज का उत्खनन, उद्योगों की स्थापना और बड़े बाँधों का निर्माण तेजी से हुआ। मगर यह सब करते हुए आदिवासियों की भागीदारी और उसके लिए उनको शैक्षणिक रूप से तैयार करने का प्रयास नहीं किया गया, जिसके कारण विकास प्रक्रियाओं में उनकी भागीदारी नहीं हो सकी।

इन सबका नतीजा यह हुआ कि मुख्य भूमि के आदिवासी इलाकों की हालत अपने ही देश में आंतरिक उपनिवेश जैसी हो गई। अप्रासंगिक कानूनों और बाहरी लोगों की अंधाधुंध घुसपैठ के कारण समाज का जल, जंगल और जमीन पर आधारित संसाधनों पर से अधिकार जाता रहा और एक-एक कर ये संसाधन उनके हाथों से छिनते चले गए। विडंबना तो यह है कि संविधान ने जिन प्रांतों को आदिवासी की हितों की रक्षा और कल्याण का दायित्व सौंपा, वही राज्य, कानून-व्यवस्था और विकास के नाम पर आदिवासियों के खिलाफ बल प्रयोग कर उन्हें उनकी जमीनों से बेदखल करने में जुटा रहा। अविभाजित बिहार उन प्रांतों की श्रेणी में अव्वल रहा, जहाँ लगातार आजादी के बाद भी उपनिवेशवादी शोषण और दमन चलता रहा। आजादी के बाद भी संविधान के तहत आदिवासी इलाकों के लिए किए गए विकास के ठोस प्रावधानों की धज्जियाँ उड़ती रहीं। विकास के नाम पर आदिवासियों के कस्टमरी कानूनों, छोटानागपुर काश्तकारी अधिनियम, संतालपरगना काश्तकारी अधिनियम तथा विल्किनसन रूल्स और पाँचवीं अनुसूची के प्रावधानों की अवहेलना कर बड़े पैमाने पर आदिवासियों को विस्थापित किया गया। इस प्रकिया में विस्थापन, विनाश, विपन्नता उनकी नियति बन गई। फलस्वरूप आजादी के बाद भी अपने अधिकारों की रक्षा के लिए आदिवासी आंदोलन जारी रहा। झारखंड अलग प्रांत के रूप में एक अलग प्रशासनिक इकाई की माँग भी इन्हीं परिस्थितियों में उठाई गई।

आदिवासी परामर्शदात्री परिषद् की अनियमित बैठकें

आदिवासी परामर्शदात्री समिति पाँचवीं अनुसूची का विशेष प्रावधान है। इस समिति की बैठक का कम-से-कम वर्ष में दो बार होना अनिवार्य किया गया है, ताकि आदिवासी मसलों को प्रभावी ढंग से राज्य सरकार देख सके। जब झारखंड का बँटवारा बिहार से नहीं हुआ था, अकसर यह शिकायतें आती रहती थीं कि बिहार में आदिवासी परामर्शदात्री समिति की बैठकें नियमित रूप से नहीं होती हैं। परंतु झारखंड राज्य के गठन के बाद तो स्थिति और भी बदतर हो गई। राज्य बनने के बाद इस परिषद् की बैठक 13 वर्षों में सिर्फ 13 बार हो पाई है। जबकि नियमतः 13 वर्षों में 26 बार इसकी बैठकें होनी चाहिए। इन बैठकों में लिये गए निर्णयों पर भी गंभीरता से अमल नहीं होता। जितने भी निर्णय लिये गए आज तक उन निर्णयों में अमल नहीं किया गया। गौरतलब बात यह है कि जितनी भी बैठकें आयोजित की गईं, उनमें झारखंड के आदिवासियों से संबंधित किसी भी प्रकार के

मुद्दों को एजेंडा नहीं बनाया गया। राज्य के आदिवासी विधायक भी आदिवासी परामर्शदात्री समिति अथवा आदिवासी मसलों पर बनी राज्य की मिनी असेंबली पर गंभीर नहीं हैं। 15 जुलाई, 2010 को टी.ए.सी. की बैठक में मनरेगा में बड़े पैमाने पर राज्य में हुई गड़बड़ी की जाँच की जिम्मेदारी समिति के 9 विधायकों को सौंपी गई थी।

दुर्भाग्य तो इस बात का है कि जब राज्य की राजधानी में भूमि अधिग्रहण के खिलाफ आंदोलन चलाया जा रहा था तब भी उन मामलों पर विचार-विमर्श करने के लिए आदिवासी परामर्शदात्री समिति की बैठकें आहुत नहीं की गईं, न ही राज्यपाल ने अपनी ओर से कोई टिप्पणी की। जबकि इसके विपरीत भूमि अधिग्रहण के खिलाफ आंदोलन में विधि-व्यवस्था की परिस्थिति भी कई बार उत्पन्न हुई। कई लोगों को जेल भेजा गया। सैकड़ों लोगों पर मुकदमे दर्ज किए गए। इस मामले पर संवैधानिक व्यवस्था होते हुए भी उसके तहत कार्य करने की जरूरत नहीं समझी गई। यही नहीं, जनता सड़कों पर उतरकर विरोध जता रही थी और अमूमन हर रोज राजभवन के समक्ष प्रजातांत्रिक तरीके से धरना प्रदर्शन के माध्यम से महामहिम राज्यपाल को आगाह कराया जाता रहा कि आदिवासियों की खेती लायक जमीनें जबरन अधिग्रहीत की जा रही हैं। बल्कि कुछ भूखंडों पर आदिवासी रैयतों की इच्छा के विरुद्ध भूमि अधिग्रहण की काररवाई की गई। यह राँची जिलांतर्गत नगड़ी ग्राम की एकमात्र घटना नहीं है, बल्कि राज्य के कई जिलों में आदिवासियों की इच्छा के विरुद्ध भूमि अधिग्रहण की काररवाई की गई। लेकिन उन परिस्थितियों में भी आदिवासी परामर्शदात्री समिति की बैठकें बुलाने की जरूरत नहीं समझी गईं। आदिवासी मंत्रालय द्वारा जारी रिपोर्ट 2010-11 में यह कहा गया है कि मंत्रालय राज्यपाल द्वारा भेजी जानेवाली वार्षिक रिपोर्ट प्राप्त करने एवं आदिवासी परामर्शदात्री समिति की बैठक नियमित हो, इसके लिए लगातार अनुसूचित क्षेत्रोंवाले राज्यों के लगातार संपर्क में है। लेकिन आदिवासी मंत्रालय के द्वारा ऐसे प्रयत्नों के बावजूद सन् 2011 के बाद आदिवासी परामर्शदात्री समिति की मात्र एक ही बैठक दो वर्षों में हुई है।

अनुसूचित क्षेत्र में संविधान की अनदेखी

सबसे दु:खद पहलू है कि आज तक पाँचवीं अनुसूची के तहत राज्यपाल को पूरे अधिकार होने के बावजूद अनुसूचित क्षेत्र के लिए पंचायतों में किए गए विशेष व्यवस्था को लागू करने का कोई प्रयास नहीं किया गया। अब तक राज्यों के

पंचायतों के सामान्य कानून ही अनुसूचित क्षेत्रों पर लागू होते रहे। तीन दशकों के बाद झारखंड में पंचायत चुनाव हुए, परंतु झारखंड सरकार में अनुसूचित क्षेत्रों के लिए पेसा कानून, 1996 के तहत किए गए प्रावधानों का खुला उल्लंघन, क्षेत्रों में ग्रामसभा का गठन किए बिना पंचायतों का संचालन हो रहा है। अनुसूचित क्षेत्रों में स्वशासी जिला परिषद् के प्रावधान को दरकिनार कर भाग 9 के तिहत्तरवें एवं चौहतरवें संशोधन के तहत पंचायतों के प्रावधानों का भी उल्लंघन कर रहा है। जिसकी चर्चा हम आगे करेंगे। यही नहीं, इन सामान्य कानूनों को लागू करते समय जहाँ अंग्रेजी शासनकाल में विशेष व्यवस्था थी उन पर भी कोई ध्यान नहीं दिया गया। इसका सबसे खेदजनक उदाहरण है कि कोल्हान क्षेत्र में सन् 1837 से लागू विल्किनसन रूल के तहत वहाँ की पारंपरिक समाज-व्यवस्था को दरकिनार करते हुए वहाँ भी सामान्य पंचायती-व्यवस्था लागू कर दी गई और झारखंड के अनुसूचित क्षेत्र में सामान्य पंचायत कानून-व्यवस्था के तहत नगरपालिका के गठन का प्रावधान नहीं होने के बावजूद नगरपालिका का गठन किया गया। जिसके कारण आदिवासियों और सरकार के बीच टकराव की स्थिति आज भी बनी हुई है।

पंचायतों और नगरपालिकाओं के बारे में सामान्य संवैधानिक व्यवस्था का अनुसूचित क्षेत्रों में लागू न करने के पीछे तर्क

पंचायतों और नगरपालिकाओं के बारे में नई संवैधानिक व्यवस्था बनाते समय जनजाति एवं अनुसूचित क्षेत्रों के बारे में इन बातों का विशेष ध्यान रखा गया कि नगरों के विकास की प्रक्रिया शुरू होते ही मुख्य भूमि के अनुसूचित क्षेत्रों में प्रतिकूल प्रभाव शुरू हो जाते हैं। विकास के क्रम में सड़कों के बनते ही अमूमन उसके किनारे की आदिवासी बस्तियों को उठा दिया जाता है, और वे उठकर अंदरूनी इलाकों में चली जाती हैं। इसी तरह, जहाँ आदिवासी बस्तियों में गैर-परंपरागत नई गतिविधियाँ शुरू हो जाती हैं, बाहरी लोगों का जमाव बढ़ता जाता है। उधर बाहरी आबादी के अंधाधुंध प्रवेश से आदिवासी समाज शहरों में अल्पसंख्यक हो जाता है, और धीरे-धीरे वहाँ उनके लिए बने रहना मुश्किल हो जाता है। नगरीकरण की प्रक्रिया में, खास तौर से औद्योगिक नगरों की स्थापना और विस्तार में आदिवासी हितों का ध्यान तो रखा ही नहीं जाता है। बल्कि उन्हें हर प्रकार के छल-प्रपंच, जोर-जबरदस्ती, कानूनी अत्याचार और अतिक्रमण का सामना करना पड़ता है। कहीं छल-प्रपंच से उनकी जमीनें हथिया ली जाती हैं, कहीं उनकी जायदाद मिट्टी के मोल ले ली जाती है, तो कहीं सरकार या स्थानीय प्राधिकरण

उसको अधिग्रहण कर भारी मुनाफा कमाने की कोशिश करता है। अंततः यही होता है कि उन क्षेत्रों में रहनेवाले आदिवासी धीरे-धीरे नगरीय क्षेत्रों से निकल ही जाते हैं या निकाल दिए जाते हैं। झारखंड में विकास के नाम पर नगरों और औद्योगिक केंद्रों की स्थापना के लिए आसपास की जमीनें लेकर विशेष प्राधिकरण बनाए गए और नगरपालिका के क्षेत्र मनमाने तरीके से बढ़ाए गए। इन क्षेत्रों में रहनेवाले लोगों पर दोहरी मार पड़ती है। एक तरफ उन्हें ग्रामीण विकास का लाभ मिलना बंद हो जाता है, दूसरी तरफ नगर की सीमा में आने के बावजूद उस नगर की व्यवस्था में उनका कोई स्थान नहीं रहता है। इसलिए पंचायतों के बारे में पूरे देश के लिए संविधान में नई व्यवस्था की गई तो यह सुनिश्चित करना जरूरी हो गया कि नई व्यवस्था पहले की व्यवस्था के संगत हो, जिसका जिक्र ऊपर के अध्याय में किया चुका है।

अनुसूचित क्षेत्रों में पंचायतों का विस्तार अधिनियम (1996) एवं झारखंड राज्य पंचायत अधिनियम के विरोधाभासी तथ्य

झारखंड में संविधान और कानूनी उपेक्षा के सैकड़ों दृष्टांत प्रत्यक्ष रूप से दिखाई देते है, लेकिन इसके रखवाले चुप क्यों हैं? उनकी खामोशी कुछ ऐसे संकेत देती हैं कि या तो इन मामलों में चुप रहना उनकी मजबूरी है अथवा वे भी किसी-न-किसी रूप में उन पूरी प्रक्रियाओं पर अपनी मूक सहमति दे रहे हैं। राज्य के राज्यपाल को पाँचवीं अनुसूची का संरक्षक बनाया गया है। पाँचवीं अनुसूची में कुछ ठोस प्रावधान किए गए हैं, जिनका इस्तेमाल राज्यपाल को करना है। आश्चर्य की बात है कि आदिवासी अत्याचार की घटनाएँ बढ़ती जा रही हैं। आदिवासी भूमि का अवैध हस्तांतरण धड़ल्ले से जारी है। अनुसूचित क्षेत्रों में मानवाधिकारों का प्रतिदिन हनन हो रहा है। आदिवासी समाज पुलिस, सैन्यबलों के दमनचक्र में पिस रहा है। इलाकों में बाहरी आबादी की घुसपैठ बेरोक-टोक जारी है, जिससे उनकी सामाजिक, सांस्कृतिक परिवेश लगातार दूषित हो रहा है। महिला अत्याचार की घटनाएँ बढ़ रही हैं। पलायन और मानव तस्करी तेजी से हो रहा है। आदिवासियों की सुरक्षा के लिए बनाए गए कानूनों का उल्लंघन हो रहा है। लेकिन किसी भी मामलों में राज्यपाल का हस्तक्षेप नहीं होता। आखिर क्या प्रयोजन है संविधान की पाँचवीं अनुसूची का। राज्यपाल की आदिवासी मामलों पर अथवा पाँचवीं अनुसूची के प्रावधानों के अनुपालन पर खामोशी यह बता रही है कि पाँचवीं अनुसूची के प्रावधान स्पष्ट नहीं हैं अथवा राज्यपालों में आदिवासियों के प्रति स्पष्ट दृष्टिकोण का अभाव है।

पाँचवीं अनुसूची के प्रावधानों के प्रति राज्यपालों की भूमिका कुछ मामलों में विरोधाभासी तथ्यों का आभास करा रही है। एक मामला है संविधान द्वारा पारित पंचायत कानून का तथा दूसरा अनुसूचित क्षेत्रों में विस्तार कानून, 1996 का है। पेसा कानून के अंतर्गत ग्रामसभा को अधिकार दिए जाने की व्याख्या है। इस संवैधानिक कानून का आधार भी पाँचवीं अनुसूची की अवधारणा से प्रेरित है। इसकी व्याख्या हम पूर्व के अध्याय में कर चुके हैं। पंचायतों और नगरपालिकाओं के लिए संविधान में नई व्यवस्था बनाते वक्त जनजातीय और अनुसूचित क्षेत्र के बारे में विशेष ध्यान रखा गया। इसीलिए पंचायतों के बारे में पूरे देश के लिए संविधान में व्यवस्था की गई तो यह सुनिश्चित करना जरूरी हो गया कि नई व्यवस्था पहले की व्यवस्थाओं के संगत हो अन्यथा बड़ी भ्रामक स्थिति पैदा हो सकती थी। इसी को देखते हुए संविधान के भाग 9 एवं 9 क के प्रावधानों को पाँचवीं एवं छठी अनुसूचीवाले राज्यों में जैसा-का-तैसा लागू न करने का प्रावधान संविधान में ही 243M(4) तथा 243zc(3) के तहत विशेष विधेयक बनाने की व्यवस्था की गई। संविधान के भाग 9 की धारा के प्रावधानों के तहत सामान्य पंचायतों के प्रावधान अनुसूचित क्षेत्रों में लागू नहीं किए जा सकते। 29-30 अक्तूबर, 2011 को राष्ट्रपति की अध्यक्षता में राज्यपालों के सम्मेलन में आदिवासी एवं पचायती राज मंत्री ने राज्यों के अनुसूचित क्षेत्रों के प्रशासन में राज्यपालों की भूमिका को विशेष तौर पर लिया। राज्यपालों को पाँचवीं अनुसूची के तहत दी गई शक्ति के बारे प्रकाश डालते हुए उन्होंने कहा कि राज्यपाल, पंचायतों के अनुसूचित में विस्तार (पेसा) कानून एवं वनाधिकार कानून, 2006 के प्रभावी क्रियान्वयन के लिए आदिवासी मंत्रालय को सहयोग करने का अनुरोध किया (आदिवासी मंत्रालय द्वारा जारी वार्षिक रिपोर्ट 2010-11)। इसके बावजूद महामहिम राज्यपाल ने पाँचवीं अनुसूची के खंड 5 में प्रदत्त अधिकारों का आदिवासी हित में प्रयोग न कर झारखंड के सामान्य पंचायत कानून को आदिवासी क्षेत्रों में लागू होने दिया। राज्यपाल का यह निर्णय संविधान के भाग 9 एवं भाग 9क की धारा क्रमशः 243M(4) तथा 243zc(3) के प्रावधानों के विपरीत है।

वर्तमान में झारखंड राज्य में अनेक कानूनी विरोधाभास कायम हैं। राज्य बनने के बाद राँची राजधानी बन चुकी है। राजधानी के अनुरूप विकास के लिए राजधानी का क्षेत्रफल बढ़ाने की दिशा में काररवाई चल रही है। राजधानी का विकास मास्टर प्लान तैयार किया जा रहा है। जिस पर प्रारंभिक दौर में ही आदिवासी विरोध जारी है। कानूनी रूप से कई चीजें आदिवासियों के पक्ष में हैं। राँची अनुसूचित

क्षेत्र के अंतर्गत आता है, जिसके प्रावधानों के मुताबिक अनुसूचित क्षेत्रों में अनुसूचित क्षेत्रों में पंचायत विस्तार अधिनियम (पेसा 1996) की व्यवस्था लागू होनी चाहिए, लेकिन राज्य सरकार ने पंचायत अधिनियम बनाकर उन प्रावधानों का उल्लंघन कर दिया एवं सामान्य पंचायतों की व्यवस्था की तरह अनुसूचित क्षेत्रों में भी नगर निगम का चुनाव करा दिया गया। मास्टर प्लान की स्वीकृति के बाद, जब राँची महानगर की श्रेणी में आएगा, तब यहाँ नगरपालिका का गठन होगा। अब यह कानूनी विरोधाभास खुद राज्य सरकार ने खड़ा किया है, जिसमें राज्यपाल की भी भूमिका है। लेकिन इस मामले पर अभी तक न ही केंद्र सरकार, न राज्य सरकार गंभीरता से इस विरोधाभास को दूर करने का प्रयास कर रही है।

उसी प्रकार महामहिम राज्यपाल ने सीमांकन आयोग को दिनांक 29 जनवरी, 2007 को भेजे गए पत्र में राँची शहर को अनुसूचित क्षेत्र से बाहर किए जाने की अनुशंसा की है। यह अत्यंत ही दुर्भाग्यपूर्ण है। इसका आधार निश्चय ही राँची शहर की कम होती आदिवासी जनसंख्या को बताया गया है। लेकिन यह क्यों नहीं स्वीकार किया जाता कि बाहरी आबादी के अंधाधुंध घुसपैठ के कारण राँची ही नहीं झारखंड के बड़े शहरों, खास कर औद्योगिक शहरों में आदिवासियों की आबादी समानुपातिक ढंग से कम हुई है। पाँचवीं अनुसूची के तहत बाहरी आबादी के अंधाधुंध प्रवेश कर रही आबादी पर रोक लगाने अथवा उनके नियंत्रण के लिए ठोस कानून बनाए जाने की जरूरत है। संविधान में यह व्यवस्था अवश्य है कि रोजगार एवं व्यवसाय के लिए कोई भी देश के किसी भी कोने में स्वतंत्रतापूर्वक निवास कर सकता है। लेकिन आदिवासी जमीनों पर अवैध तरीके से बाहरी आबादी को बसने की खुली छूट देना आदिवासी अस्तित्व के साथ खिलवाड़ होगा। यदि इस परिस्थिति पर रोक लगाना संभव नहीं है, तब पाँचवीं अनुसूची के प्रावधानों और उसके तहत आदिवासी परामर्शदात्री परिषद् की प्रासंगिकता पर सवाल उठना अवश्यंभावी है।

राज्यों के राज्यपाल को लेकर हमेशा यह आशंका बनी रही कि कहीं संसद् आदिवासियों के बारे में विनियम बनाकर अपनी जिम्मेदारी से हाथ न धो ले और निर्णायक मुद्दों सहित सबकुछ राज्यपालों के ऊपर न छोड़ दे। और राज्यपाल अपने अधिकारों एवं दायित्वों के बारे में विवेक से काम न लेकर राज्य स्तर प्रक्रिया में, जहाँ मंत्री परिषद् की सलाह शामिल है, पूरे मामले को उलझा दे। झारखंड के मामले में अब तक ऐसा ही होता आया है।

मानवाधिकार का सवाल

वस्तुतः मानव अधिकार का सवाल हर मनुष्य के अपनी जीवन-शैली के अनुरूप जीवन जीने के अधिकार से संबंधित है। जब किसी मनुष्य को उसके जीवन-शैली के अनुरूप जीवन जीने के अधिकार से वंचित किया जाता है, तब वह मानवाधिकार के हनन का सवाल बन जाता है। भारत के संविधान ने मानव अधिकार की विस्तृत व्याख्या की है एवं उसके अनुरूप मानव अधिकारों को परिभाषित किया गया है। सबसे बड़ी बात है कि देश के हर मनुष्य को अपना जीवन पूरी आजादी के साथ जीने की स्वतंत्रता मिली है। भारत के संविधान के भाग 3 में मानवाधिकारों को सुनिश्चित किया गया है।

लेकिन झारखंड की कहानी संविधान में दिए गए प्रावधानों की मर्यादा के खिलाफ है। झारखंड के आदिवासी इलाकों में स्वास्थ्य, पेयजल, चिकित्सा, शिक्षा, अपने विचारों की अभिव्यक्ति की स्वतंत्रता एवं स्वतंत्रता का अधिकार जैसे मौलिक अधिकारों की स्थिति अत्यंत ही चिंताजनक है। झारखंड के आदिवासी इलाकों को अर्द्धसैनिक बलों के हवाले कर बड़े पैमाने पर हिंसक गतिविधि चलाने की खुली छूट सीधे तौर पर पाँचवीं अनुसूची की अवधारणा के खिलाफ है। आदिवासी क्षेत्रों में आज विकास के कार्यक्रमों से ज्यादा पुलिस एवं सैन्य गतिविधियाँ चल रही हैं। उन गतिविधियों में होनेवाले खर्च का आकलन किया जाए तो आज यह स्पष्ट हो चुका है कि आदिवासी क्षेत्र की विकास योजनाओं में होनेवाले खर्च से सैन्य गतिविधियों में होनेवाले खर्च का आँकड़ा कई गुणा अधिक है। विकास कार्यक्रमों की अवहेलना कर उग्रवाद के विनाश के नाम पर इतनी बड़ी राशि खर्च करने का औचित्य तर्कसंगत नहीं लगता।

झारखंड का इतिहास, आंदोलन और विद्रोह से भरा पड़ा है। सैकड़ों आंदोलन, सैकड़ों गोलीकांड और हजारों बलिदानियाँ। झारखंड अलग राज्य शोषण मुक्ति का एक माध्यम था। लेकिन नए राज्य में परिस्थितियाँ नहीं बदलीं। सिर्फ 12 वर्षों में उपनिवेशवादी शोषण का नया अध्याय लिख डाला राज्य के नेताओं और अधिकारियों ने मिलकर।

आँकड़े बता रहे हैं कि आदिवासी इलाकों में मानवाधिकारों के हनन के सबसे अधिक मामले अनुसूचित क्षेत्रों में हो रहे हैं। पुलिस और सैन्यबलों के जुल्म की कहानी ब्रिटिश भारत शासनकाल से भी दर्दनाक है। तथ्य बता रहे हैं कि शोषण और जुल्म की दास्तान कितनी भयावह है। राज्य बनने के बाद मई 2001 तक 550 लोगों को मुठभेड़ में मारा गया एवं 4372 लोगों को नक्सली होने के

आरोप में गिरफ्तार किया गया है। इनमें से 315 कुख्यात नक्सली हैं। लेकिन शेष किस प्रकार के उग्रवादी हैं यह सरकार बता पाने में असमर्थ है। यह भी हैरानी की बात है कि इन गिरफ्तार लोगों पर यू.ए.पी.ए. आर्म्स ऐक्ट एवं 17 सी.एल.ए. ऐक्ट लगाया गया। नक्सली अभियान के नाम पर भोले-भाले आदिवासियों का खुले आम शिकार किया जा रहा है। इसी तरह राज्य में पुलिस फायरिंग की 346 घटनाएँ हुईं, जिनमें 56 लोगों की जानें गईं। इनमें से अधिकांश आदिवासी थे। सारंडा जंगल में माओवादियों के खिलाफ ऑपरेशन 'मानसून' एवं ऑपरेशन 'अनाकोंडा' में सुरक्षाबलों ने तीन आदिवासियों की हत्या की, महिलाओं का यौन शोषण किया एवं 500 आदिवासियों को माओवादियों के नाम पर प्रताड़ित किया। इसी प्रकार की घटनाएँ लातेहार जिले में घटित हो रही हैं। स्थिति तो यह है कि जिन स्थानों में अर्द्धसैनिकों के कैंप लगे हैं, विशेषकर सी.आर.पी.एफ. के, उन कैंपों के नजदीक के गाँवों में सबसे ज्यादा महिला यौन शोषण घटनाएँ हो रही हैं। इन घटनाओं से गाँववाले इतनी दहशत में हैं कि वे अपने ऊपर हो रहे अत्याचार की सूचना पुलिस अधिकारियों तक पहुँचाने की हिम्मत नहीं जुटा पा रहे हैं। जिसका फायदा अर्द्धसैनिक बल के जवान उठा रहे हैं और बड़े पैमाने पर उनका भयादोहन कर रहे हैं।

आदिवासी मनोभावना एवं जीवन-मूल्यों पर एक नजर

मनोविज्ञान का संबंध मानव स्वभाव एवं मानसिक प्रक्रियाओं से है, जिनका व्यक्ति के सामाजिक कार्यों पर गहरा प्रभाव पड़ता है। व्यक्ति की मानसिक प्रक्रियाओं, उसके स्वभाव एवं व्यवहार को समझकर सामाजिक व्यवस्था एवं विभिन्न सामाजिक संस्थाओं को अधिक सही रूप में समझा जा सकता है।

आदिवासी समुदाय का इतिहास इस बात का गवाह है कि वे शांतिप्रिय, प्रकृतिप्रेमी इनसान हैं, इसीलिए हमेशा उन्होंने जंगलों, नदी-नालों और झरनों को अपने जीवन का परिवेश बनाया। इसी परिवेश में उन्होंने प्रकृति से जीवन की प्रेरणा ली और अपने लिए एक शोषणविहीन समाज-व्यवस्था की नींव डाली। आदिवासी समाज हमेशा जीवन के मूल्यों पर आधारित रहा। जीवन-मूल्यों को आधार मानकर ही समाज का संचालन होता रहा। आदिवासी समाज में जातिवाद के आधार पर कोई बँटवारा नहीं है। जातिवाद की मनोभावना से ऊपर उठकर लोगों को आश्रय देने की परंपरा रही है। समाज में मिलजुलकर रहने की संस्कृति के समर्थक हैं आदिवासी। कठिन-से-कठिन दुःख की घड़ी में भी धैर्य और सहिष्णुता का परिचय देना उनके खून में शामिल है। प्रकृति के साथ सामंजस्य,

जल, जंगल, जमीन की उपयोगिता के प्रति उनकी स्पष्ट विचारधारा उनके जीवन को विशिष्ट बना देती है। आदिवासियों के सोचने और कार्य करने की प्रेरणा प्रकृति के जीवन-चक्र से पूर्णरूपेण संचालित है। इसीलिए उनकी गति, उनका किसी कार्य के प्रति नजरिया, उनकी जीवन-शैली, उनका आचरण, उनके जीवन का विश्लेषण, अपने भविष्य के प्रति उनकी कल्पना बिलकुल भिन्न है।

इन्हीं सामाजिक मूल्यों की रक्षा के लिए आदिवासी समुदाय हमेशा से संघर्षरत रहा है। ब्रिटिश भारत में आदिवासी संघर्षों की पृष्ठभूमि में उनकी मनोभावनाओं, जीवन-मूल्यों और विचारधारा को समझने की कोशिश की गई थी। इसीलिए आदिवासी परंपराओं को कानूनी ढाँचे में डालने की पहल हो सकी थी। भारत के संविधान में आदिवासी अधिकारों को अलग से परिभाषित करने की जो पहल हुई वह उनके जीवन-मूल्यों से जुड़ी विशिष्ट आदिवासी जीवन-शैली, उनकी मनोभावनाओं एवं उनकी विचारधारा के कारण हुई। जवाहरलाल नेहरू ने भी देश के आदिवासियों के संदर्भ में पंचशील के सिद्धांत की कल्पना की, जिसका सारांश यही था कि आदिवासियों को उनकी विशिष्टता उनके परिवेश और जीवन-शैली के अनुरूप विकास का अवसर प्रदान किया जाना चाहिए। परंतु राष्ट्रीय विकास की कल्पना में सबसे पहले आदिवासी मनोभावनाओं पर ही प्रहार हुआ। उनकी विचारधारा को गंभीरता से नहीं लिया गया।

आज के आधुनिक विकास के संदर्भ में यदि हम आदिवासी मनोभावनाओं और उनके विचारों को रखकर विश्लेषण करें तो सिर्फ इतना ही कहना काफी होगा कि आज अंतरराष्ट्रीय समुदाय उन्हीं बातों की ओर मुखातिब हो रहा है, जो आदिवासी समुदाय की परंपराओं, उनकी जीवन-शैली, उनके परिवेश, उनके मूल्यों और उनकी विचारधारा में आज भी जीवित हैं। चाहे वह कृषि विकास की बात हो, स्वास्थ्य एवं चिकित्सा प्रणाली की बात हो, पर्यावरण एवं जंगलों की सुरक्षा की बात हो अथवा आदिवासियों की पारंपरिक बौद्धिक संपदा की बात हो। इन सारी विशिष्टताओं के दृष्टिकोण से, देश में व्याप्त खनिज संपदाओं एवं अन्य संसाधनों के अलावा खुद आदिवासी समुदाय राष्ट्रीय विकास के लिए एक समृद्ध मानव संसाधन है। लेकिन इस मजबूत संसाधन के प्रभावी उपयोग के बारे में आज तक कोई ठोस नीतियाँ नहीं बन पाईं, बल्कि जाने-अनजाने विकास की गलत व्याख्या कर देश के शासकों ने इनके विनाश का ही रास्ता अपनाया। सौभाग्य से अंतरराष्ट्रीय नीतियों के कारण देश में भी विशिष्ट आदिवासी नीतियाँ बनाने की पहल हो रही है। लेकिन अभी भी आदिवासी समुदाय के बारे में अधिकांश चीजें धरातल पर उतर नहीं पा रही हैं।

सुझाई गई नीतियों पर अमल नहीं

प्रशासनिक पदाधिकारियों के अनुशासन एवं नियंत्रण के लिए बनाए गए नियमों के अनुपालन में शिथिलता बरती गई। नीतियों एवं नियमों के विरुद्ध कार्य करनेवाले अधिकारियों पर अनुशासनात्मक कारवाई करने की बजाय उन्हें छूट दी गई। अच्छे पदाधिकारियों को कभी प्रोत्साहित करने की कोशिश नहीं की गई। आदिवासी इलाकों में कार्य करने के लिए सुझाई गई नीतियों एवं उपायों पर कभी गंभीरता से नहीं सोचा गया। कार्यक्रमों के सफल संचालन के लिए स्थानीय भाषाओं के महत्त्व के बारे में जान-बुझकर उदासीनता बरती गई। अधिकारियों द्वारा स्थानीय भाषा की जानकारी की अनिवार्यता की शर्तों का अनुपालन नहीं किया गया। आदिवासी मामलों से जुड़े कानूनों के बारे में गहराई से अध्ययन करने एवं कानून-सम्मत कारवाई करने के बारे में अधिकारियों को कभी स्पष्ट निर्देश एवं उन निर्देशों का सख्ती से अनुपालन करने के बारे में अधिकारियों पर उच्च प्रशासनिक स्तर पर सख्ती नहीं बरती गई। फलस्वरूप आदिवासी योजनाओं के क्रियान्वयन के प्रति अधिकारियों में लापरवाही की भावना बढ़ती गई, जिसका प्रभाव योजनाओं पर प्रतिकूल रूप से पड़ा।

अनुशासनहीनता और भ्रष्टाचार पर नियंत्रण नहीं

योजनाओं में अनुशासनहीनता, कर्तव्यों के प्रति अधिकारियों की उदासीनता तथा वित्तीय भ्रष्टाचार के मामले को कभी भी दूर करने के लिए ठोस कारवाई नहीं की गई। प्रशासनिक भ्रष्टाचार के नियंत्रण के लिए राज्य सरकार के गृह मंत्रालय के अधीन निगरानी विभाग कार्यरत हैं। लेकिन निगरानी विभाग कभी भी राज्य ने वित्तीय अनियमितताओं एवं प्रशासनिक भ्रष्टाचार के मामलों को गंभीरता से नहीं लिया। आदिवासी योजनाओं को लेकर वित्तीय अनियमितता के मामलों पर दोषी अधिकारियों पर किसी भी प्रकार की कारवाई करने के प्रति निगरानी विभाग कभी भी गंभीर नहीं रहा, जिसका नतीजा यह हुआ कि आदिवासी योजनाओं में लापरवाही बरती गई, सरकारी राशि की बड़े पैमाने पर लूट हुई और आरोपी पदाधिकारी नियमों और कानूनों की खिल्लियाँ उड़ाते रहे। आज झारखंड राज्य में हो रहे खुलेआम भ्रष्टाचार और घोटालों के लिए राज्य सरकार के निगरानी विभाग के उच्च अधिकारी दोषी हैं, जो न अपने स्तर पर गैर-कानूनी गतिविधियों पर संज्ञान लेते हैं, न ही कई मामलों के बारे में सूचनाएँ मिलने पर भी त्वरित कारवाई करते।

राज्य सरकार के उच्च पदाधिकारी प्रशासनिक दक्षता बनाए रखने में विफल

संविधान के प्रावधान के अनुरूप संविधान के लागू होने के 10 वर्ष बीत जाने के बाद आदिवासी क्षेत्रों एवं अनुसूचित क्षेत्रों के प्रशासन तथा विकास के बारे में अध्ययन के लिए संविधान की धारा 339 के तहत एक आयोग का गठन करना था, जैसा कि ऊपर के अध्याय में डेबर आयोग की चर्चा की गई है। आयोग ने अपनी अनुशंसा में काफी विस्तार से अनुसूचित क्षेत्रों के प्रशासन, उसके संचालन के लिए प्रशासनिक प्रशिक्षण तथा योजनाओं के मूल्यांकन के बारे में कई सुझाव दिए। इन अनुशंसाओं के अनुरूप आदिवासी उपयोजना की अवधारणा के तहत योजनाओं के सूत्रीकरण, क्रियान्वयन एवं उसके मूल्यांकन पर अति विस्तार से केंद्र सरकार ने नीतियाँ बनाईं। योजनाओं के अनुपालन के लिए ठोस प्रशासनिक तंत्र बनाए जाने की पहल हुई। इसके लिए राज्य सरकारों के अंतर्गत कार्मिक एवं प्रशासनिक सुधार मंत्रालय का गठन किया गया। लेकिन आदिवासी योजनाओं के क्रियान्वयन के लिए, जिस प्रशासनिक दक्षता की आवश्यकता थी उस पर कभी गंभीरता से सोचा नहीं गया। डेबर कमीशन ने अपनी रिपोर्ट में आदिवासी मनोभावनाओं के आधार पर प्रशासनिक अधिकारियों के प्रशिक्षण पर अपनी टिप्पणी दर्ज करते हुए अपने कई महत्त्वपूर्ण सुझाव दिए हैं।

राज्य सरकार के अंतर्गत आदिवासी योजनाओं के सफल संचालन के लिए संविधान के प्रावधानों के अंतर्गत ठोस प्रशासनिक तंत्र विकसित किए गए हैं। लेकिन राज्य सरकार के उच्च अधिकारी उस प्रशासनिक तंत्र के अधीन कार्य नहीं करते, न ही उसके लिए बनाए गए नियमों का अनुपालन करते हैं। उच्च अधिकारियों के इस आचरण से प्रशासनिक दक्षता पर प्रतिकूल असर पड़ता है। उच्च अधिकारी अपने-अपने विभागों में अपने मातहत कार्य करनेवाले अधिकारियों की वरीयता सूची, आरक्षण रोस्टर का संधारण एवं आदिवासी क्षेत्रों में कार्यरत अधिकारियों का समयबद्ध प्रशिक्षण तथा उनके प्रोन्नति वगैरह के बारे में उदासीनता बरतते हैं, जिसके कारण निचले स्तर के अधिकारियों की कार्यक्षमता पर प्रतिकूल असर पड़ता है और अंततः विकास योजनाओं पर इस प्रशासनिक उदासीनता का प्रभाव पड़ता है। वर्तमान संदर्भ में यदि राज्य के प्रशासनिक नियमावली का आकलन किया जाए तो कई अनियमितताएँ खुलकर सामने आएँगी। तथ्य यह है कि कुछ विभागों को छोड़कर अधिकांश विभागों में संविधान के तहत दिए गए आरक्षण के प्रावधानों के तहत आरक्षण रोस्टर का संधारण नहीं किया जा रहा है। जिसके कारण विभाग में मनमाने ढंग से अधिकारियों की प्रोन्नति की जा रही है, जिसका

प्रभाव आदिवासी अधिकारियों पर पड़ रहा है। कई विभागों में अभी तक प्रोन्नति नियमावली नहीं बनी है, जिसके कारण आदिवासी अधिकारियों को प्रोन्नति का लाभ नहीं मिल पा रहा है तथा उन्हें उच्च अधिकारियों के मनमाने रवैए के कारण कनीय पदों पर कार्य करना पड़ रहा है।

उच्च स्तर पर इस प्रकार के प्रशासनिक रवैए के कारण राज्य में, जहाँ एक ओर प्रशासनिक अनुशासनहीनता और अराजकता बढ़ी है, वहीं दूसरी तरफ इसका असर योजनाओं के क्रियान्वयन पर पड़ रहा है। उच्च प्रशासनिक अधिकारियों द्वारा समय-समय पर प्रशासनिक सुधारों के लिए ठोस पहल नहीं किए जाने के कारण भी योजनाओं के कियान्वयन पर असर पड़ रहा है। योजनाओं के क्रियान्वयन को लेकर समय पर स्थल निरीक्षण नहीं किए जाने के कारण योजनाओं में वित्तीय अनियमितता एवं घोटालों को बढ़ावा मिला है। सरकार के स्तर पर उच्च प्रशासनिक अधिकारियों की उदासीनता एवं मनमाने रवैए पर कोई ठोस काररवाई नहीं किए जाने के कारण राज्य में प्रशासनिक निरंकुशता को बढ़ावा मिला है।

पाँचवीं अनुसूची में संशोधन आवश्यक

पाँचवीं अनुसूची जब से लागू हुई है तब से लेकर वर्तमान तक कुछ बातें लगातार टिप्पणियों में आ रही हैं। परंतु उन पर कभी भी गंभीरता से ध्यान नहीं दिया गया। इसे लापरवाही समझी जाए या संविधान की उपेक्षा अथवा आदिवासियों के विकास के प्रति उदासीन रवैया। संविधान ने हमेशा विकास के लिए लैंडमार्क निर्धारित किया, लेकिन उस लैंडमार्क तक हम आज 60 वर्षों के बाद भी नहीं पहुँच सके। हमेशा लैंडमार्क आगे बढ़ता रहा और आदिवासी विकास के मूल्यांकन के प्रति कभी गंभीरता से नहीं सोचा गया। एक आदिवासी होने के नाते हमें यह ग्लानि होती है कि भारत की आजादी के बाद भी आदिवासी अन्य विकसित समाज की श्रेणी में शामिल होने से वंचित है। जो संविधान का एक महत्त्वपूर्ण मकसद है कि संवैधानिक प्रावधानों का लाभ उठाकर आदिवासी विकसित समाज की श्रेणी में खड़े हो जाएँ। ऐसा नहीं कहा जा सकता है कि हम एक कदम भी आगे नहीं बढ़े हैं, लेकिन यह अवश्य है कि 60 वर्षों में हमें जहाँ होना चाहिए आज हम वहाँ नहीं हैं। झारखंड के संदर्भ में हमेशा यह बात दुहराई जाती रही है कि संविधान की पाँचवीं अनुसूची आदिवासियों का संविधान है, जिसके तहत हमारे विकास के लिए विशेष प्रावधान किए गए हैं। लेकिन कहीं-न-कहीं इसके अनुपालन में बहुत बड़ी खामी है, जिसे देखकर भी उसे दूर करने का प्रयास नहीं किया जा रहा है।

पाँचवीं अनुसूची के प्रति राज्यपाल उत्तरदायी है और शक्तिसंपन्न भी, परंतु अनेकों दृष्टांतों से यह बात सामने आ गई है कि राज्यपाल पाँचवीं अनुसूची के प्रावधानों के अनुपालन के प्रति गंभीर नहीं हैं। राज्यपाल के खिलाफ यह टिप्पणी नई नहीं है। झारखंड के संदर्भ में सैकड़ों उदाहरण मिलेंगे, जिससे इस बात की पुष्टि की जा सकती है कि राज्यपाल पाँचवीं अनुसूची के प्रति अपनी जिम्मेदारियों अथवा यों कहें कि आदिवासियों के विकास के प्रति अपनी जिम्मेदारियों का निर्वाह नहीं कर रहे हैं।

इसके पीछे एक महत्त्वपूर्ण कारण यह है कि संविधान में ही कई खामियाँ हैं, जो कहीं-न-कहीं राज्यपाल को आदिवासियों के हित में संपूर्ण कदम उठाने से रोकते हैं। इन खामियों के बारे संविधान सभा की बहस में संशोधन प्रस्ताव के रूप में कई बातें स्पष्ट रूप से आ चुकी हैं। आज उन्हीं कारणों से संविधान के प्रावधानों का लाभ आदिवासियों को नहीं मिल पा रहा है। यह भी कहना अनुचित नहीं होगा कि महामहिम राष्ट्रपति की ओर से तथा संसद् से राज्यपाल को कानून के अनुपालन के प्रति यथोचित निर्देश नहीं मिल रहे हैं। हम पूर्व में ही इसकी चर्चा कर चुके हैं कि संविधान की धारा 339 के तहत यह प्रावधान किया गया है कि राष्ट्रपति किसी भी समय अनुसूचित क्षेत्रों एवं राज्य के आदिवासियों के प्रशासन तथा विकास की स्थितियों की जानकारी के लिए आयोग का गठन कर सकते हैं। 65 वर्षों के कार्यकाल में देश में सिर्फ दो बार ही आदिवासी मामलों पर गहराई से अध्ययन किया गया है। प्रथम अध्ययन के नतीजे कमोवेश अच्छे आए हैं। परंतु द्वितीय आयोग, 2004 के परिणाम अब तक जनता के सामने नहीं आ सके हैं।

हम यह समझते हैं कि झारखंड राज्य में पाँचवीं अनुसूची के प्रावधानों के अंतर्गत विकास कार्यक्रमों की, आयोग के माध्यम से गहन समीक्षा हो और संवैधानिक अधिकारों में ऐसा संशोधन हो कि विकास कार्यों में आनेवाली बाधाएँ दूर हों। राज्यपाल प्रभावी रूप से कार्य कर सकें। आदिवासी हितों में आवश्यक कानून बनाए जा सकें। विशेषकर भूमि संबंधी कानूनों की समीक्षा कर आदिवासी जमीन की सुरक्षा सुनिश्चित करने के लिए ठोस कानूनी प्रावधान हो। संसद् में बने कानून का, मसलन पंचायत कानून का अनुसूचित क्षेत्रों में विस्तार अधिनियम, परंपरागत वन अधिकार कानून तथा भूमि अधिग्रहण कानूनों का मूल्यांकन राज्य के कानूनी प्रावधानों के साथ किया जाए। राज्य में बड़े पैमाने पर उत्पन्न हो रही आदिवासियों के पलायन एवं उनके लिए रोजगार की समस्याओं पर गंभीर पहल अतिआवश्यक है।

अंततः आदिवासी विकास का सपना संविधान के प्रभावी अनुपालन से ही

पूरा हो सकता है, अन्यथा अधूरे विकास का सपना हर आदिवासी को सदियों तक एक बुरे सपने की तरह सताता रहेगा और यह अधूरे विकास का सच हमारे लिए कड़वा सच साबित होगा।

आदिवासी, वैचारिक अंतर्द्वंद्व के बीच

सृष्टि में एक अजूबा मानव प्रजाति है, आदिवासी, जिस पर सदियों से चर्चाएँ होती हैं, शोध किए जाते हैं, इतिहास लिखे जाते हैं, विकास की अलग परिभाषा तय की जाती है, विकास की तथाकथित नीतियाँ बनती हैं, अलग कानूनी प्रावधान किए जाते हैं, संविधान की अलग परिभाषा तय होती है, विकास की नीतियाँ और अलग योजनाएँ, अलग क्षेत्र, विशेष क्षेत्र, विशेष सुविधाएँ, विशेष वित्तीय प्रावधान, विशिष्ट सामुदायिक पहचान, विशेष सम्मान और न जाने क्या-क्या। इतना विशेषाधिकार (privilege) शायद पूरे ब्रह्मांड में किसी मानव प्रजाति को नहीं मिलता होगा। सिर्फ भारतवर्ष के आदिवासियों के संदर्भ में ही हम यदि बातें करें तो भारत का इतिहास आदिवासियों की सभ्यता, उनके रीति-रिवाजों, उनकी जीवन-शैली, उनकी परंपराएँ और परंपराओं से जुड़ी उनके कानून और उनकी संस्कृति से भरी पड़ी हैं। आदिवासियों से जुड़ी इतनी सारी विशेषताएँ और उनकी विशिष्ट सांस्कृतिक पहचान से जुड़ी उनकी मानव सभ्यता ही उनके लिए विशेषाधिकार का रास्ता तैयार करती गई। इतनी बातें तो समझ में आती हैं, परंतु जिस समाज की अतिविशिष्ट परंपराओं के कारण उन्हें पूरे विश्व में एक नई पहचान मिली, जिनके संघर्ष के कारण उनके जल, जंगल और जमीन पर अधिकार सुरक्षित हुए। उनके विकास को लेकर इतना वैचारिक अंतर्द्वंद्व कैसा? आखिर उन्हें उनकी अपनी प्रवृत्ति और बौद्धिक क्षमता के अनुरूप विकास करने की स्वतंत्रता आज तक क्यों नहीं मिली? देश के प्रथम प्रधानमंत्री जवाहरलाल नेहरूजी ने यही कहा था। परंतु अंतरराष्ट्रीय विकास की प्रतिस्पर्द्धा में आदिवासी विकास की मूल परिकल्पनाएँ पीछे छूट गईं।

विचारधारा का संकट

आदिवासी समाज अपनी सशक्त स्वशासन एवं आत्मनिर्भर अर्थव्यवस्था के साथ हजारों वर्षों तक जीवित रहा। घुमंतू जीवन व्यतीत करते हुए एक स्थायी एवं सशक्त समाज-व्यवस्था की नींव डाली। जंगलों, पहाड़ों और नदियों के साथ मिलकर वन एवं जंगल पर आधारित अर्थव्यवस्था की शुरुआत हुई। अपनी जीविका के लिए जंगलों को आबाद कर खेती के लायक बनाया गया। इस पूरे संघर्षपूर्ण

जीवन के बीच मनुष्य, प्रकृति एवं वन्य जीवों के बीच एक समन्वय स्थापित हुआ और आदिवासी जीवन की विशिष्ट मूल्यों पर आधारित विचारधारा का जन्म हुआ। समानता, सहभागिता, समन्वय, प्रेम और भाईचारा जैसे जीवन-मूल्यों पर आधारित विचारधारा की पृष्ठभूमि भारतीय संविधान के निर्माण से सैकड़ों वर्ष पूर्व तैयार हो चुकी थी। अर्थशास्त्र की परिभाषा और जीवन के दर्शनशास्त्र के साथ समन्वय की पृष्ठभूमि आदिवासियों ने संविधान निर्माण के पूर्व ही लिख डाली। जब स्वतंत्र भारत के लिए संविधान निर्माताओं ने आदिवासी विशिष्टताओं को ध्यान में रखकर उनके लिए विशेषाधिकारों की बात सोची तब आदिवासी विकास के दृष्टिकोण से आदिवासियों की सामाजिक, सांस्कृतिक विशिष्टताओं के बीच से उनकी विचारधारा के मूल बिंदुओं को किस आशय से अलग किया गया, यह अध्ययन का विषय है। उन मूल बिंदुओं को दरकिनार कर भारतवर्ष के मानवशास्त्रियों, समाजसेवियों और शासकों को आदिवासी विकास की नई-नई परिभाषा गढ़ने की आखिर जरूरत क्यों पड़ी। जिन सिद्धांतों को मानवशास्त्रियों और समाज सुधारकों ने विकास के लिए नीति-निर्धारक सिद्धांत की परिभाषा से जोड़ने की पहल की (अध्याय-2), वस्तुत: वही आदिवासी विकास का सबसे बड़ा वैचारिक द्वंद्व है। दरअसल आदिवासी विकास की परिभाषा गढ़ने के क्रम में आदिवासी विचारधारा की अवहेलना करना ही इतिहास की सबसे बड़ी भूल है। इस भूल का परिणाम हम आजादी के 65 वर्षों के बाद देख रहे हैं। यही विकास के संदर्भ में विचारधारा का संकट है। लेकिन भारत के शासक वर्ग ने कभी भी पूरी ईमानदारी से आदिवासी विचारधारा की गंभीरता को सोचने की जरूरत नहीं समझी। यद्यपि आदिवासी प्रशासन के लिए संविधान में विशेष प्रावधान किए गए, आदिवासी स्वशासन को भी पंचायतों के कानून के माध्यम से विशेष व्यवस्था देने की बात सोची गई। परंतु विकास के संदर्भ में कभी भी आदिवासी स्वशासन की मूल अवधारणा के तहत आदिवासी विकास की प्रक्रियाओं को पूर्णता में लागू नहीं किया जा सका। भारतीय शासकों ने आदिवासियों को देश के संवैधानिक ढाँचे के अंदर विकसित करने हेतु कई तरह की योजनाओं पर प्रयोग किया, परंतु वे आदिवासी स्वशासन को अलगाववाद (policy of segrigaton) की तरह देश के लिए खतरे के रूप में देखते रहे। अंतत: उन्होंने आदिवासी विकास की, जो सैद्धांतिक नीतियाँ तय कीं, वे नीतिकारों के लिए सुरक्षित तो थीं, परंतु आदिवासियों के लिए पूर्णत: असुरक्षित। आखिर 65 वर्षों के बाद वही हुआ, जिसकी संभावना प्रारंभिक काल में ही व्यक्त की गई थी, आदिवासियों का अधूरा विकास और आदिवासी क्षेत्रों की अशांति। यह आदिवासी

इतिहास की पुनरावृत्ति होगी और यह परिस्थिति देश के रणनीतिकारों की, आदिवासी विकास की कल्पनाओं के बिलकुल उलट। दुर्भाग्य इस बात का है कि इन विपरीत परिणामों के कारणों पर आज भी गंभीरता नहीं है। यही है विचारधारा का संकट, विचारों का द्वंद्व और आदिवासी का सच।

अंततः आदिवासियों का सवाल

आदिवासी समाज के विकास का सवाल वस्तुतः उसके सामाजिक, सांस्कृतिक, भाषायिक एवं आर्थिक विकास के साथ उनकी पहचान को बचाते हुए देश के विकसित राष्ट्रीयताओं के समकक्ष लाए जाने का सवाल है। विख्यात शिक्षाविद् एवं सामाजिक विश्लेषक वीर भारत तलवार ने अपनी पुस्तक 'झारखंड के आदिवासियों के बीच' में लिखा है कि आज तक भारतीय इतिहास में हमेशा विकसित जातियाँ ही अपने राज्यों को बनाती रही हैं। विकसित जातियाँ ही अपनी भाषा, संस्कृति की प्रतिष्ठा और ऐतिहासिक क्रम में उत्पादन संबंधी विकास में अपनी भूमिका अदा करती रही हैं। जहाँ तक आदिवासियों का सवाल है, उन्हें शुरू से ही विकसित जातियाँ जंगलों की ओर ढकेलती रही हैं, उन्हें डराती रहीं और उनके हिस्से को अपनी व्यवस्था के अंदर निम्न जातियों के रूप में बदलती रहीं। ऐतिहासिक रूप से पिछड़ी जातियाँ शुरू से कमजोर और पिछड़ी होने के कारण खुद को एस्सर्ट नहीं कर सकीं तथा खुद को जंगलों के अंदर छिपाती रहीं। इस प्रयास में लगातार वे आगे बढ़ रही मैदानी जातियों से कटकर अलगाव की हालत में रहने को बाध्य हुईं।

वर्तमान समय में अंतरराष्ट्रीय स्तर पर हम आम आदमी के जनतांत्रिक अधिकारों को, सभी मनुष्य और जातीयताओं की समानता को मानते हैं एवं शोषण तथा समानता के सभी तरह के रूपों को मिटा देने की जरूरत को मानते हैं, उस समय अपने देश के अंदर आदिवासियों के प्रति हम वस्तुगत रूप से एक पिछड़े हुए दृष्टिकोण को ही ढो रहे हैं। हर जाति अपने अस्तित्व और विकास के लिए संघर्ष करते हुए आगे बढ़ती है। आदिवासी इसमें असफल रहे हैं। इस संघर्ष के दौरान दुनिया की कई आदिवासी जातियाँ मिट गईं, कई मिटने की राह पर हैं।

□

एक दृष्टांत

रेड इंडियंस : अमरीकी इतिहास का एक गायब अध्याय

'दि लास्ट फ्रंटियर' उपन्यास के लेखक हावर्ड फास्ट अमरीका के महानतम लेखकों में एक थे। जब वे सन् 1939 में ओल्काहामा में रेड इंडियंस आदिवासियों की घेरी हुई (आरक्षित) बस्ती में गए तो उन्हें वह सामग्री प्राप्त हुई, जिसके आधार पर उन्होंने 'दि लास्ट फ्रंटियर' उपन्यास लिखा।

'दि लास्ट फ्रंटियर' उपन्यास अमरीका के मूल निवासियों, जिन्हें आमतौर पर 'रेड इंडियंस' कहा जाता है, के संघर्ष और प्रतिरोध की महान् गाथा है। यह उपन्यास दुनिया के एक बड़े हिस्से में आगे बढ़ी हुई तथाकथित सभ्य और शक्तिशाली जातियों द्वारा अपने मुनाफे, अपनी ताकत तथा सुविधाएँ बढ़ाने के उद्देश्य से भोले, सरल और ईमानदार आदिवासी जातियों को मिटा देने की निर्मम क्रूर कहानी कहता है, साथ ही उन आदिवासियों द्वारा अपने अस्तित्व की रक्षा के लिए किए गए उस प्रतिरोध संघर्ष की कथा भी कहता है, जिसे सभ्य संसार ने अपने इतिहास के पन्नों से गायब कर दिया है।

अमरीका में साढ़े चार सौ साल पहले चेन्नी, इरूग्वा आदि रेड इंडियंस आदिवासी जातियाँ रहा करती थीं। अमरीका उन्हीं का देश था। ये जातियाँ सुसंस्कृत थीं। इनकी अपनी सामाजिक-आर्थिक व्यवस्था थी और इनकी अपनी शासन-व्यवस्था थी। उनका दोष यह था कि उनमें पूँजीवाद नहीं था, मनुष्य द्वारा मनुष्य का शोषण नहीं था, दूसरी जातियों को लूटने की प्रवृत्ति और हर चीज से मुनाफा कमाने की लालसा नहीं थी। इसीलिए यूरोप की सभ्य गोरी जातियों ने अपने

पूँजीवाद के प्रसार के लिए इन जातियों को मिटा देना जरूरी समझा। 17वीं शताब्दी की शुरुआत से रेड इंडियंस जातियों के देश में जमीन की सट्टेबाजी करनेवाली यूरोपीय व्यावसायिक कंपनियों के साथ उपनिवेश कायम करनेवाली फौजी टुकड़ियों के सेनापतियों का आगमन शुरू हो जाता है। देखते-ही-देखते सिर्फ दो सौ वर्षों के अंदर ही पूरा उत्तरी अमरीका, यूरोप की विभिन्न गोरी जातियों के लोगों की बस्ती से भर जाता है और अमरीका के मूल निवासी अपने ही देश से निर्वासित हो जाते हैं। ये अपने जमीनों से बेदखल कर दिए जाते हैं, पीछे और पीछे खदेड़ दिए जाते हैं। छल, कपट, बेईमानी लूट और हिंसा के बल पर रेड इंडियंस को उनके देश से निकालकर यूरोपीय जातियाँ वहाँ एक महान् राष्ट्र संयुक्त राज्य अमरीका की नींव रखती हैं। जिसे आनेवाले वर्षों में लोकतंत्र, समानता और स्वतंत्रता का सबसे बड़ा मसीहा कहा जाता है। लेकिन अब भी थोड़े बहुत रेड इंडियंस अपनी उपजाऊ जमीन और सुंदर पहाड़ोंवाले प्राकृतिक स्थलों पर बच गए थे। ये आदिवासी भी अमरीका की प्रगति की राह में बाधक थे। ये असभ्य और बर्बर आदिवासी भला भद्र यूरोपीयों के साथ कैसे रह सकते थे? 1878 ई. में अपने अस्तित्व की रक्षा के संघर्ष में हताश आदिवासियों को उस महान् राष्ट्र के सेनापति के साथ एक संधि करनी पड़ी। उस संधि के अनुसार रेड इंडियनों को अपनी जमीनों को, जहाँ वे रह रहे थे, छोड़कर बिलकुल दक्षिण के इलाके में जाना पड़ा, जहाँ उनके लिए जीवन का कोई आकर्षण नहीं था। वह क्षेत्र उनके लिए आरक्षित कर दिया, जो मलेरिया के मच्छरों से भरा था और उस क्षेत्र को सरकारी तौर पर रिजब्ड इंडियन टेरीटरी कहा गया। उन्हें वहाँ भेजने के बहुत सारे तर्क दिए गए और तगड़ा तर्क तो अमरीकी सेना थी।

सन् 1878 में इंडियन टेरीटरी में यह अफवाह उड़ती है कि चेन्नी जाति के तीन आदमी अपने मूल निवास स्थान पर लौटने के लिए टेरीटरी से भाग गए हैं। टेरीटरी का सरकारी एजेंट चेन्नी के मुखिया को धमकाता है कि जो तीन आदमी भाग निकले हैं, उनका जिम्मेदार मुखिया है, अतः सरकारी सैनिक उन तीनों को पकड़कर वापस नहीं लाते, तब तक मुखिया अपने दस आदमियों को सरकारी जेल में रखने के लिए जमानत के तौर पर दे। बूढ़ा मुखिया यह जिम्मेदारी लेने से इनकार करता है। इस पर उनकी बस्तियों को तोप से उड़ा देने की धमकी दी जाती है। अपने अस्तित्व की रक्षा करने के लिए मुखिया अपने कबीले के तीन सौ स्त्री, पुरुष और बच्चों का काफिला लेकर टेरीटरी छोड़कर अपने मूल निवास स्थान की ओर चल पड़ता है। बस यहीं से उस महान् जाति के तीन सौ व्यक्तियों के छोटे

से समुदाय के जीने की इच्छा और अपने अस्तित्व की रक्षा के संघर्ष की महान् गाथा शुरू हो जाती है, जिससे सारा अमरीकी प्रशासन और प्रेस भड़क उठता है। हजारों अमरीकी सैनिक हथियारों से लैस होकर उन काफिलों को रोकने के लिए भेजे जाते हैं। चेन्नियों की हजारों मील की लंबी उस यात्रा के मार्ग में अमरीकी शहर कस्बे तथा रेल लाइनें बिछी हुई हैं। इन सबको पार करके अपने मूल निवास तक पहुँचना एक कठिन संघर्ष था। भूख, प्यास, थकान और एक महान् राष्ट्र की सैन्य शक्ति इन सबसे लड़ते हुए, मरते हुए, फिर भी कुछ चेन्नी प्रकृति की गोद में खड़ी पहाड़ोंवाली अपनी मूल निवास भूमि तक पहुँच ही जाते हैं, जिसे वे अपना देश कहते हैं, और जो डकोटा प्रांत के उत्तर पश्चिम सिरे पर मोंटाना के समीप था।

अमरीका की सभ्य जातियों की लाख कोशिशों के बावजूद अमरीका से रेड इंडियंस को पूरी तरह से नहीं मिटाया जा सका। वे आज भी अमरीका में बचे हुए हैं और अपनी भाषा को सुरक्षित रखे हुए हैं। इसकी वजह यह नहीं कि अमरीकी पूँजीवाद एवं गोरी जातियों का नस्लवाद उन पर दयालु हो गया। ये रेड इंडियंस आज भी बचे हैं, उसका मूल कारण यह है कि उनके पूर्वजों ने अपने शत्रुओं के सामने घुटने टेकने से इनकार कर दिया था, उन्होंने अपने अस्तित्व की रक्षा के लिए हथियार उठाकर प्रतिरोध का संघर्ष किया था, इसीलिए वे बच सके।

उपन्यास में एक ओर चेन्नियों के सरल विश्वास और अपने देश को लौटने की सीधी इच्छा है, जिसके लिए वे मर मिटते हैं, आखिरकार वे जीतते हैं। रेड इंडियंस का संघर्ष अस्तित्व के संघर्ष में हारे हुए लोगों के लिए, दुनिया की तमाम आदिवासी जातियों के लिए संघर्ष की एक महान् गाथा है (झारखंड के आदिवासियों के बीच—डॉ. वीर भारत तलवार, पृष्ठ 456)।

□

परिशिष्ट-1

अनुच्छेद 244 (1)

अनुसूचित क्षेत्रों और अनुसूचित जनजातियों के प्रशासन तथा नियंत्रण के बारे में उपबंध

भाग-प्रथम

साधारण

1. संविधान की पाँचवीं अनुसूची (अनुच्छेद 244(1)) अनुसूचित क्षेत्रों और अनुसूचित जनजातियों के प्रशासन एवं नियंत्रण के बारे में उपबंध करती है।
2. इस अनुसूची के उपबंधों के अधीन रहते हुए, किसी राज्य की कार्यपालिका शक्ति का विस्तार उसके अनुसूचित क्षेत्रों पर है। झारखंड राज्य में संविधान की पाँचवीं अनुसूची के प्रावधान लागू हैं।

अनुसूचित क्षेत्रों के प्रशासन के संबंध में महामहिम राज्यपाल द्वारा प्रतिवर्ष या जब भी महामहिम राष्ट्रपति द्वारा अपेक्षा की जाए, महामहिम राष्ट्रपति को प्रतिवेदन दिया जाएगा।

भाग-द्वितीय

अनुसूचित क्षेत्रों और अनुसूचित जनजातियों के प्रशासन एवं नियंत्रण

4 (1) पाँचवीं अनुसूची में पाँचवीं अनुसूचीवाले राज्यों में एक जनजातीय सलाहकार परिषद् की स्थापना का प्रावधान है। परंतु ऐसे राज्य, जहाँ

अनुसूचित जनजातियाँ हैं, परंतु अनुसूचित क्षेत्र नहीं हैं, यदि राष्ट्रपति निर्देश दें तो वहाँ भी एक जनजातीय सलाहकार परिषद् की स्थापना की जाएगी।

इस प्रावधान के अनुरूप झारखंड राज्य में एक जनजातीय सलाहकार परिषद् की स्थापना की गई है, जिसका स्वरूप निम्नवत है—

क.	मुख्यमंत्री, झारखंड	—पदेन अध्यक्ष
ख.	मंत्री, जनजातीय कल्याण	—पदेन उपाध्यक्ष
ग.	झारखंड विधानसभा के 15 अनुसूचित जनजाति सदस्य	—सदस्य
घ.	अनुसूचित जाति के दो गणमान्य व्यक्ति	—सदस्य
ङ	विशेष आमंत्रित	—सदस्य
च.	सचिव कल्याण	—सचिव

(2) जनजाति सलाहकार परिषद् का कर्तव्य है, अनुसूचित जातियों के कल्याण और उन्नति से संबंधित विषयों पर, जो राज्यपाल के द्वारा निर्दिष्ट किया गया हो, सलाह देना।

(3) राज्यपाल—(क) परिषद् के सदस्यों की संख्या को, उनकी नियुक्ति की रीति को तथा परिषद् के अध्यक्ष और उनके अधिकारियों एवं सेवकों की नियुक्ति को।

(ख) उसकी बैठकों के संचालनों तथा साधारणतया उसकी प्रक्रिया को और

(ग) अन्य सभी आनुषांगिक विषयों को, यथास्थिति, विहित या विनियमित करने के लिए नियम बना सकेगा।

5 अनुसूचित क्षेत्रों में लागू कानून

(i) संविधान में किसी बात के होते हुए भी महामहिम राज्यपाल द्वारा, लोक अधिसूचना द्वारा निदेश दिया जा सकेगा कि संसद् का या उस राज्य के विधानमंडल का कोई विशिष्ट अधिनियम उस राज्य के अनुसूचित क्षेत्र या उसके किसी भी भू-भाग में लागू नहीं होगा अथवा ऐसे अपवादों या रूपांतरणों के अधीन रहते हुए लागू होगा, जो अधिसूचना में विनिर्दिष्ट किया जाए। इस प्रकार का निर्देश भूतलक्षी प्रभाव से भी लागू किया जा सकेगा।

(ii) महामहिम राज्यपाल द्वारा अनुसूचित क्षेत्रों की शांति और सुशासन के

लिए विनियम बनाया जा सकेगा। ऐसा विनियम—

(क) अनुसूचित क्षेत्रों की अनुसूचित जातियों के सदस्यों द्वारा उनमें भूमि के अंतरण का निषेध अथवा प्रतिबंधित कर सकेंगे।

(ख) ऐसे क्षेत्र की जनजातियों के सदस्यों को भूमि के आवंटन का विनियमन कर सकेंगे।

(ग) ऐसे व्यक्तियों द्वारा इस क्षेत्र की अनुसूचित जनजाति के सदस्यों को धन उधार देते हैं, संविधान के रूप में कारोबार करने का विनियम कर सकेंगे।

(iii) महामहिम राज्यपाल द्वारा उपर्युक्त पैरा; (ii) में निर्दिष्ट बिंदुओं पर विनियम बनाने में संसद् के या राज्य विधानमंडल के अधिनियम का या किसी विद्यमान विधि का विखंडन या संशोधन किया जा सकेगा।

(iv) बनाए गए सभी अधिनियम महामहिम राष्ट्रपति के समक्ष प्रस्तुत किए जाएँगे और जब तक उनसे अनुमति प्राप्त नहीं होती, तब तक उनका कोई प्रभाव नहीं होगा।

भाग-तृतीय

6(1) पाँचवीं अनुसूची के भाग; (x) में अनुसूचित क्षेत्र घोषित करने का भी प्रावधान है।

(2) राष्ट्रपति किसी समय आदेश द्वारा

(क) निर्देश दे सकेगा कि कोई संपूर्ण अधिसूचित क्षेत्र या उसका कोई विनिर्दिष्ट भाग अनुसूचित क्षेत्र या ऐसे क्षेत्र का भाग नहीं रहेगा। राष्ट्रपति किसी राज्य के अनुसूचित क्षेत्र को राज्यपाल से परामर्श करने के पश्चात् बढ़ा सकेगा।

(ख) किसी अनुसूचित क्षेत्र में केवल सीमाओं का परिशोधन करके ही परिवर्तन कर सकेगा।

(ग) किसी राज्य की सीमाओं के परिवर्तन पर या संघ में किसी नए राज्य के प्रवेश पर, नए राज्य की स्थापना पर ऐसे किसी क्षेत्र को, जो पहले से किसी राज्य में सम्मिलित नहीं है, अनुसूचित क्षेत्र या उसका भाग घोषित कर सकेगा।

(घ) किसी राज्य या राज्यों के संबंध में इस पैरा के अधीन किए गए आदेश या आदेशों को विखंडित कर सकेगा तथा संबंधित

राज्य के राज्यपाल से परामर्श करके उन क्षेत्रों को, जो अनुसूचित क्षेत्र होंगे पुनः परिनिश्चित करने के लिए आदेश कर सकेगा। और ऐसे किसी आदेश में ऐसे आनुषांगिक एवं परिणामिक उपबंध हो सकेंगे, जो राष्ट्रपति को आवश्यक तथा उचित प्रतीत हों, किंतु जैसा ऊपर कहा गया है इसके सिवाय इस पैरा के उप पैरा (1) के अधीन किए गए आदेश में किसी पश्चात्वर्ती आदेश द्वारा परिवर्तन नहीं किया जाएगा।

भाग-चतुर्थ

7 अनुसूची का संशोधन

(1) संसद् समय-समय पर विधि द्वारा, इस अनुच्छेद के उपबंधों में से किसी परिवर्धन, परिवर्तन या निरसन के रूप में, संशोधन कर सकेगी और अनुसूची में, जब इस प्रकार का संशोधन किया जाता है तब संविधान में इस अनुसूची के प्रति किसी निर्देश का अर्थ लगाया जाएगा कि वह इस प्रकार ऐसी अनुसूची के प्रति निर्देश है।

(2) ऐसी कोई विधि, जो इस पैरा के उप पैरा (1) में उल्लिखित है, इस संविधान के अनुच्छेद 368 के प्रयोजनों के लिए इस संविधान का संशोधन नहीं समझी जाएगी।

□

परिशिष्ट-2

पाँचवीं अनुसूची के नए प्रस्तावित प्रारूप पर जयपाल सिंह द्वारा प्रस्तुत संशोधन प्रस्ताव एवं उनका वक्तव्य

कैबिनेट मिशन ने यह प्रस्ताव दिया था कि संविधान सभा के मौलिक अधिकारों एवं अल्पसंख्यकों के लिए बनी समिति में एक उपसमिति का गठन किया जाएगा, जो अन्य मसलों के अलावा पूर्ण रूप से वर्जित इलाकों एवं आंशिक रूप से वर्जित इलाकों के बारे में अपने सुझावों से संबंधित रिपोर्ट प्रस्तुत करेगी। जयपाल सिंह को, जो मुसलिम लीग की ओर से संविधान सभा में सदस्य निर्वाचित हुए थे, को उपसमिति का सदस्य बनाया गया। जयपाल सिंह ने पाँचवीं अनुसूची के प्रारूप पर अपना संशोधन प्रस्ताव प्रस्तुत किया, जो निम्न है—अध्यक्ष महोदय, मैं इजाजत चाहता हूँ कि प्रस्तावित पाँचवीं अनुसूची के पैरा 3 के संशोधन प्रस्ताव संख्या 20 में 'अनुसूचित क्षेत्रों', जहाँ कहीं भी वे हैं, उसके आगे एवं 'अनुसूचित जनजाति' शब्द डाला जाए; तथा शब्दों 'जब भी केंद्र सरकार के द्वारा आवश्यक हो' को विलोपित किया जाए। सामान्य टीका-टिप्पणी में मैं बल्कि सामान्य विचार-विमर्श में शांत रहूँगा, परंतु मेरे संशोधन प्रस्ताव के रखे जाने के बारे में मैं संक्षेप में बताना चाहूँगा कि क्यों मैं यह प्रस्ताव दे रहा हूँ। मैं देखता हूँ कि भाग-प्रथम का शीर्षक निम्न प्रकार है—''अनुसूचित क्षेत्रों एवं अनुसूचित जनजातियों के प्रशासन के बारे में प्रावधान'', लेकिन भाग तृतीय में मैं देखता हूँ कि अनुसूचित जनजातियों को छोड़ दिया गया है। मैं यह नहीं समझता हूँ कि ठीक वैसा ही क्यों किया गया है। अवश्य गवर्नर अथवा शासक के द्वारा भारत सरकार को दी गई रिपोर्ट में सभी अनुसूचित जनजातियों को, यद्यपि वे नए प्रस्तावित अनुसूचित क्षेत्र के अंदर हों अथवा बाहर समावेश करना चाहिए। यदि यह रिपोर्ट सिर्फ उन आदिवासियों पर लागू की जाती है, जो अनुसूचित क्षेत्र में हैं, इसका सीधा मतलब यह होगा कि

भारत सरकार आदिवासियों के बारे में समग्र रूप से कम जानती है एवं शाब्दिक रूप में उनमें से मिलियन लोग अनुसूचित क्षेत्र से बाहर होंगे। यह बिना जाने कि अनुसूचित क्षेत्रों को कैसे चिह्नित किया जा रहा है, यह तर्क बेकार है कि यह रिपोर्ट विशेष सूची के सभी अनुसूचित जनजातियों को शामिल करेगी। हम यह नहीं जानते हैं कि पूरा बिहार अनुसूचित होगा अथवा नहीं। तर्क के लिए हम यह मान लेते हैं, हम यह कहते हैं कि पूरा बिहार प्रांत अनुसूचित क्षेत्र के रूप में घोषित कर दिया जाता है, तब अध्यक्ष महोदय मेरा संशोधन आवश्यक नहीं है। लेकिन हम अब तक नहीं जान रहे हैं कि नई व्यवस्था में आयोग का प्रतिफल क्या होगा, जो जाकर अनुसूचित क्षेत्रों को चिह्नित करे, जिसकी नियुक्ति के लिए मैं मानता हूँ कि राष्ट्रपति बाध्य हैं। जब तक यह नहीं होता, मैं यह जोर देने के लिए बाध्य हूँ कि इस अवस्था में एक ठोस एवं निश्चित प्रावधान हो, जहाँ राज्यपाल इस बात के लिए विवश हों कि संपूर्ण अनुसूचित जनजातियों एवं राज्य के पिछड़े लोगों के लिए क्या किया गया है? मैं यह आशा करता हूँ कि डॉ. अंबेडकर इस संशोधन को स्वीकार करेंगे एवं यदि वे ऐसा करते हैं तो यह पैरा इस तरह पढ़ा जाएगा—

"सभी राज्यों के राज्यपाल अथवा शासक, जहाँ अनुसूचित क्षेत्र एवं अनुसूचित जनजातियाँ हों, वहाँ उस राज्य के अनुसूचित क्षेत्रों एवं अनुसूचित जनजातियों के प्रशासन के बारे में भारत सरकार को एक वार्षिक रिपोर्ट देंगे एवं केंद्र सरकार की कार्यपालक शक्तियों के द्वारा राज्य के अनुसूचित जनजातियों के लिए वर्णित क्षेत्रों के प्रशासन हेतु राज्य सरकार को निर्देश दिया जाएगा।"

अब मेरे संशोधन का दूसरा भाग "या जब भी भारत सरकार के द्वारा यह आवश्यक हो" शब्द को विलोपित करने के लिए है। पुनः मुझे आवश्यक प्रतीत होता है; यह वैधानिक होना चाहिए कि वार्षिक रिपोर्ट जमा किया जाना चाहिए। मैं यह नहीं जानता कि कितने समय तक यह अनुसूची चलेगी। तब तक मैं यह जानता हूँ कि मैं यह जोर देने के लिए बाध्य हूँ कि अनुसूचित जनजातियों की स्थिति को अच्छा बनाने का कार्य तेजी से चलाया जाना चाहिए और यह नहीं होगा, यदि देश यह नहीं देखेगा कि क्या हो रहा है अथवा बिलकुल क्या नहीं हो रहा है। अतः यह मैं आवश्यक समझता हूँ कि शब्द 'वार्षिक' पर ज्यादा महत्त्व होना चाहिए। मैं अवश्य क्षमाप्रार्थी हूँ कि मैं अपने संशोधन के दूसरे भाग पर बहुत स्थिर नहीं हूँ, क्योंकि मैं यह नहीं देखता हूँ कि क्यों मुझे सरकार पर संशय होना चाहिए कि वह इसके ऊपर अथवा यह जो भी है, दस साल तक सोती रहे एवं शायद बीस साल में एक बार रिपोर्ट की माँग करे। मेरे पास संशय का कोई कारण

नहीं है। मैं अपने संशोधन के दूसरे भाग पर स्थिर नहीं हूँ, लेकिन मैं निश्चय जोर दूँगा कि अनुसूचित जनजातियों को संपूर्ण रूप से शामिल किया जाए।

मैं संशोधन 33 भी रखूँगा, मैं इजाजत चाहता हूँ।

उपरोक्त संशोधन संख्या 20 में, जो प्रस्तावित पाँचवीं अनुसूची के पैरा 4 के उप-पैरा 2 के लिए है, निम्नांकित बदला जाना चाहिए—

जयपाल सिंह

(2) यह साधारणतया आदिवासी परामर्शदात्री परिषद् का कर्तव्य है कि वे राज्य के राज्यपाल अथवा शासक को राज्य के अनुसूचित जातियों के प्रशासन, प्रगति एवं कल्याण से संबंधित सभी विषयों पर परामर्श दें।

मैं समझता हूँ मेरा संशोधन बिलकुल स्पष्ट है। यह संशोधन मूल प्रारूप का समर्थन करता है तथा मैं आशा करता हूँ कि डॉ. अंबेडकर उसे स्वीकार करेंगे।

तत्पश्चात् मैं संशोधन 47 भी रखूँगा, मैं इजाजत चाहता हूँ कि उपरोक्त संशोधन संख्या 20 में, प्रस्तावित पाँचवीं अनुसूची के पैरा 5 के उप पैरा 1 में शब्द 'जो परिस्थिति हो' के बाद ''यदि आदिवासी परामर्शदात्री परिषद् के द्वारा ऐसा परामर्श दिया जाता है'' जोड़ा जाए।

मैं पाता हूँ कि इस नई प्रस्तावित पाँचवीं अनुसूची ने किसी-न-किसी प्रकार से शायद बिना मतलब के आदिवासी परामर्शदात्री परिषद् को दुर्बल बना दिया है। मूल प्रारूप का संपूर्ण स्वरूप आदिवासी परामर्शदात्री परिषद् को क्रियाशील बनाना था। यह पहल कर सकता था, चीजों का सृजन कर सकता था, लेकिन किसी-न-किसी प्रकार से अब टेबल बदल दिए गए हैं। पहल करने की जिम्मेदारी अब राज्य के राज्यपाल अथवा शासक के हाथों में दे दी गई है। मैं खेद व्यक्त करता हूँ कि यह वह परिस्थिति है कि मैं यह स्वीकार नहीं कर सकता एवं जब मैं यह कहता हूँ कि अध्यक्ष महोदय, मैं यह बताना चाहूँगा कि यह खेदजनक बात है, पिछले दिनों से कुछ लोगों के बीच गुप्त गोष्ठियाँ एवं सम्मेलन किए जा रहे हैं। मुझसे परामर्श नहीं लिया गया। यह नहीं कहा जा सकता है कि सभी पार्टियों से परामर्श किया गया है। मैं निश्चय तौर पर उन सम्मेलनों में नहीं बुलाया गया। अचानक पाँचवीं अनुसूची के नए प्रस्ताव के रूप में एक विस्फोटक फेंक दिया गया है। मैं पाँचवीं अनुसूची पर असंतोष व्यक्त नहीं करता हूँ। लेकिन मैं जो कहता हूँ वह है कि पाँचवीं अनुसूची में सुधार की काफी अधिक संभावनाएँ हैं। मुझे एक आदिवासी होने के नाते मेरा पहला दावा बनता था और होना चाहिए कि इस प्रस्तावित

परिवर्तन में मुझसे परामर्श लिया जाता।

तत्पश्चात् मेरा अंतिम संशोधन संख्या 50 है, मैं इजाजत चाहता हूँ कि वह उपरोक्त संशोधन संख्या 20 में प्रस्तावित पाँचवीं अनुसूची के पैरा 5 के उप-पैरा 2 में शब्द 'ऐसे किसी भी क्षेत्र में' को विलोपित किया जाए।

इस संशोधन के पीछे वही अभिप्राय है, जो हमने पहले ही कहा कि कोई भी लाभ, जो हम अनुसूचित जनजातियों को देना चाहते हैं उसे क्षेत्र की परिस्थिति के अंदर अथवा सीमित नहीं करना चाहिए, उसे पूरे राज्य में अथवा जहाँ भी अनुसूचित जनजातियाँ हों, विस्तार करना चाहिए।

तत्पश्चात् एक और संशोधन संख्या 52 है। मैं इजाजत चाहता हूँ कि उपरोक्त संशोधन संख्या 20 में प्रस्तावित पाँचवीं अनुसूची के पैरा 5 के उप-पैरा 5 में 'परामर्श' शब्द के लिए 'के द्वारा ऐसा सुझाव दिया गया हो' बदला जाए।

यहाँ पुनः मैं चाहता हूँ कि आदिवासी परामर्शदात्री परिषद् को प्रभावी होना चाहिए एवं जो कुछ भी हो रहा है उसमें उनकी वास्तविक सहमति प्रकट होनी चाहिए। मैं थोड़े क्षणों के लिए राज्यपाल अथवा शासक के पहल करने के अधिकार को इनकार नहीं करूँगा, लेकिन उसी वक्त मैं ऐसा अनुभव करूँगा कि शब्द परामर्श वहाँ उचित शब्द नहीं है। यदि मेरा संशोधन स्वीकार किया जाता है तो इसे इस तरह पढ़ा जाएगा—राज्यपाल अथवा शासक, जो भी परिस्थिति हो, नियम बनाने में जब तक, जहाँ राज्य के लिए आदिवासी परामर्शदात्री परिषद् है, वैसे परिषद् द्वारा सुझाव नहीं दिया जाता है। इस पैरा के अंतर्गत कोई नियम नहीं बना सकता है।

जैसा कि मैंने पहले ही कहा है कि मेरे पाँच संशोधनों में सिर्फ दो ही सिद्धांत हैं, पहला कि सभी अनुसूचित जनजाति पाँचवीं अनुसूची के प्रावधानों से लाभान्वित हों एवं दूसरा कि आदिवासी परामर्शदात्री परिषद् एक वास्तविकता हो, न कि एक स्वाँग। आइए हम इसे काम करने की बिना शक्ति प्रदान किए बहुत बड़ा नाम न दें।

□

परिशिष्ट-4

1931 से 2011 के बीच आदिवासी जनसंख्या की वृद्धि दर एवं जनसंख्या में कमी का प्रतिशत

वर्ष	कुल जनसंख्या जनसंख्या	आदिवासी जनसंख्या	आदिवासी वृद्धि दर	अन्य वृद्धि दर	आदिवासी प्रतिशत
1931	7908737	3010692	–	–	38.06
1941	8868069	3424926	13.76	11.13	38.02
1951	9697254	3493857	2.01	13.97	36.02
1961	11606489	3938065	12.71	23.62	33.92
1971	14227133	4563895	15.89	26.01	32.07
1981	17612069	5329289	16.77	27.11	30.25
1991	21848860	60440101	13.41	28.61	27.67
2001	26945829	7087068	17.19	25.65	26.30
2011	32988134	8645042	21.98	21.57	26.20

स्रोत—भारत की जनगणना के आधार पर विश्लेषण

□

परिशिष्ट-5

वर्ष 1991 से 2011 में झारखंड के सभी जिलों में आदिवासी जनसंख्या का तुलनात्मक अध्ययन

जिला	कुल आबादी			आदिवासी आबादी			आदिवासी आबादी का प्रतिशत			आदिवासी वृद्धि दर	आदिवासी प्रतिशत में कमी
	1991	2001	2011	1991	2001	2011	1991	2001	2011	(2001–2011)	
राँची	2214048	2785064	2914253	964422	1164626	1042016	43.56	41.8	35.75	–11.76	–6.0
गुमला	1153976	1346767	1025213	816988	920597	706754	70.80	68.4	68.93	–23.22	0.53
लोहरदगा	288886	364521	461790	162964	203053	262734	56.41	55.7	56.89	29.39	1.19
पू. सिंहभूम	1613088	1982988	2293919	466752	552187	653923	28.92	27.84	28.50	18.42	0.66
प. सिंहभूम	11787955	2082795	1502338	978069	1111322	1011296	54.70	53.04	67.31	–9.00	14.27
गढ़वा	801350	1035464	1322784	125432	158959	205874	15.65	15.4	15.56	29.51	0.16
पलामू	1649841	2098359	1939869	317834	392325	181208	19.26	18.7	9.34	–53.81	–9.36
बोकारो	1454416	1777662	2062330	177123	218600	255626	12.18	12.30	10.39	16.93	–1.91
कोडरमा	629254	499403	716259	8978	4967	6903	1.43	0.81	0.96	38.97	0.15
हजारीबाग	1601567	2277475	1734495	218121	268333	121768	13.62	11.8	7.02	–54.62	–4.78
गिरीडीह	1496189	1904430	2445474	148342	184469	238188	9.91	9.70	9.73	29.12	0.03
चतरा	612713	791434	1042886	23487	30384	45563	3.83	3.83	4.36	49.95	0.53

धनबाद	1949526	2397102	2684487	171741	202729	233119	8.21	8.50	8.68	14.99	0.18
दुमका	1495709	1759602	1321442	621484	701903	571077	41.55	39.90	43.21	-18.63	3.31
देवघर	933113	1165390	1492073	119085	142717	180962	12.76	12.20	12.12	26.79	-0.08
साहेबगंज	736835	927770	1150567	228990	270423	308343	31.08	29.14	26.79	14.02	-2.35
पाकुड़	564253	701664	900442	278331	312838	378054	49.33	44.60	41.98	20.84	-2.62
गोड्डा	861182	1047939	1313551	216047	247538	279208	25.09	23.60	21.25	12.79	-2.35
लतेहार			726978			331096			45.54		
खुटी			531885			389626			73.25		
जामताड़ा			791042			240489			30.40		
सिमडेगा			599578			424407			70.78		
सरायकेला			1065056			374642			35.17		
सारसांवा											
रामगढ़			949443			201166			21.18		

स्रोत—भारत की जनगणना पर आधारित विश्लेषण

□

परिशिष्ट-6

झारखंड के अनुसूचित क्षेत्रों में आदिवासी जनसंख्या का आकलन वर्ष 1991 से 2011 तक

जिला	कुल आबादी			आदिवासी आबादी			आदिवासी आबादी का प्रतिशत			आदिवासी वृद्धि दर	आदिवासी प्रतिशत में कमी
	1991	2001	2011	1991	2001	2011	1991	2001	2011		
राँची	2214048	2785064	2914253	964422	1164626	1042016	43.56	41.8	35.75	−11.76	−6.0
गुमला	1153976	1346767	1025213	816988	920597	706754	70.80	68.4	68.93	−23.22	0.53
लोहरदगा	288886	364521	461790	162964	203053	262734	56.41	55.7	56.89	29.39	1.19
पू. सिंहभूम	1613088	1982988	2293919	466752	552187	653923	28.92	27.84	28.50	18.42	0.66
प. सिंहभूम	11787955	2082795	1502338	978069	1111322	1011296	54.70	53.04	67.31	−9.00	14.27
दुमका	1495709	1759602	1321442	621484	701903	571077	41.55	39.90	43.21	−18.63	3.31
साहेबगंज	736835	927770	1150567	228990	270423	308343	31.08	29.14	26.79	14.02	−2.35
पाकुड़	564253	701664	900442	278331	312838	378054	49.33	44.60	41.98	20.84	−2.62
लातेहार			726978			331096			45.54		
सरायकेला			1065065			374624			35.17		
खरसांवा											
जामताड़ा			791042			240489			30.40		

सिमडेगा	599578	424407	70.78
खुंटी	531885	389626	70.78

इनके अलावा गढ़वा जिले का भंडरिया प्रखंड, पलामू जिले के सतबरवा प्रखंड के रबदा एवं बकोड़िया पंचायत तथा गोड्डा जिले के सुंदरगढ़ एवं बोआरीजोर प्रखंड अनुसूचित क्षेत्रों में शामिल हैं।

स्रोत— भारत की जनगणना पर आधारित विश्लेषण

□

परिशिष्ट-7

झारखंड राज्य में आदिवासियों के विकास के लिए चलाई जानेवाली योजनाएँ एवं केंद्र सरकार की ओर से दी गई राशि का ब्योरा

- वर्ष 2011-12 की रिपोर्ट के मुताबिक आदिवासी उपयोजना के तहत झारखंड के लिए 76.6 करोड़ रुपयों का उपबंध किया गया, जो अन्य राज्यों की तुलना में काफी कम है।
- 10वीं पंचवर्षीय योजना में 2.5 लाख वन ग्रामों के विकास का अनुमान किया गया है। योजना आयोग ने आदिवासी मंत्रालय भारत सरकार के लिए 450 करोड़ रुपयों का आवंटन दिया है। प्रत्येक वन ग्राम में 15 लाख रुपए खर्च किए जाने हैं। झारखंड को 24 वन ग्रामों के विकास के लिए सन् 2005-06 में 1.29 करोड़, सन् 2006-07 में 1.73 करोड़ दिए गए। सन् 2007-08 से सन् 2011 तक झारखंड को एक भी राशि नहीं मिली।
- झारखंड में 14 समेकित आदिवासी विकास परियोजनाएँ (ITDP), 34 माडा, 7 क्लस्टर, योजनाएँ संचालित हैं।
- झारखंड को वर्ष 2002-03 से 2011-12 तक क्रमशः 5870.24, 5283.22, 5283.22, 5896.10, 7041.25, 7711.12, 2198.25, 9481.55, 10704.00 लाख रुपए आदिवासी उपयोजना के तहत विशेष केंद्रीय योजना के रूप में आवंटित किए गए, यानी राज्य बनने के बाद से वित्तीय वर्ष 2011-12 तक कुल 594.69 करोड़ रुपए दिए गए।
- वित्तीय वर्ष 2009-10 से 2011-12 तक बालिकाओं के छात्रावास के लिए झारखंड को क्रमशः 259.17, 716 लाख, यानी कुल 9 करोड़ 75 लाख रुपए आवंटित किए गए।

- मैट्रिक के बाद छात्रवृत्ति के लिए वर्ष 2009-10 से वर्ष 2011-12 तक झारखंड के कुल 1,19,719 लाभुकों के लिए कुल 64 करोड़ 96 लाख 60 हजार रुपए आवंटित किए गए।
- वर्ष 2009-10, 2010-11, 2011-12 में झारखंड क्षेत्र में आदिवासी कल्याण के लिए कार्य करनेवाले गैर-सरकारी संस्थाओं को क्रमशः कुल 4,96,08752, 3,82,51,685 तथा 4,06,57,027 रुपए आवंटित किए गए।

(सभी आँकड़े आदिवासी मंत्रालय, भारत सरकार के वार्षिक रिपोर्ट 2011-12 पर आधारित हैं।)

झारखंड राज्य में शिक्षा स्वास्थ्य एवं आर्थिक स्थिति का आकलन

- सन् 2004-05 के अनुसार झारखंड में गरीबी रेखा में रहनेवाले आदिवासियों की जनसंख्या ग्रामीण क्षेत्र में 54.2 प्रतिशत तथा शहरी क्षेत्रों में 47.2 प्रतिशत है।
- सन् 2001 की जनगणना के अनुसार झारखंड में कुल साक्षरता दर 53.6 प्रतिशत तथा आदिवासियों की साक्षरता का प्रतिशत 40.7 है।
- राष्ट्रीय स्वास्थ्य सर्वेक्षण 3 की रिपोर्ट सन् 2005-06 के अनुसार झारखंड में प्रत्येक 1000 बच्चों में मृत्यु की दर 62.1 थी, जो सन् 2010 में घट कर 42 हो गई।
- विद्यालय शिक्षा के आँकड़ों के हिसाब से स्कूलों में नामांकन कराने वाले आदिवासी बच्चों की संख्या सन् 2004-05 में, जहाँ 102 प्रतिशत थी।
- स्वास्थ्य एवं परिवार कल्याण में सन् 2009-10 के अनुसार राज्य के पूर्ण बजट का 4.4 प्रतिशत राशि ही खर्च की जाती है।
- शिक्षा के विकास के लिए सन् 2009-10 के अनुसार संपूर्ण बजट की 15.4 प्रतिशत राशि खर्च की जाती है।
- रिजर्व बैंक की रिपोर्ट के अनुसार सन् 2009-10 में अनुसूचित जनजाति एवं अनुसूचित जातियों के लिए राज्य में कल खर्च होनेवाली राशि का मात्र 0.7 प्रतिशत खर्च किया गया।
- वर्ष 2009-10 के रिजर्व बैंक के आँकड़े के अनुसार झारखंड को 27.7 प्रतिशत राजस्व अनुदान राशि के रूप में प्राप्त हुई।
- वर्ष 2007-2008 के जिला स्तरीय घरेलू सर्वेक्षण के अनुसार झारखंड में

मात्र 25 प्रतिशत लोग प्रजनन स्वास्थ्य सेवा का लाभ ले पाते हैं।

- भारत सरकार के कृषि मंत्रालय की रिपोर्ट के मुताबिक झारखंड में वर्ष 2008-09 के अनुसार कुल बोआई क्षेत्र के विपरीत सिंचित भूमि मात्र 7.3 प्रतिशत है।
- झारखंड में खाद्यान्न का उत्पादन प्रति हेक्टेयर 1,720 किलोग्राम है।
- राष्ट्रीय सैंपल सर्वे संगठन के मुताबिक झारखंड में कुल आबादी की तुलना में 8.5 प्रतिशत आदिवासी प्राथमिक शिक्षा, 7.8 प्रतिशत लोग माध्यमिक शिक्षा, 2.9 प्रतिशत आदिवासी सेकेंडरी शिक्षा तथा सिर्फ 1.3 प्रतिशत लोग उच्चतर सेकेंडरी शिक्षा कर पाते हैं।
- झारखंड में वर्तमान में एक केंद्रीय विश्वविद्यालय, 4 राज्य सरकार के तहत विश्वविद्यालय, 2 डीम्ड विश्वविद्यालय हैं।
- झारखंड में 4 इंजीनियरिंग कॉलेज, 12 मेडिकल कॉलेज, 110 आर्ट्स कॉलेज, कॉमर्स कॉलेज एवं साईंस कॉलेज, 19 पॉलिटेक्नीक कॉलेज तथा 9 शिक्षक प्रशिक्षण संस्थान हैं।

(यह रिपोर्ट झारखंड डेवलपमेंट रिपोर्ट 2012 पर आधारित है)

संदर्भ सूची–

- W G Archer — 1983 Tribal Law & Justic
- Ramchandra Guha — Verrier Elwin, His Tribals, And India Saving the civilized
- CP Singh — 1994 Tribal Developement Administration
- P .Chakraworty — 2005 Fifth & Sixth schedule to the constitution p viii -ix
- Herbert Rishley — Peoples of India
- Prof. (Dr.) Jagdish Ch. Jha — 1987 The Tribal Revolt Of Chotanagpur (1831-32).

गांधीजी राय — 1994 भारतीय राष्ट्रीय आंदोलन और संवैधानिक विकास

डॉ. सत्या एम. राय — 1999 भारत में उपनिवेशवाद और राष्ट्रवाद

डॉ. ब्रह्मदेश शर्मा, — 1999 आदिवासी स्वशासन-भारत का संविधान

Dr. Jai Prakash Gupta, 2002 page 55-59, 208-211, The customary laws of the Munda & Oraon—

प्रभाकर तिर्की (2011) सरसों में भूत—

John Kochuchira tor 2000 Political History of Santhal Paragna from 1765 to 1872

- Ashok Kr. Sen 2012 From village Elder to British Judge - Custom, Customary law and Tribal Society
- बलबीर दत्त, 2005 कहानी झारखंड आंदोलन की— इतिहास से साक्षात्कार,
- शैलेंद्र महतो, 2011 झारखंड की समरगाथा, डॉ. ब्रह्मदेव शर्मा, 2003, पाँचवीं अनुसूची
- B.K. Manish Fifth Schedule & Beyond p. 198-255
- छोटानागपुर टेनेंसी ऐक्ट 1908
- विनोद मोहन प्रसाद (एडवोकेट) 1988 संतालपरगना टेनेंसी मैनुअल डॉ. अजित कुमार सिंह, डॉ. अवधेश प्र. सिन्हा भारत के आदिवासी

Reports—

- Annual Report Ministry of Tribal Affairs 2011-12
- Constituent Assembly debate 5 September, 1949–vol-9 Draft Constitution page 967-1002.
- भारत की जनगणना रिपोर्ट 1931-2011 का विश्लेषण—प्रभाकर तिर्की की रिपोर्ट, प्रभात खबर में प्रकाशित 13 जून, 2005
- संताल हूल के 150 वर्षों पर प्रभात खबर में प्रकाशित विशेष रिपोर्ट '150 वर्षों में कुछ भी नहीं बदला'—प्रभाकर तिर्की, 3 जून, 2005
- झारखंड मानव अधिकार रिपोर्ट 2001-2011—झारखंड ह्यूमन राइट्स मूवमेंट
- Report of the high level Committee of Secretaries on Delimitation of Constituency presented to hon'ble Prime

Minister on 27 August, 2007

- Report of scheduled areas and Scheduled Tribe Commission–U N Debar 1960-61
- Report of The Committee on Jharkhand Matters–Ministry of Home Affairs, Govt. of India
- बिहार विधानसभा समिति के भूमि घोटाले के संबंध में जाँच प्रतिवेदन एवं अनुशंसा 1998 की रिपोर्ट
- एच.ई.सी. के भूमि अधिग्रहण के संबंध में महाप्रबंधक की रिपोर्ट 1996
- एच.ई.सी. द्वारा अधिगृहीत भूमि के हस्तांतरण के बारे में जिला भू-अर्जन पदाधिकरी का पत्र 1997
- Jharkhand Developement Report–2012
- Jharkhand Developement Report–2012 published by Prabhat Khabar, Ranchi, Jharkhand.
- झारखंड का आदिवासी समाज एवं संस्कृति—कार्यशाला पर आधारित रिपोर्ट, विकास मैत्री राँची।

□□□